细节成就孩子一生

精编修订版

杨 冰◎编著

SPM
南方出版传媒
广东经济出版社
·广州·

图书在版编目（CIP）数据

细节成就孩子一生 / 杨冰编著. —广州：广东经济出版社，2020. 11
ISBN 978-7-5454-7394-0

Ⅰ. ①细… Ⅱ. ①杨… Ⅲ. ①家庭教育 Ⅳ. ①G78

中国版本图书馆CIP数据核字（2020）第202407号

责任编辑：蒋先润
责任技编：陆俊帆

细节成就孩子一生
XIJIE CHENGJIU HAIZI YISHENG

出版人	李　鹏
出　版 发　行	广东经济出版社（广州市环市东路水荫路11号11～12楼）
经　销	全国新华书店
印　刷	广东海洋印刷有限公司 （佛山市南海区里水镇和桂工业园A区和安南路1号F栋1-2楼）
开　本	730毫米×1020毫米 1/16
印　张	16.5
字　数	300千字
版　次	2020年11月第1版
印　次	2020年11月第1次
书　号	ISBN 978-7-5454-7394-0
定　价	45.00元

图书营销中心地址：广州市环市东路水荫路11号11楼
电话：（020）87393830　邮政编码：510075
如发现印装质量问题，影响阅读，请与本社联系
广东经济出版社常年法律顾问：胡志海律师

PREFACE 前　言

细节的养成与否，决定了教育孩子的成败

我始终相信，让人疲惫不堪且又难以阔步远行的不是横亘在面前的高山峻岭，而是掉进自己鞋子里的一粒微不足道的小石子。

在每个人成长的道路上，我们需要随时倒出那粒小石子。

在生活中，能够击垮我们的，往往不是巨大的挑战，而是一些小事。正是这些微不足道的小事，无休止地消耗着我们的精力、时间，阻碍我们成功。

父母教育孩子也不例外。

家庭教育是由一个个细节组成的。每一个细节串联起来就形成了习惯，正是这些细微的习惯构成了一个人的素质底蕴。习惯，决定了孩子的人生。

因此，我们说，细节的养成与否，决定了教育孩子的成败。

小事成就大事，细节成就完美，习惯改变人生。

1961年4月12日，苏联宇航员加加林乘坐4.75吨重的“东方1号”宇宙飞船进入太空遨游了89分钟，成为世界上第一位进入太空的宇航员。他为什么能够从20多名候选宇航员中脱颖而出？

苏联在计划利用宇宙飞船登陆月球之前，培训了二十几名宇航员，但只打算选择其中的一个。在确定人选前的一个星期，这些准宇航员首次登上宇宙飞船参观。就是这一次参观，确定了最终人选——加加林。宇宙飞船的主设计师科罗廖夫发现，在进入飞船前，只有加加林一个人脱下鞋子，只穿袜子进入座舱。就是这个细小的举动，一下子赢得了科罗廖夫的好感，他感受到这个27岁的青年既懂规矩，又如此珍爱他为之倾注心血的飞船，于是决定让加加林执行人类首次太空飞行的神圣使命。加加林通过一个不经意的细节，表现了他珍爱他人劳动成果的修养和素质，也使他成为人类遨游太空的第一人。

一个不经意的细节，往往最能反映出一个人的修养和深层次的素质。加加林脱鞋子的举动，体现了他对别人劳动成果的尊重。

“海不择细流，故能成其大；山不拒细壤，方能就其高。”细节的成功看似偶然，实则孕育着成功的必然。细节不是孤立存在的，就像浪花显示了大海的美丽，但必须依托于大海才能存在一样。

记得前些年有段时间，有关部门把所有的宣传手段都调动起来，倡导大家说“请”“你好”“谢谢”“再见”，教大家不讲脏话，不随地吐痰，过马路看红绿灯。一开始我感到莫名其妙，觉得全中国变成了一个大幼儿园，后来想想只能如此。变成幼儿园没有什么丢人，要是连幼儿该做的都做不到，那才丢人。

1987年，75位诺贝尔奖获得者在巴黎聚会。有人问其中一位：“您在哪所大学学到了您认为最重要的东西？”那位老人平静地说：“是在幼儿园。”“在幼儿园学到了什么？”“学到把自己的东西分一半给小伙伴，东西要放整齐，吃饭前要洗手，做错事要表示歉意，饭后要休息，要仔细观察大自然。从根本上说，我学到的最重要的东西，就是这些。”

而这些，不就是生活中的细节吗？

我们不必去寻找教育孩子一夜成功的捷径。事实上，也没有哪一本书、哪一位专家能完成这项使命。作为父母，要在日常生活中日复一日、年复一年地去发现孩子的与众不同之处，去帮助孩子寻找一条适合自己的人生成功之路。

没有一成不变的培养孩子的妙方，所有的孩子都独一无二。教育中的细节问题，父母的身教更重于言传。耳濡目染间，孩子亦成为父母的一面镜子。

伟大的教育，来自生活中的细节。

中国有古语云：“千里之堤，溃于蚁穴。”小小的疏忽和损失都有可能发展成大的漏洞。失败往往隐藏在我们行事过程的细节中，并不是在失败的结果中。佛教中讲因果报应，道理是一样的，种下失败之因，才会结出失败之果。

我们来看一个关于英国国王理查三世的故事。

理查三世准备拼死一战。里奇蒙德伯爵亨利带领的军队正迎面扑来，这场战斗将决定谁统治英国。

战斗进行的当天早上，理查三世派了一个马夫去备好自己的战马。

“快点儿给它钉掌，”马夫对铁匠说，“国王希望骑着它打头阵。”

“你得等等，”铁匠回答说，“国王希望骑着它打头阵固然很重要，可是我必须找点儿铁片来！”

“我等不及了，国王的敌人正在推进，我们要马上出去，你能用什么就用什么吧！”

铁匠埋头干活儿，他从一根铁条上弄下四只马掌，把它们砸平、整形，固定在马蹄上，然后开始钉钉子。当钉了三只马掌后，他发现没有钉子来钉第四只马掌了。

“我需要一两个钉子，”铁匠说，“得需要点儿时间砸出两个。”

“我告诉过你，我等不及了，”马夫急切地说，“我听见军号了，你能不能凑合着用？”

“我能把马掌钉上，但是不能像其他几个那么牢实。”

“能不能挂住？”马夫问。

“应该能。”铁匠回答，“但我没把握。”

“能挂住就行了，快点儿吧，要不然国王会怪罪我们的。”

两军交锋，理查三世冲锋陷阵，带领士兵迎击强敌。他看到战场另一头自己的几个士兵退却了，便策马扬鞭冲向那个缺口，召唤士兵掉头继续战斗。

他还没走到一半，一只马掌掉了，战马跌翻在地，理查三世也被掀在地上。

理查三世没有抓住缰绳，惊恐的战马就跳起来逃走了。理查三世环顾四周，他的士兵纷纷撤退，敌人的军队包围了上来。

他在空中挥舞宝剑，“马！”他喊道，“一匹马，我的国家倾覆就因为这一匹马。”他的军队已经分崩离析，士兵们自顾不暇。敌军俘获了理查三世，从那时起，人们就说：

少了一个铁钉，丢了一只马掌；少了一只马掌，丢了一匹战马；

少了一匹战马，败了一场战役；败了一场战役，失了一个国家。

所有的损失都是因为少了两个马掌钉。

这个传奇故事出自英国国王理查三世逊位的传说，他于1485年在博斯沃思战役中被击败，留下了惨痛的教训。

这真的是“成也细节，败也细节”。

成功的家庭教育始于各种细节。本书从生活细节、学习细节、爱心细节、道德细节、沟通细节、文明细节、责任与担当细节、品行细节等方面，列举了100多个教育孩子的细节，不仅介绍了基本的方法，还有具体的操作建议，相信父母们在读过本书后，会高度关注教育中的细节，让每一个细节都能为培养孩子服务。

习惯养成无小事，教子须从细节抓起。可以这么说，从细节中能看出一个人、一个民族、一个国家的文明程度。因此，父母教育孩子必须从小事抓起，并长期坚持。习惯的养成，反映在日常生活中的每一个细节上。一些小事，对孩子的成长来说，可能件件都是大事。

“天下难事必作于易，天下大事必作于细。”于细节可见不凡，于瞬间可见永恒，于滴水可见太阳，于小草可见春天。

CONTENTS 目 录

A篇

B篇

C篇

D篇

E篇

F篇

G篇

H篇

I篇

J篇

K篇

L篇

A篇

一点一滴是教育
——生活细节的教育

细节1

说话时，最好能以平等的姿态蹲下身子，与孩子目光齐平

成功的家庭教育，是父母舍得拿出时间与孩子在一起，以一种平等的姿态与孩子交流，最好与孩子目光齐平，对孩子正确的想法和行为给予充分的肯定。

人与人之间的交往需要在思想和感情上平等交流，无论是蹒跚学步的孩子，还是已经上学的孩子，都有这种渴求。平等，不仅大人之间需要，大人与孩子之间同样需要。

作为父母，要做到平等地对待孩子，我们首先应放下那种居高临下与孩子谈话的姿态，蹲下身子，以平等的姿态对待孩子。与孩子对话时，最好与孩子的目光齐平。

纪伯伦说："孩子来自你的身体，但是不属于你。……你可以给他们爱，但不能塑造他们的思想。……你们是弓，你们的孩子是从弦上发出的生命箭矢。"

李阳宁是一位留学归来的博士，对国外的许多人和事都记忆犹新，如很多父母蹲着同小孩子在一个水平高度上面对面地谈话，这给他留下了很深刻的印象。

第一次见到这种情景是在他住的朋友家。一个周末，他朋友家请了一对青年夫妇和其孩子来吃晚饭，当那个两岁多的孩子吃饱了，下桌要去玩时，孩子的母亲也立即离开餐桌，蹲下来面对着孩子说："你是不是可以坐到离餐桌远一点的地毯上去画画？"孩子高兴地坐到那边独自玩去了。当时，他虽然对这位家长蹲下来和小孩子说话的举动感到惊讶，但以为这只是这位妈妈特有的教育方式而未再多问。

又是一个周末，学校的秘书曼琳请他到她家做客，他又一次见到这种情景。曼琳有一双可爱的儿女，当他们准备乘车一同去超级市场时，4岁的儿子因为姐姐先坐进汽车而不高兴了，曼琳在车门口蹲下来，两只手握住儿子的双手，脸对

脸，目光正视着孩子，诚恳地说："罗艾姆，谁先坐进汽车并不重要，对吗？"罗艾姆看着妈妈会意地点点头，钻进了汽车并挨着姐姐坐了下来。第二天上午，他们和孩子们去公园玩。当罗艾姆同姐姐跑跑跳跳，要到湖边去看戏水的鸭群时，不小心绊了一跤，眼泪在他的大眼睛里滚动着，马上要流出来了。这时，曼琳又很自然地蹲下来，亲切地对儿子说："你已经不是小宝宝了，是不是？你已经是个大男孩了，绊一下是没关系的，对吗？"这时，李阳宁也学着在一旁蹲下来，面对着罗艾姆说："是的，你是个大男孩了，对吗？"孩子一下子就收住了眼泪，很自豪地玩去了。这时，李阳宁忍不住同曼琳谈起了蹲下来同孩子讲话的教育方式。她说："与孩子说话当然要蹲下来呀！他们年龄小，还没有长高，只有大人蹲下来，才能平视着他们说话。在我小的时候，我的父母就是这样同我们说话的。我们认为，孩子也是独立的人，因为他们比我们矮一些，我们就应该蹲下来同他们说话。"

李阳宁听了心中感到十分震撼！父母蹲着，和孩子目光齐平地说话，让孩子觉得自己受到了尊重，他们的关系是平等的。

可是，在我们的日常生活里，常常看到的却是父母站在那里，大声呵斥孩子："过来！别摸！""去！去！去！别烦我。"大多用的是居高临下、命令式的语言语调。从说话态度来看，这样的父母十分"威风"，可在孩子心目中，这样的父母却并不可敬，这使得双方的沟通效果往往不是很好。

其实，是否蹲下来与孩子说话，只是一种方式问题，重要的是在父母心中，是否把孩子真正当作和自己一样，是具有独立人格的个体，这才是问题的本质。这会影响到家长能否以正确态度对待有关教育孩子的一系列问题。

我常常想，为什么父母与孩子就不能像朋友一样平等相处、互尊互爱呢？为什么大人不能与孩子"一般见识"呢？为什么我们有困难时，不能得到孩子想要给予的关心和帮助呢？

其实，蹲下来与孩子说话，不只是在生理高度上尽量和孩子保持相同，更重要的是在心理上"蹲下来"，以平等的态度、尊重的语气与孩子说话，把孩子看成一个独立的个体，而非父母的附属品。

我们做父母的，只有在心理上与孩子完全处于平等地位时，孩子才会把他的真实想法告诉我们。孩子在相同的高度上，从父母的眼中看到浓浓的爱与尊重，就会认真地听父母说话，也更愿意倾诉自己内心的真心话。

不仅如此，蹲下来与孩子说话，除了能够培养孩子的平等意识，还有利于培养孩子的独立精神。

一位教育专家是这样处理他和孩子的关系的：10%是父亲，90%是朋友，而儿子还可以常常拍父母的肩。这位专家说，随着年龄的增长，孩子也有了自己的自尊，父母只有尊重孩子，与孩子平等沟通，才会对孩子有影响力。

作为父母，如果我们总是站在成人的立场，以成人的思维方式为孩子分析问题，告诉他应该如何去做，就会使他怯于亲身去体验。如果我们坚持认为自己的知识渊博，总是滔滔不绝地向孩子灌输自己的思想，不厌其烦地去纠正孩子的错误，我们就限制了孩子自己去积累知识的机会。而且这种认为孩子什么都不行的态度，会极大地打击他的积极性和自信心，使他丧失自信。要学会站在孩子的角度思考问题。我们所要表达的爱，是要对方接受的，千万不可因“爱”而生“碍”。

我们用希望了解、希望倾听的态度与孩子谈话，就是向孩子表示我们尊重他的能力，尊重他的独立性。尽管父母可能会认为孩子所做的许多事情都不尽如人意，但是，也不能因此摆出不屑一顾的样子，更不应过多挑剔、指责。作为父母，应这样和孩子沟通：“我想听听你对这件事是怎样理解的？”“让我弄清楚是不是理解你所说的。”如果我们肯丢掉成年人的认知框架，从孩子的角度来理解他的世界，并给予引导，我们就能使孩子通过自己的经验学到知识。与孩子沟通时，千万不要以父母的权威压抑孩子。与孩子平等对话，表达了我们对他的尊重。另外，还可以配合正确的肢体语言，例如，脸上露出亲切、温和的表情，眼神里充满关爱，语调轻柔和平静。

当我们像面对知心朋友一样，向孩子请教一个问题，与孩子商量决定一件事时，可以想象他一定非常兴奋。因为他感到了自己存在的重要性，他尝到了平等相处的快乐。由此看来，经常把孩子当作平等的伙伴、交心的朋友，这在教育孩子方面可以产生意想不到的效果。

细节2

让孩子把用过的东西放回原处，自己整理自己的东西

提倡把用过的东西放回原处，其实就是一种“还原”习惯的培养。“还原”习惯是一个人必备的良好的生活、工作习惯，良好的“还原”习惯必须从小培养。

把用过的东西及时放回原处，是一个让人终身受益的好习惯，既方便了别人，也方便了自己。这个好习惯，不是一朝一夕养成的，它需要从小培养，也需要长期坚持。

在日常生活中常有这样的情形：许多孩子正玩玩具的时候，忽然被外面其他热闹的声音吸引，往往立刻丢下手里的玩具，到外边去看热闹。有些孩子回来以后，仍旧会去玩他们之前所玩的玩具；但是，有些孩子回来后就去玩别的玩具了，就不再去管他之前玩的玩具了。前者尚无问题，对于后者，做父母的应当叫孩子先整理其之前玩过的玩具。

已经12岁的刘海涛有个令人讨厌的坏习惯，他每天放学一回到家，就把书包、鞋、外衣扔到起居室的地板上。虽然刘海涛偶尔也会按妈妈的要求把东西都摆放好，但大多数时间都是随地乱扔。对此，妈妈试过很多方法来矫正他这个毛病，但无论是提醒他、责备他、惩罚他，都无济于事，刘海涛仍旧常常把自己的东西堆在地板上。

一天，妈妈终于看到了刘海涛放学回家经过起居室而没有扔东西，她立即走上前去，轻轻地拥抱了一下刘海涛，对他的做法表示高兴。刘海涛刚开始很吃惊，但很快他的脸上就充满了自豪，因为他将自己的东西带入自己的房间放好而受到了肯定和表扬。于是在这之后，他就尽力去这样做，而他的母亲也记着每次都对他表示赞许。慢慢地，刘海涛乱扔东西的坏习惯终于改正过来了。

随便乱放东西，既不利于自己，也不方便别人。

有一个孩子早晨起床后，自己的被子也不叠。问他："为什么不叠被子呢？"他说："今天晚上还是要睡的，现在何必去叠它而给自己添麻烦呢？"你看，他回答的话真是妙极了。天下恐怕没有用一次而以后永远不用的东西。照他所说，用过一次以后，可以不必再去整理了。所以有些人看了书报后，就不愿意去整理书报；吃好了饭就不愿意去洗他们的饭碗。他们这种惰性的养成，都是小的时候做父母的没有好好教育、引导他们的缘故。

经常不整理用完的东西，一方面固然养成惰性，另一方面还会造成室内外观上很不雅。我想无论是什么人，都爱齐整的环境。乱摊玩具、乱放书籍、用过的东西乱丢不归原位是极不雅观的，常常容易引起别人的厌恶。

东西放在原处，以后再用的时候便容易找。倘若东摊西放，那么以后要用它的时候便不容易找了。我常常看见一些人是很喜欢乱摊东西的。东西用过以后，随便一丢，而以后要用时，他就记不起来放哪里了。

孩子经常不整理好自己的东西，父母因屋内太乱而常常替他去整理，物归原处。但是这样久了，会让孩子以为父母应当替他整理东西，从而养成惰性，不愿自己动手去整理了。

孩子在玩玩具的过程中，常常搞得屋里乱七八糟，让父母很恼火。针对这种情况，可以尝试以下做法：第一，家里要给孩子一个放玩具的固定地方，也就是常说的"玩具房间""玩具角落""玩具箱"，使孩子建立起每次玩完玩具要放回固定地方的概念。第二，不要让孩子把收拾玩具当作额外的负担，而应使之成为游戏的一部分。父母可以在他快玩完的时候热心陪他玩，一边玩一边说"小娃娃玩累了，该回家睡觉了"。如把装车的盒子当作车库，说汽车到了晚上也该回自己的"家""睡觉了"，小动物们也都找到自己的"家"了。如果收拾得不够整洁，可以和他一起再重新摆放一次。

培养孩子"还原"的习惯，可以从他的衣兜开始，哪个兜放什么，让孩子根据使用方便和卫生要求有个安排，坚持不随意改变自己的安排。然后再训练孩子自己动手收拾书包，做到书本文具有序列，不随意插放。

对于大一点的孩子，应引导他自己收拾自己的衣物，自己设计自己衣物存放的位置。内衣、秋衣秋裤、小件用品分类存放整齐，并将此习惯坚持下去。孩子的书橱，最能体现他们的个性。让孩子自己设计图书的分类（可以先到图书馆、书店观摩学习），然后坚持分类摆放，图书使用后要尽快放回原处。孩子的抽屉也是一个“万宝囊”“杂货铺”，这里大有文章可做，仍是应将东西分类摆放。可以按照“手头用”“经常用”“必须用”加以分类，还可以按照纪念品、小玩具、小电器……分类。父母要定期给予孩子热情的讲评和鼓励，同时还应引导孩子体会养成东西“还原”的习惯的好处。当孩子有明显进步或做得较好时，父母应及时给予夸奖。

虽然收拾好自己的用品不算是什么大事，但是，人生漫长，好习惯是一点一滴逐渐养成的。因此，我们要从这些生活的细节去锻造一个人的基本素质。

细节3

如果孩子犯了错，惩罚过错的恐吓五次须做到有一次真正实施

对犯了错误的孩子来说，采取各种惩罚手段，只是教育孩子的方法之一，而不是唯一的方法。平时要尽量少用惩罚，仍以说服教育为主。但在惩罚孩子的过错时，五次惩罚的恐吓必须做到一次真正实施。

每个孩子都免不了会犯这样那样的错误——孩子正是在不断纠正错误的过程中成长起来的。问题的重点不是孩子是否犯错误，而是父母采取何种态度。父母对待孩子的错误所采取的态度，恰如一把犁刀的两面：它可以割破孩子的心，留下永恒的伤疤；也可以从中“掘出生命新的源泉”。

著名教育专家孙云晓曾指出：没有惩罚的教育是不完整的教育。惩罚是为了让孩子知道什么该做，什么不该做，为自己做的错事承担后果，以后不再犯同样的错误。可有的父母并不了解这一点，甚至错误地将惩罚仅仅理解为体罚，让孩子因害怕而不敢做事。

相信你一定听过《狼来了》这则故事。故事的大意是这样的：有位牧童很喜

欢恶作剧，常在牧羊时大喊“狼来了！”。这位少年每次看到村人赶来时惊慌的表情，就觉得有趣无比。于是他如法炮制，戏弄村人多次。后来有一次狼真正来了时，这位少年一如往常向村人求救，但村人却以为他仍在说谎，没有人前去搭救，结果少年的一群羊全被狼吃掉了。

这则故事常用来告诫小孩不可说谎，因为说谎最后受害的还是自己。父母也可从中获得启示。

有一个叫孟濛的孩子，由于他调皮捣蛋，他的母亲烦恼不已，有时母亲心里一急，就忍不住大声责骂他，可是，怎么也不能让孟濛听话。母亲在无计可施的情况下，就把他关进衣橱中，于是，那个衣橱就成为孟濛最厌恶的地方了！只要一被关进去，他就害怕得连话都说不出来。

在被母亲关进衣橱几次之后，孟濛说话开始出现口吃的情况。母亲心中也常想，这种做法会不会过于强硬了？尤其是在听到孩子结结巴巴地说话后，更是心焦。

之所以造成这样的结果，主要是因为这位母亲将重点放在“想惩罚孩子”上，却并未将孩子做错的事指出来，让孩子在被惩罚之后知道反省。也许她认为，自己已经在口头上骂了孩子好多次，可是孩子还是不听话，干脆“把他关在衣橱中作为惩罚，这样他以后就再也不敢了”。

然而，孟濛被关进衣橱中后，真的能够冷静地反省自己所做的事错在哪里吗？事实恰好相反。孟濛只是感到极其害怕，同时也无法理解母亲为什么这么狠心，居然会让他面对这种“恐怖”。自此以后，孟濛就因心中过于紧张，在母亲面前说话时出现了口吃的情况。而做母亲的又因为孩子的这种改变心焦难安，孩子的口吃更难有好转了。

因此，当孩子惹我们生气时，作为父母，该想的不是如何去处罚他，而是要退一步想想“为什么他会这么做”。当使用惩罚手段时，要想想这样会不会让他反省，不要过于严厉，以免伤害孩子。

当然，管教孩子时奖惩分明是必要的。孩子按照父母的命令做了，就应给予奖赏；如果没有做，则要给予惩罚。父母常用这种方式要求孩子听从命令，但现在很多的父母往往奖赏重于惩罚，如：“这次考试如果得100分，妈妈就带你去看棒球比赛。”一旦孩子考取100分，就一定会排除万难履行诺言。相反地，“去收拾好你弄乱的房间，不然不准吃晚饭”。一般如此宣布惩罚孩子的父母，即使孩子没有照着做，最终也会让孩子吃饭，并且说“你下次再不听话，就真的不准吃饭”等这类不知是辩解还是恐吓的话。

发现孩子犯错误之后，应及时进行惩罚，并指出其错误所在及应该承担的后果。如发现孩子将家中的玻璃缸打破之后，要及时要求他将碎玻璃打扫干净，而不要等过了几天再说“你那天把玻璃缸打碎了没有及时打扫”等。

在对孩子进行惩罚时，父母经常犯的毛病就是在发现孩子犯错误之后，将他以前犯的错误都翻出来，并前后联系起来，结果越想越气，没有掌握好惩罚的力度，导致惩罚过度而对孩子造成伤害。

对孩子实施惩罚时，要让孩子清楚地知道自己是因为做错了什么才受到惩罚，并告诉他正确的行为方式。不能让他以为自己生来就只会犯错，或者认为自己本身就是个错误，要让孩子明白，惩罚对事不对人。

另外，在惩罚的必要性和方式上，家庭成员的一致性很重要。父亲一方惩罚孩子的方式，另一方不要当着孩子的面否定。如果孩子知道另一方会给予同情，会使惩罚效力大打折扣；对于孩子的同一个错误，不要父亲惩罚过了，母亲再去惩罚，最好是父母二人商量好了后采取一致的行动。如果孩子再次犯同样的错误，惩罚应当比上一次更严重，而不可因为当时自己的心情好或是其他的原因轻易放过。如果该罚时不罚，会让孩子产生得过且过的心理，或者专看父母的脸色行事，而不会真正改过自新。

父母也可先商定出一些不同强度的惩罚方式，但不要轻易使用刺激强度较大的方式，同时约束自己不得超过规定的极限；不轻易使用惩罚，最好引而不发，让孩子在被实施惩罚前自己认识到错误，主动中止不良行为。必须记住，在选择每一种惩罚手段时，始终应使之建立在尊重孩子人格的基础之上，以惩罚唤起孩子的良知，启发孩子的自觉性。所以，体罚是应当尽量避免的，也不宜当众惩罚孩子，这样容易使孩子产生对抗心理，而跟父母对着干，反而使惩罚达不到良好的教育效果。

孩子每次做不到或犯错都给予惩罚，则会压抑孩子的心理，易使孩子对父母产生恐惧，难以培养孩子自动自发的精神。基于这些原因，我认为，孩子犯错后，如果用惩罚恐吓作为管教方法，五次中至少要做到一次真正实施，给孩子心理上造成“可能会遭受惩罚”的不安感，从而达到管教效果，这比天天惩罚更能奏效。但是，父母千万别跟孩子“算总账”。孩子有了过错要及时纠正，辅以必要的惩罚能使孩子把过错和愧疚联系起来，加深对过错的记忆和认识。如果平时疏于管教，时间长了孩子必然会把所犯的错误渐渐淡忘。未来犯了大错之后，父母如果“老账”“新账”一起算，则会使孩子觉得很冤枉，也会大大削弱惩罚的教育效果。

细节4

相信孩子，放手让孩子去做事

孩子在父母的羽翼下永远也无法学会独自飞翔，也无法承受风雨的洗礼。我们必须张开双手给他们在蓝天下自由翱翔的机会。

小鸡如果总是在母鸡的翅膀下成长，就永远不可能学会自己去觅食；小鹰如果总是在老鹰的呵护下长大，就永远不能翱翔天空。同样的道理，孩子如果总是生活在父母的怀抱里，就无法培养独立生活的能力，无法形成独立的人格。而无法做到独立自主，就很难独自去面对生活中的各种挫折，也难以适应日益复杂的社会和各种挑战，更谈不上建功立业了。

现在的孩子依赖性强，生活上的自理、自立能力较差，这主要是父母平时对孩子过于娇惯，使孩子缺乏生活训练所导致的结果。许多事情都应让孩子自己去做。但有些家长却爱大包大揽，弄得孩子事事依靠父母，没有父母在身边时生活就一团糟，几乎寸步难行，只得在父母的保护下生活。这样，孩子身上本来已经具备的独立人格逐渐消失，本来已经具有的各种学习社会生活的机能也相应地减退了。因此，在教育孩子时，父母大可不必大包大揽，对孩子总是放心不下，而是要大胆地放开双手，放心地让孩子去做他能做和应做的事，慢慢培养孩子独立生活的能力。我们来看一个故事。

一位父亲带着5岁大的儿子在公园玩，一不留神，儿子拿了一辆做工精致的玩具小汽车回来，父亲大吃一惊，儿子却很自豪地说：小汽车是用纸飞机跟朋友换来的。父亲不敢相信，怀疑儿子说谎，因为两者的价值差40倍。于是，他带着儿子去找那个“小慈善家”。不远处，一个外国的小孩子正兴高采烈地玩纸飞机，年轻的母亲坐在旁边。交谈中得知，这两个孩子的交易是在这位母亲的眼皮底下进行的。

他问这位母亲为何不干预，她说：“小汽车是属于孩子的，应由他做主，他决定交换就让他交换。”这位父亲大惑不解，又问道：“这不是明摆着吃大亏的买卖吗？”然而这位母亲坦然地说：“不要紧，既然你儿子喜欢，小汽车就归你儿子了。过一会儿，我会领着我的儿子去玩具店，让他知道这辆小汽车值多少钱，能买多少架纸飞机，这样，他就不会第二次做这样的蠢事了。”

这个故事中的母亲非常聪明，也深谙教子之道。孩子在自己的眼皮底下做着一桩亏本的交易，但她并没有干预、阻止这桩交易，而是把发现问题、总结教训的机会留给了孩子，让孩子自动自发地去比较、思考和吸取教训，这显然比家长直接干预、直接教训孩子的效果要好。

因为孩子年龄小，当遇到困难或者出现差错时，他可能会迷茫、困惑，失去信心和勇气。他克服困难的能力还较差，战胜挫折的心理素质也较弱一些，他容易具备勇气，但又容易失去勇气。为了不使孩子丧失勇气和信心，家长有时在明知道孩子做错了或正在做一件错事时，还是有必要放手让孩子去做，允许他去犯他想犯的错误。如果因为怕孩子犯错，总是这也干预，那也不许，孩子就什么也做不了、什么也学不会。因此，父母的教育方式至关重要。孩子出错或遭遇失败时，他可能不知道自己为什么会错、为什么会失败。这时父母耐心、认真地给他分析和引导，会有利于孩子总结教训、改正错误。父母有时也可以通过分析自己的失误，让孩子明白生活、学习中出现差错是可以理解的。而出了差错之后，再认真去改正，这本身就是一种成功。

事实上，哪怕是一个科学家，他也可能在101次试验失败之后才获得试验的成功。但科学家会将他的每一次失败看作是排除了一种错误做法，让自己下一步更接近成功。因此，父母要相信孩子，大胆地放手让他做事，用宽容的心和热情的态度，使孩子逐渐拥有信心，走向成功。

一般来讲，只要不是原则性的问题，比如孩子少穿了衣服、在雨天里踩水或者和小伙伴争吵等，父母都不必给予过多的关注，让孩子自己去做、去想，或者采取冷处理的方法，当孩子碰了壁、吃了苦，有了心理体验，这时再给予教育引导，下一次就能让孩子避免再犯此类错误了。

但是对于原则性的问题，父母就要给孩子讲道理，说明这个世界上哪些事能做、哪些事不能做，对于不能做的事情要坚持原则，绝不迁就。

父母要让孩子逐渐理解自立在个人生活中的重要作用，进而使他摆脱身上的依赖性，增强独立性。比如：孩子都喜欢小动物，家长就可以让孩子观察小动物为什么不是总缠着它们的妈妈，而是大部分时间都在独立活动；也可让孩子想想小鸭子如果总被关在蛋壳里，那结果会怎么样。通过若干小事，使孩子慢慢领悟到自立对自己的好处。

总之，只有父母放心地放开自己的双手，孩子的自立能力才能得到有效锻炼。要让孩子自己动手做自己应该做的事情，而不要怕他在做的过程中出现差错。经过多次锻炼，孩子很快就会成熟起来。家长要相信孩子具有学习社会生活技能的天资，要放手让孩子去做自己能做的事情，培养他主动动手的兴趣，逐步教给他生活的各项技能，给他创造一个能培养自理、自立、自强能力的良好家庭环境。

细节5

吩咐孩子做事时，少写纸条，宜用口头传述

吩咐孩子做事，应少用写纸条的方式，而用口头的传述，且最好一次吩咐两件以上的事。

父母经常要吩咐孩子做一些力所能及的事，这对孩子各种能力的发展有很大的益处，这点是毋庸置疑的。如能同时给孩子多创造一些独立思考的机会，就更有助于增强他的记忆力，促进其独立思考能力的提高和自主自立意识的增强。

随着孩子年龄的增长，特别是当孩子掌握了语言这一工具后，他的有意识记忆就会逐步发展。若想培养孩子的记忆力，就得重视发展孩子的有意识记忆，这一点很重要。

年龄越小，记忆的直觉形象性就越明显。这是由幼儿思维的具体形象性所决定的。对于一些可以看、可以摸，甚至可以听到、嗅到的具体的东西，孩子往往很容易记住。

孩子由于年龄小，缺乏必要的知识和经验，所以在他的记忆中，无意识记忆所占的比重往往较大，有意识记忆正处于初步发展阶段。孩子往往喜欢重复，对故事百听不厌，也喜欢背诵。这对于孩子提高记忆力、积累知识大有益处。

诗人歌德小时候，母亲每天都会给他讲一个故事，但总保留了故事的结尾。第二天，小歌德要向母亲复述故事，还被要求编一个故事的结尾，这样他才能从母亲那儿再听到一个新的故事。歌德复述故事时，已不可能是逐字逐句地机械背诵，这里面加上了他的理解和想象，有所发挥，有所创造。也许正是童年时期坚持的这种讲故事游戏，才培育了一代文豪。

在整个幼儿期，孩子的记忆是无意识记忆占优势，因而，应充分利用孩子的无意识记忆来培养孩子的有意识、有目的的识记。这一点，家庭教育占有很大的优势。因为父母是孩子的第一任老师，而在整个童年时期，孩子和父母接触的时间最多，这就为实施早期教育提供了良好的条件。

吩咐的事，不用纸条写下，而要用口头的传述，且最好一次吩咐两件以上的事。这种训练能培养孩子的记忆力。不看纸条能让他想出来，但一开始要求孩子这么做可能比较困难。教育专家指出，父母可以分三个阶段来实施。

第一阶段，把吩咐的事写在纸上，叫孩子记下来。如果是还不认识字的孩子，可以做简单的记号或画图，然后把纸条折好，放在孩子的口袋中，并且对他说："忘记了才可拿出来看。"

第二阶段，如果孩子不用看纸条便能完成任务，就可以在孩子面前把纸条撕毁。

第三阶段，孩子已经对自己的记忆力有信心了，便不用再写纸条，直接口头传述。即使是年龄很小的孩子，一般也只用花1个月的时间训练便能记住所吩咐的事情。

细节6

如果不是特别忙，最好每周抽出一天时间专门陪孩子

每周一定要抽出一天时间陪孩子。记住，无论再忙，你也要挤出一天时间来。如果一天不行，那至少要保证半天来陪孩子。

每一个孩子都喜欢且希望父母关注他，但有时却很难得到关注。

作为父母，看看能否一周抽出一天时间来陪孩子，注意，这一天不要挤进许多家务事，只是陪他。用这些时间与孩子一起玩，与他一起冒险，称赞他最近取得的成绩，与他谈谈人生等。这是掌握他一周以来学习生活情况的好机会，可以知道他是否有困难，更好地了解他，可以向他慢慢灌输你希望与他分享的价值和哲理。如果你实在不能花一天时间陪孩子，那至少要保证半天。

有这样一种说法：一位好父亲或好母亲胜于一百个教师。马克思就是这样一位父亲，尽管他一生都在为人类的解放事业进行着不屈不挠的斗争，却一刻也没有忘记作为一个父亲应尽的责任和义务。马克思的女儿艾琳娜在回忆父亲时深情地说：“他是儿女们最理想的朋友和最可爱的、最让人愉快的同伴。”

在马克思的家庭里，父母和孩子们的关系融洽，生活充满乐趣。在孩子们还很小时，马克思常利用工作的闲暇时间和孩子们一起做各种游戏，孩子们兴致勃勃地把椅子摆成“马车”，然后把父亲“套”在车前，孩子们挥舞着“鞭子”，“车”上“车”下一片欢腾。“爸爸是一匹好马”，这是儿女们对父亲的一致评价。

在马克思家里，星期日是属于孩子们的。每逢星期日，马克思即使再忙，也总是放下紧张繁忙的工作，听孩子们的“指挥”。他带着孩子们出去愉快地游玩，让孩子们接受大自然的熏陶，既增长他们的见识，又锻炼他们的意志和体魄。

有一次，恩格斯来到马克思的家里，见他正在聚精会神地伏案工作，便赶忙

提醒他说："喂，你忘了今天是什么日子吗？"

马克思一听，愣了一下，拍了拍脑门，微笑着说："啊，对了，今天是星期日，星期日应该属于孩子！"于是，马克思马上放下工作，和恩格斯一起有说有笑、高高兴兴地领着孩子们出去郊游了。

某个星期日，孩子们在山冈上发现一棵高大的、果实已经成熟的毛栗树。他们要求和爸爸比赛，比谁用石子打下的野毛栗多。马克思虽然不是打毛栗的能手，但还是兴致勃勃地参加了这一游戏。用石子和孩子们玩了一会儿，他又找来一根棍子去打，直到大多数毛栗子掉下来才罢手。回家的路上，他感到胳膊有些酸疼。第二天早上，他的胳膊疼得更加厉害，一连六七天不能动弹。但是，到了下一个星期日，他照常和孩子们一起玩耍。

马克思的孩子们永远不会忘记，他们和父亲一起度过的那些愉快的星期日，尤其是去汉普斯特德荒野远足，成为他们记忆中最快乐的事情。出发路上，孩子们欢快地奔跑，采来各种野花；到达目的地后，孩子们在花丛里捉迷藏，有时，大人和孩子们一起跳舞、唱歌，马克思常常全神贯注地为孩子们朗诵《神曲》，或者背诵莎士比亚的名剧段落。在回家的路上，当孩子们感到疲倦时，马克思就给他们讲故事，他讲得非常生动、有趣，并且巧妙地一段路程设计一个故事，使得孩子们不断地请求他："再给我们讲一个吧！"在马克思绘声绘色的讲述中，孩子们不知不觉走了一程又一程，忘记了旅途的劳累……

马克思经常和孩子们一起外出游玩，当然不仅仅是为了迎合孩子们好动爱玩的特点和对外界事物好奇的心理，而是有意识地让孩子们去认识和了解自然与社会，为他们的成长提供一片自由的天空。

作为父母，我们从马克思对待孩子的做法中受到了有益的启示：无论自己平时工作有多忙，每周一定要抽出一定的时间与孩子在一起。这不仅仅是享受天伦之乐，更重要的是让孩子知道，你很在意他。

父母要融入孩子的生活空间，积极参与孩子的活动，特别是在孩子成长中的转折点上，这一点尤为重要。如第一天上学，第一次参加体育比赛，第一次考试不及格，第一次考试成绩优秀，第一天上班……总之，小到走出家门，大到成家立业，孩子的每一步成长都离不开父母的参与。

做父母的要多花时间与孩子在一起，做孩子活动的参与者，认真完成生活赋予父母的神圣职责，不仅要在时间、物质上投入，更要在感情、精神上投入，让孩子从小体会到父母真心的爱和付出，从而健康地成长。

细节7

让孩子上学迟到一次，他就会想办法以后再也不迟到

父母要充分认识到从小培养孩子自理、自立能力的重要性，让孩子及早学会独立，切不可等到孩子长大后才发现关于自理、自立能力的培养还远远不够。

现在，许多孩子爱睡懒觉，经常是父母叫了几次，才慢吞吞起来。长期下去，孩子会想：反正每天有人叫，上学不会迟到。因此，如果让孩子上学偶尔迟到一次，没必要大惊小怪，他会知道以后该怎么做，再也不会迟到。

星期一早晨6:30，闹钟响了。天天打了个哈欠，翻了个身，心想：再睡2分钟吧，就2分钟，不会迟到的。

过了2分钟，天天起来了。他很快地洗漱完毕，吃了早点，就背着书包上学去了。走到十字路口，刚想过马路，红灯亮了。他叹了口气，说："要是早1分钟就好了。"他开始后悔昨晚睡得太晚了。

他等了好一会儿，才走过十字路口。他向停在车站的公共汽车跑去，眼看就要跑到车站了，车子开走了，他又叹了口气，说："要是早1分钟就好了。"

他等啊等，一直不见公共汽车的影子，天天决定走到学校去。

好不容易到了学校，已经开始上课了。天天红着脸，低着头，只好按照班级的规定站着听了一堂课。

当天放学后，天天不好意思地对爸爸说："昨天晚上是我非要晚睡觉的，以后再也不能晚睡了。"

爸爸走到儿子跟前既和蔼又严肃地对他说："通过这件事，你至少要明白三点。第一，你既然有胆量不按时睡觉，就要做好避免迟到的准备；第二，任何时候都要想办法抢时间，别迟到；第三，如果真的迟到了，你要有勇气去接受处罚。"

天天眼睛一眨不眨地盯着爸爸说："第四，我以后再也不晚睡了，我早早起床，不就啥事也没有了？"

孩子上学迟到，父母要找到他迟到的根源，对症下药，才能药到病除。否则，就很难取得好的效果。要找到问题根源，一是需要认真地观察，二是要与孩子坦诚地沟通。经过认真地调查与思考，找准了问题根源，解决问题的办法也会随之而来。

有一些孩子迟到了，总喜欢把责任推到家长的身上，这样下去是很难改正孩子迟到的毛病的。必须要让孩子认识到上学是自己的事，自己要学会管理时间，事事求早。父母可以给孩子讲讲鲁迅在书桌上刻"早"字的故事，可以给孩子购置闹钟，养成每天早上起床只喊孩子一次的习惯。

另外，为了帮孩子养成早起、早出门的好习惯，有的父母把家里的钟表调快5分钟，这样让孩子每天走在时间的前面，这也是一个好办法。当然，重点还是要让孩子懂得做事要赶早，提前留出时间来。

最重要的是，要让孩子爱上学校，爱上学习。当孩子对学校充满了感情、对学习充满了兴趣的时候，他每天都会急切地想早点到学校享受学习的快乐，自然就不会迟到了。

日常生活中，父母要有意识地锻炼孩子对各种事物的处理能力，使他在种种锻炼中逐步提高自身的自理、自立能力。孩子只有从思想上认识到自理、自立能力的重要性和必要性，才能从行动上主动地配合父母的培养，才能使父母在培养、教育孩子时不必花费太多的精力和时间，而且还可以大大提升培养孩子自理、自立能力的效果。

细节8

让孩子自己整理书包

为孩子示范一下按一定规律整理书包。示范后让孩子模仿操作，练习时可随时提示孩子怎样做到位。以后经常监督孩子自己整理书包，让孩子渐渐养成每天自觉整理好书包的习惯。

“一屋不扫，何以扫天下。”若书包经常凌乱，则已经体现出一个孩子的无序性。这种无序性不仅表现在学习上，同时也表现在日常生活中。要想让孩子成为一个爱好整洁、行为有序的人，就从整理他的小书包开始吧。

有的父母给孩子买的书包华而不实，书包上有过多的小口袋或其他装饰，严重分散了孩子的注意力。有的父母每一学期都给孩子换一个新书包，且越换越好，使孩子喜新厌旧，而不知道珍惜。也有的父母从学校里接出孩子，顺手就把原本背在孩子身上的书包接过来，放在自己肩头，每天还帮孩子整理书包，把他需要用的东西都装好，偶尔有疏忽忘记装作业本的时候，孩子振振有词地对老师说：“我妈没给我放进来。”回家后则气愤地对母亲说：“你没把作业本放进来，害得我被老师批评！”如此下去，整理书包变成了父母的任务，而非孩子的责任。长此以往，对培养孩子整洁有序的习惯无任何益处。对此，家长应商定好可行的培养方法，给孩子以正确的引导，帮助他改正缺点。

父母可以向孩子示范怎样按一定规律整理书包，示范后让孩子模仿练习，练习时可提示孩子如何做到位。以后经常监督孩子坚持下去，最初监督次数要频繁些。当孩子渐渐养成有序整理书包的习惯后慢慢放手。而且，要坚持让孩子自己背书包，并注意监督书包里除了学习用品，不放其他物品。

中国有个成语——善始善终。如果说做家庭作业是“善始”的话，那整理书包便是“善终”了。从整理书包可以看出一个孩子做事的条理性。

我曾经和几个孩子玩“整理书包”的游戏，先是把书包里的东西全部倒在桌子上，然后要求他们在最短的时间内重新整理好，再要求他们快速、准确地从书包中拿出指定的物品。

结果，80%的孩子在整理书包的过程中要么手忙脚乱，乱塞一气，等要他找指定物品时已经记不得了；要么不急不慢，一本一本地整理，十几本书和各类文具放进去，一刻钟过去了。

经调查发现，这些孩子都是在家里写完作业后没有养成自己整理书包的习惯，如果父母不替他们整理，他们也不理会，一直留到第二天。而早晨起床后时间紧，洗脸刷牙、吃早饭，哪有工夫收拾书包，父母只好“三下五除二”代劳了。到学校后，孩子找不到自己的家庭作业本或学习用品也是常事。

许多父母在孩子的教育中往往会忽略许多生活细节，比如整理书包这样的小事。其实，一个人的成功是由习惯决定的，而习惯则是由很多细节组成的。

俗话说“三岁看老”，做事的条理性往往是在一个人小时候养成的。整理学习用品是孩子自己的事，而现在，不少孩子的学习用品是由家长代为整理的，这使孩子养成了严重的依赖性，从而导致孩子自理能力差，直接影响孩子的成长。

对于如何教孩子整理好自己的书包，并养成良好的习惯，我有几条建议供父母参考、借鉴。

首先，要教会孩子自己整理书包。让孩子知道：小书包要自己整理，看着课程表整理书包，课本作业不忘掉，整整齐齐理得好。指导孩子把当天要用的课本、作业本整理齐全。先放课本，大书放在下，小书放在上，再放作业本，最后放垫板和铅笔盒。书和本子放进书包时，书的装订处向里边，这样可防止书角弯折压翘。当天不用的学习用品则不必放进书包。

其次，要教会孩子到了学校再按课程表上的课程顺序把课本和作业本放在课桌上，把书包放在桌子里。如：第一节是语文课，第二节是数学课，第三节是音乐课，整理时就把语文书放在最上面，中间放数学书，下面放音乐书。

再次，在学校整理书包的习惯也很重要。有些孩子往往不小心将学习用品留在学校里，影响了回家做作业，所以在放学时要让孩子做到“一看二放三检查”。一看铅笔、尺等文具和书本、作业本是否缺少。二按大小有序地将书本、文具放进书包，当天的作业本放在书本上边。三是检查是否有学习用品遗留在课桌里。

最后，在家里时，孩子的书包也要放在固定的地方，这样上学时孩子就会不忙不乱了。

细节9

外出前，告诉孩子把要带的东西列在单子上

带孩子外出前，告诉孩子需要带什么东西，一一列清楚，然后按照单子上写的，让他认真去准备。如果孩子马虎、有疏漏，就有意地让他犯一次错，这样下次他就会记得非常清楚。

在孩子成长过程中，即使出现一些差错，也没多大关系；重要的是，父母一定要提醒到位。

我们来看看美国著名教育家斯特娜夫人教育女儿的一个小故事——

一次，斯特娜夫人准备带她5岁的女儿做一次为期两天的野外旅游。临行之前，斯特娜夫人告诉女儿应该带些什么东西，为了培养女儿自己照顾自己的能力，斯特娜夫人让她自己收拾行李。

到了野外之后，女儿发现不仅衣服带得有点少了，还忘记了带手电筒。那天晚上天气似乎特别阴冷，女儿对斯特娜夫人说："妈妈，我觉得冷，我的衣服没有带够……我能用一用你的手电筒吗？"斯特娜夫人问女儿："为什么衣服带少了？""我以为这里的天气跟城里的一样，没想到这儿冷多了。下次再来，我就知道该如何做了。"女儿回答。

斯特娜夫人说："是的，你应该先了解一下这儿的天气情况，做好充分的准备。那样的话，你现在就不会感到冷了。那么，手电筒又是怎么一回事呢？"

女儿说："我想到了手电筒，但在出发时忙来忙去，就又把它给忘了。"

斯特娜夫人说："你一定要记住，以后千万不要粗心大意，如果不细心对待每一件事，你就会尝到粗心的苦头。"

女儿说："我明白了，我以后一定要像爸爸出门前那样，先列一个物品单子，这样就不会掉东西了。"

"没关系，这次我把你忘带的东西都带来了，你看，这是你的手电筒，还有

你的衣服。”斯特娜夫人一边说着，一边把东西拿了出来。女儿高兴极了，过来抱住斯特娜夫人，亲吻了自己的母亲。

年幼的女儿第一次准备出游，少带了东西是必然的。面对这种失误，作为母亲，斯特娜夫人并没有立即提醒她，帮她弥补，而是让它成为事实，铸成错误，让女儿在挫折与失败体验中接受教训，获得经验。后来，斯特娜夫人拿出了女儿忘记带的东西，又充分显示了母亲对孩子的关爱，更加深了孩子对这件事的印象，促使她以后不再犯同样的错误。

父母可以借鉴斯特娜夫人的做法，带孩子外出前，告诉孩子需要带什么东西，并一一列清楚，然后让其按照单子上写的认真去准备。如果孩子马虎、有疏漏，就有意地让他犯一次错，这样下次他会记得非常清楚。

恩威并重，是中国人推崇的科学的家庭教育原则。我们提倡对孩子既要严格，也要充满慈爱与宽容。像斯特娜夫人这样讲究教育艺术的教育方法，对培养出有责任心、有爱心、有宽容心、有独立意识的人有极大的帮助。美国的中学生有句口号：“要花钱自己挣！”日本有句教育格言：“摔倒了自己爬起来！”咱们中国也应该提倡：“失误了自己来弥补！”这也许就是教育家斯特娜夫人带给我们的最大启示。

细节10

做父母的最好只有“一只手”

对于孩子最好的给予，就是引导孩子培养自理、自立能力。自理、自立能力强的孩子什么事情都会自己做，什么事情都难不住他，他的自信心也会逐渐增强。

孩子的生活自理、自立能力的培养并不是什么小事情，它不仅关系到孩子生活是否舒适，也关系到孩子有没有自信心。具备良好生活自理、自立能力的孩子，什么事情都会想办法去做，什么事情都难不住他，他的自信心自然就会很强。而缺乏生活自理、自立能力，事事不会做、处处有困难的孩子，不仅在生活上会遭受许多磨难，还会逐步滋长自卑心理，以致在学习和工作中也觉得自己处处不如人。

我国著名儿童教育家陈鹤琴先生曾针对父母对孩子照料过度的现象说了这样一句话："做母亲的最好只有'一只手'。"然而，今天做父母的对孩子过度照料的现象仍然相当普遍。特别是在独生子女家庭，这种现象更是有增无减：孩子已经会自己吃饭了，父母还要一口一口地喂；孩子会走路了，父母还非要抱在怀里不可，从这个大人手里传到另一个大人手里，就是不让孩子双脚着地自己走；孩子会自己拿东西了，父母也不让他自己动手，而是将东西一件一件地递到他的手里；孩子会自己洗手、洗脸、洗脚了，父母却还给他打好水，替他洗；孩子会自己穿衣服了，父母不让他自己动手穿；孩子上学了，尽管家距离学校很近，也不经过大马路、小马路，父母却每天要帮他背着书包去接送；孩子写作业，父母要陪在旁边，替他削铅笔、灌墨水、用橡皮擦去写错的字；写完作业，父母不是要孩子自己收拾书包，而是替他收拾好；孩子自己会洗红领巾、手绢、袜子了，父母不让他洗，这些活全由父母代劳等。著名家庭教育专家赵忠心针对这种状况指出，在现代社会，人们不需要"皇帝"，孩子在家里是"小皇帝"，到社会上都要成为"平民百姓"。平民百姓都要生活自理，连自己的生活都不能妥善料理，就难以正常生存。孩子在小时候，父母心甘情愿地伺候这些"小皇帝"，这时父母年轻力壮，有精力伺候他们；但孩子从小过惯了"小皇帝"的生活，没有生活自理、自立的能力，到他们长大了，父母也变老了的时候，那问题就严重了。

当孩子还不能完全生活自理、自立的时候，父母应在生活上给予照料，做父母的有这种责任和义务。但父母应当明白，照料孩子的目的，不仅仅是为了使孩子生活得舒适、幸福，更重要的是在照料过程中教孩子逐步学会生活自理，进而掌握自立的能力。

刘少奇教育子女们用的"管放法"，值得我们学习、借鉴。

刘少奇对子女要求是很严格的。1964年的夏季，刘少奇的妻子王光美在河北省新城县（今高碑店市）蹲点。为了锻炼15岁的女儿平平，刘少奇特地写了一封信让她给妈妈送去，并嘱咐秘书，不要给她买车票，不要送她去火车站，也不要通知王光美到车站去接她，一切由她自理。秘书感到很为难，他想，平平毕竟还是个孩子，而且从未出过远门。刘少奇看出秘书的心思，就对他说："对孩子一是要管，二是要放。什么叫放呢？吃苦耐劳的事情，经风雨见世面的事情，都要放手让孩子自己去干。这样可能孩子要跌些跤，但只有这样做，才能使他们受到锻炼，更好地成长起来。”

既“管”又“放”，对立统一。刘少奇简单、明白的几句话，说出了教育子女的辩证法。为了孩子的未来，请父母将孩子从“怀抱”中放下来，在日常生活中多给孩子一些生活自理、自立的锻炼机会。

父母要充分认识到从小培养孩子自理、自立能力的重要性，让孩子及早学会独立，切不可等到孩子长大后才发现培养自理、自立能力的重要性，那就太晚了。

在生活中，父母要有意识地锻炼孩子对日常生活事务的处理能力，多给孩子提供独立锻炼的机会，使其在种种锻炼中逐步提高自己的自理、自立能力。

细节11

千万不要就眼前的事情斥责孩子

父母在批评孩子前，首先要仔细考虑“为什么他会这样做”“为什么他不那样做”，这样，才能站在孩子的角度，与孩子共同思考“该怎么办”。

在孩子幼儿时期，帮助他形成良好的基本生活习惯，是父母教育孩子的首要任务。对于年幼的孩子，父母们总舍不得过多批评，结果等他们升入了小学高年级，父母们不得不常常跟在他们后边再三叮咛：“洗手了吗？”“手绢带了吗？”“快点儿！别老磨蹭。”孩子们到了这个年龄，自我意识已渐渐形成，对父母过多的指令会不耐烦起来，父母如果说“这都是为了你好”，反倒会使孩子产生逆反心理。

所以，想要培养孩子良好的基本生活习惯，就要从幼儿期开始，要使用恰当的批评和表扬用语。然而我们必须记住，对于幼儿期的孩子，因其年龄尚小，仅靠语言很难达到教育的效果。

“不是告诉你了吗？别把玩具扔得满地都是。”如此一味地教训孩子，他只会理解这种行为“不可以做”，至于该怎样做，除非父母身体力行地做给他看，否则他便无从得知。父母需要明白一点：就眼前的事情不停斥责孩子是愚蠢的。在批评孩子前先要仔细考虑“为什么孩子会这样做”“为什么他不那样做”，这样，才能站在孩子的角度，与孩子共同思考“该怎么办”。

路易斯长得胖乎乎的，大大的眼睛，长长的睫毛，是个人见人爱的小男子汉。

路易斯不但长得可爱，而且也很乖巧，很少犯错误，而这一切都得益于妈妈对他良好的教育。

有一天，妈妈决定带他去姑妈家做客。路易斯知道后非常高兴，这是因为姑妈家有好几个孩子，他去了之后能够找到玩伴。

“姑妈好！”路易斯见到姑妈后很有礼貌地问候道。

“亲爱的路易斯，好久不见了，你好！”姑妈亲吻了一下路易斯的额头。

很快，妈妈和姑妈到客厅里聊起天来。与此同时，路易斯跑去和表弟们一起玩耍了。由于很长时间没到姑妈家来了，几个小伙伴凑在一起别提多开心了，他们叽叽喳喳地说着各自认为有趣的事情，并且很快玩起了游戏。几个孩子在屋里跑来跑去的，别提有多高兴了。

正在这时候，只听“啪”的一声，传来了打碎东西的声音。原来，路易斯玩得高兴，没有注意到桌子上的花瓶，他在跑动的过程中不小心将花瓶摔到了地上。看到花瓶碎了，路易斯当时就呆住了。其他几个孩子也都站住，他们互相瞅了瞅，然后将目光投向地上的碎片，都在想花瓶是谁打碎的。原来，小伙伴们都将全部的精力投入游戏中，根本就没有人看见是谁打碎的花瓶。

这时，姑妈和妈妈听到声音后也走了过来，她们同时看到了地上打碎的花瓶。

“是谁打碎的？”姑妈看着花瓶碎片问道。

听见姑妈的问话，孩子们都没有回答。

“是谁打碎的花瓶？难道没有人有勇气承认吗？”姑妈见没有人说话，便又问了一句。

几个孩子先后回答：“不是我！”

路易斯担心受到惩罚，便也说道：“不……不是我！”

虽然几个孩子都没有承认花瓶是自己打碎的，但站立在一旁的路易斯的妈妈通过观察已经猜到是路易斯打碎了花瓶。因为她最了解自己的儿子，路易斯不轻易撒谎，所以他在说谎时由于紧张，往往说话不连贯。

在考虑如何解决这件事情时，路易斯的妈妈决定暂时不揭穿他，给路易斯一个自我反省的机会。由于没有人承认，这件事情也就先过去了。但是，几个孩子却不再像刚才那样快乐地做游戏了。没过多久，妈妈便起身决定回家。

“路易斯，咱们该回家了。”妈妈说道。

“好的，妈妈。”路易斯从房间中走了出来。

在回家的路上，妈妈没有说话，路易斯也不像刚出门时那样叽叽喳喳了，而是低着头，好像有满腹心事一样。回到家中，妈妈问道：“路易斯，有什么事情需要妈妈帮忙吗？你怎么一直愁眉苦脸的！”

“妈妈，我……我……姑妈家的花瓶是我打碎的！”路易斯终于勇敢地说出了自己的心里话，但他随后又说道：“可那不是有意的，所以在姑妈家我没有承认。”

“不管你是不是有意的，花瓶都已经摔碎了，这是事实，而你打碎了花瓶就是做错了事，这一点你应该明白。”

“我明白了，妈妈，我现在就打电话向姑妈说‘对不起’。”

路易斯的妈妈在这件事的处理上，掌握的分寸非常好，可对父母们有所启发。

有时候，过分的指责，会使孩子畏畏缩缩，产生逆反心理，甚至形成乖僻的性情。最好是能不通过批评就达到教育的效果。例如，对于已上小学的孩子，要想培养其良好的生活习惯，与其对一件件细小的事横加指责，不如让他帮忙做些家务，引导他做好自己的事情。根据情况，可把一些家务分配给孩子去做，比如让他帮着买点东西、摆放桌椅、洗碗或做些简单的小菜等。孩子们会因为发挥了自己的能力，品尝到成功的喜悦，从而激发上进心。为了使他做得更好，父母要对日常家务做好安排，并带头遵守，将游戏时间、晚饭前做家务时间、看电视时间、睡觉时间都井井有条地安排好，这就避免了一整天不停地训斥孩子“看电视要看到什么时候”“该学习了”等情况的发生。

如果孩子完成得好，一定要对他的成绩给予肯定：“洗了这么一大堆碗，真是帮妈妈大忙了，谢谢！”对于孩子来说，得到肯定就如同得到表扬，会让他信心大增，无论做家务，还是其他方面，都会更积极地去努力。

孩子的年龄还小，难免会犯各种错误，当孩子犯了错误的时候，家长千万不要马上施予严厉的斥责，而应细致、耐心地与孩子沟通，跟他讲道理，让孩子在父母的耐心和关爱中懂得事情的对与错。

细节12

给孩子一定的独立时间和空间，不要把孩子的日程排得满满的

让孩子学会独立，就是要给孩子独立、自由的时间和空间，不要整天把孩子圈在家里。

独立性是现代人人格素质的重要方面，其内涵是：孩子在生活上能自理，在学习中能独立完成各项任务，碰到问题和困难能独立自主地做出决策并付诸实施，不轻易因他人的暗示、意见而改变主意。很多父母都反映孩子的生活自理能力较差，过分依赖父母，不少孩子上高中了还没有自己洗过衣服。缺乏独立性对孩子的成长是极为不利的，必须从小注意培养孩子的独立性。

长期以来有一种说法，疼爱孩子就让孩子单独外出旅行。这是培养孩子独立性的最佳方式，用在教育方面，保证也能奏效。比方说，孩子放假时，让他一个人到乡下亲戚家住一段时间。

平时生活中，也可找出效果和单独旅行近似的方法。例如，假日全家外出时，先决定集合地点，然后让孩子自由行动。

龙飞的父母就很善于给孩子安排自由的时间。时间长了，龙飞也很善于自己安排学习时间。每当周末来临，面对各科老师布置的作业，他会根据实际情况制定出一个时间表，把用于每科作业的时间详细、合理地划分。他说："根据时间表，我的作业总能按计划完成，不会出现遗漏现象。我还能利用空闲时间打球、看书，这样既复习了功课，又能抽出时间做自己喜欢的事情。我从来没有感到周末慌乱无序，只觉得每个周末都是充实、快乐的。"

这就是运用时间的艺术，只要把要做的事情分出轻重缓急，科学、合理地分配时间，实行计划"开支"，就能有条不紊地取得事半功倍的效果。

当然，合理安排学习时间，还必须做到劳逸结合。既要勤奋学习，也要学会

锻炼和休息。学习效率公式“7+1＞8”，表明每天7个小时学习，1个小时锻炼休息，效果要大于8个小时连续不断地学习。

学习之外，父母要鼓励孩子为家里做一些力所能及的事情，如扫地、叠衣服、摘菜、倒垃圾、盛饭、洗碗等。只有从一点一滴的小事做起，才能让孩子养成独立的行为习惯，才能在长大之后独立自主地生活、工作。

民主的家庭氛围有利于孩子独立性的培养。如，让孩子按自己的方式布置自己的房间，让孩子自主安排时间和同学一起踢球等，其主动性和独立性也能随之加强，但是，如果父母过分担心和怀疑孩子的能力，禁止或限制孩子的这些活动，就会打击孩子独立活动的积极性。

细节13

要让孩子“听话”，与其用命令法，还不如用探问法

如果你命令他，是必定要他去做的。如果他不做，那他下次更加可以不听你的话了。作为父母，要郑重对待自己的命令，不要随便对孩子发号施令，命令孩子时最好让孩子明白你的用意。

为人父母者，要让孩子“听话”，千万不要随随便便地指挥孩子，最好的办法是试探进行。

有一天，一位摄影师要去拍摄大华弹钢琴的情景。刚好那时大华坐的角度不太适于拍摄。摄影师正束手无策时，他的母亲立刻对他说：

“大华，你觉得弹弹低音那边怎么样？”

大华于是侧过身来弹了弹低音的琴键。这正是摄影师所要的角度，于是他立刻拍得了一张很满意的照片。

如果大华的母亲当时直接要求大华弹低音部的话，摄影师可能无法拍到自然的

姿势。大华的母亲是一位优秀的儿童心理学家，能巧妙地引导大华“听话”。

命令是思想交通的单行道，孩子也许会服从父母的命令，但不一定能理解父母的用意，只是反射性地去做被吩咐的事情。所以要让孩子“听话”，就必须像大华的母亲那样，用探问的方法来诱导。这种做法不会使孩子感到压力，而是一种让孩子积极思考与行动的有效提示，因而孩子不会产生抵触心理，会心甘情愿地接受父母的话。

迈克的妈妈从自己的经验中得出：要让他人合作，请求与命令的效果完全不一样。

迈克的妈妈一边上班，一边在攻读学位，她总是把丈夫和孩子该干的事情列出一张单子，像下命令一样，贴在冰箱上。可她每天到家发现家人对她很冷淡，该干的活也只干了一半，剩下的一半留在那里，有时该丈夫干的丈夫没有干完，有时该孩子做到的孩子也没有做到。迈克的妈妈总是不明白家人为什么要这样。他们明明知道，那些是他们该干的事情，他们有能力去做。

有一次，她要准备第二天的考试，学习到很晚，第二天早晨她起晚了，赶着去上班，就对孩子和丈夫说：“我最近实在太忙，顾不上收拾屋子，今晚有几个同学来，如果你们回来得早，请帮我一下，先谢谢你们了。”她没有写下指令，只留下一个请求。

晚上她下班回到家一看，饭做好了，楼下的洗衣机在洗衣服，她的丈夫在用吸尘器清扫地毯，迈克在认真地收拾自己的房间。她不禁纳闷，为什么他们今天表现得这么好？

后来，迈克的妈妈终于悟出来一个道理：指挥和要求他人做事容易带来反抗和敌对的情绪，而诚恳的请求则带来合作和奉献。

细节14

玩是孩子的天性，如果可能，尽量不去干涉孩子玩

玩，不仅有助于拓展孩子的想象力和创造力，还可以培养他们坚强的毅力和互助精神，增加他们与人交往的机会，以及让他们学会理解他人、控制自己的本领。

玩，是孩子的天性，孩子一出生，就通过玩来认识和了解世界。玩，不仅有助于拓展孩子的想象力和创造力，还可以培养他们坚强的毅力和互助精神，增加他们与人交往的机会，以及让他们从中学会理解他人、控制自己的本领。

有这么一对年轻夫妇，平时总是埋怨孩子笨、脑子慢、学习成绩不好，怀疑孩子心理不正常，为此带着孩子去请教一位专家。谁知这位专家和孩子交谈后，给其父母开了这样一个家教偏方："一张笑脸，两句鼓励，三分野餐，须在草地、河边、阳光照耀下全家一起食用。'药'不分剂数，周六、周日常用。"

原来这位专家和那个10岁的小男孩交谈了一个多小时，发现这个孩子头脑清晰、反应灵敏、用词准确，压根儿看不出他有什么不正常。孩子向专家吐露："我每天的生活很枯燥乏味，早上吃完饭就上学，放学回家吃完饭就写作业，然后睡觉。星期六还得去补习学校上课，有空还要练吹小号。好不容易爸妈说带我一起出去玩一天，爸爸临时又说有事。我现在就想玩。"他还悄悄告诉专家："你别跟我爸妈说，我特想看动画片，他们一回家就打开电视看股市行情，不让我看。"根据孩子的诉说，专家得出结论：孩子一切都很正常，不正常的反倒是孩子的父母，于是开出了上述的家教偏方。

现在父母对孩子的学习都很重视，一遇到孩子贪玩，便"严"字当先，或斥责或打骂。殊不知，玩是孩子的天性，世间有一些发明创造就是天真的孩子们玩出来的。我们来看几个真实的小故事。

故事1：1816年，在法国巴黎，一群孩子围着一堆木头做游戏：一个大一点的孩子用大铁锤在木头的一端敲打，其余的孩子在另一端把耳朵贴在木头上听。这时，法国医生勒内·雷奈克刚好路过，也凑过去把耳朵贴在木头上听，立即有清脆的敲击声传入了他的耳朵。耳朵一离开木头，声音立即变得微弱了。于是，勒内医生以此原理试着做了一个木管子听筒给病人听诊。后来，他又做了一个喇叭形的象牙管，上面安装了两根柔软的管子，世界上第一个听诊器便诞生了。

故事2：1821年某一天，德国有一个小女孩拿着木梳在家门口玩，她无意中把两张纸片一上一下贴在木梳上，然后放在嘴边轻轻一吹，竟然发出“呜哩呜哩”的声音。这时一位音乐家正好路过，兴致勃勃地观看了这个小女孩的“杰作”，并按小女孩的木梳、中国古代的笙及罗马笛的发音和吹奏原理，用象牙制作出了世界上第一支口琴。

故事3：16世纪末，荷兰的一位眼镜商有一个聪明好动的孩子，很顽皮。这个孩子经常跑到磨镜片坊玩耍。一天，他和磨镜片的工人一起玩镜片游戏，他把近视镜镜片和老花镜镜片放在一起，想看看镜片的变化。他一会儿拉开一点距离，一会儿又拉近一点。当他一前一后举起镜片向前望时，不由得惊奇地大叫起来。原来，透过两层镜片，远处的景物被清晰地呈现在眼前了。眼镜商从儿子的游戏中发现了镜片的奥妙，望远镜就这样发明了。

孩子的爱好，通常是与玩糅合在一起的。玩出兴趣就有提高的欲望，就有钻研的劲头，于是逐渐向专深发展，最终创造出成绩来，玩耍—兴趣—专长—人才，很多儿童往往就是这样走上成功之路的。不要以为孩子太小，就不需要自己的空间，并且会将空间弄得乱七八糟。其实，孩子也需要有自己的游戏空间，一个良好的游戏空间和环境，能吸引孩子，让孩子玩得专心，也有助于培养其钻研精神和发展其专长。

美国发明家莱特兄弟在《我们是怎样发明飞机的》这本书中回忆道：“我们对飞机最早发生兴趣是从儿童时代开始的。一天，父亲给我们带回一个玩具，用橡皮筋做动力，使它飞到空中，我们就照着这个玩具仿制了几个，都能成功地飞起来……”就是这个能飞的玩具，让莱特兄弟玩得非常入迷，并引发了制造飞机的想象。后来他们几经周折，终于让世界上第一架真正的飞机飞上了蓝天。莱特兄弟从玩中受到了启发，从而发明了飞机。

作为父母，切忌泯灭孩子好玩的天性。玩，使孩子拥有一份好奇心，而好奇心是创造的驱动力，没有这个驱动力，一切创造发明都不可能成为现实。父母应掌握一个原则：只要没有什么危险，孩子玩耍时就尽量不要干涉他。作家老舍先生有一套与众不同的教子“章程”，其中有一条：“应该让孩子多玩，不失儿童的天真烂漫。”他深得顺其自然、因势利导之妙，认为孩子毕竟是孩子，应从孩子的实际出发，给他们营造一个自由的小天地，不必规定过多的条条框框。

可是我们却往往没有注意到这一点。我们可以注意观察，从玩中发现孩子特殊的天赋，如果能够因势利导，强化这种天赋，就可以培养出孩子特殊的才能，使其在某些方面有所突破，做出特殊的贡献。如英国伟大的数学家、物理学家——麦克斯韦，他在数学方面的天赋就是他的父亲发现和加以强化的。有一次，麦克斯韦的父亲偶然发现儿子画的画很特别，引起了他的注意。麦克斯韦画了一个插菊花的花瓶，但是所有的菊花都是由几何图形组成的，如大小不一样的三角形的叶片，它们的形状搭配得非常巧妙。父亲惊异地发现儿子在几何图形上非凡的天赋，继而不断地启发、引导他，使他很快对数学入了迷。最终，麦克斯韦成为一代杰出的数学家、物理学家。

细节15

孩子摔倒了要让他自己爬起来，自己的过失要自己去弥补

遇到挫折并不意味着失败，没有挫折也不一定就是成功。我们应当教会孩子权衡利弊得失。

我们经常听说或者从报刊、网络上看到一些类似的报道：有的孩子因为考试分数没有能够拿到第一或者因为老师、父母批评了几句，就离家出走甚至做出危险的事情。一点小事就能使他们伤心落泪、沮丧颓废，被人误解就寻短见，实在令人痛惜。

江苏省一个天资不错的中学生，不仅字写得好，而且在报刊上发表过不少文

章，可是高考时，没有被自己向往的学校录取，心理上承受不了便自杀了。

倘若这位中学生有不屈不挠的意志，这一切就不会发生。可见，一个人仅仅有天资和勤勉、进取之心还不行，还要有一种经受得住挫折和磨难的韧性，这样才能使人生臻于完善。

实践告诉我们，要教育好下一代，除了教孩子掌握一定的科学文化知识和技能外，还必须使其具备良好的心理素质，教孩子学会怎样面对困难、面对挫折，这是一堂重要的人生课。

面对挫折的积极态度，往往是成功的关键。许多时候，是坚持，还是退缩，是能否取得成功的决定因素。许多天资聪颖、颇具才能者之所以最后失败，就在于关键时刻他们放弃了，以致功亏一篑。而坚强、有毅力的人决不轻言放弃。有人说得好，成功者不过是爬起来比倒下去多一次而已。

你若希望你的孩子以后有所作为，那么，挫折教育是不可缺少的一课。所谓“挫折教育”，并非只是让孩子过过苦日子、干点苦活，这并不现实，也未必有效。挫折教育的重点在于，培养一种自强与坚毅的性格与精神。

从孩子小时候起，摔倒了就要让他自己爬起来，自己的过失要自己去弥补，遇到困难时，教孩子自己勇敢地去面对。

美国舞蹈家海瑟的故事便是一个绝佳的例子。

海瑟在只有18个月大时，一场大病夺去了她的听力。虽然如此，她并没有怨天尤人，反而凭着不断的努力，在6岁时终于可以说出自己的名字，而后来则希望自己成为一名专业舞蹈家。通过密集的训练，海瑟以旺盛的精力和持久的耐力实现了当一名芭蕾舞蹈家的梦想。

在1995年时，海瑟更是一举摘下“美国小姐”的桂冠。许多与会者亲眼看见海瑟在亲子座谈会上的神采，在座的残疾儿童父母都热泪盈眶，永远忘不了她的名言：“要靠超强的行动力来实现自己的梦想。”

挫折教育就是要教孩子们懂得什么是生活、怎样生活。父母作为孩子的第一任老师，不论希望孩子将来干什么，都要从小培养孩子良好的心理素质，让孩子学会面对困难、面对挫折，而不能只是一味地将他们视为掌上明珠，不让他们受一点委屈。如果以为多给孩子方便、少让孩子遭受挫折就是爱孩子，实际上就是过早地剥夺了孩子的吃苦精神和创造力，这只能让他们长大后陷于平庸和无能。

自古英雄多磨难。唯有多经磨难，才能吃得苦中苦，才会练就一身本领，有所作为。人只有经历过挫折，从小培养顽强的意志力、忍耐力与坚忍不拔、不屈不挠的精神，最终才会获得成功，才能在竞争中立于不败之地。给孩子一点挫折，对孩子的人生将是大有裨益的。放开手让孩子在生活的各个领域中闯荡，并适当地给予小小的“刁难”，让其自己解决，孩子几经“折磨”，将来才不会像温室里的豆芽，一碰就断。

关于如何帮助孩子正确认识“挫折”，父母可以给孩子讲名人成功前的挫折经历，或说一说自己小时候的挫折故事，让孩子懂得在生活中随时可能遇到挫折，只有克服困难，才能取得成功。还可适当设置一些困难，让孩子体验挫折。有时候要适当地让孩子在莽撞中吃点“苦头”，切身体验一下遭遇挫折、失败的滋味，但更重要的是适时地帮助他总结失败的原因，鼓励他再去尝试。

在日常生活中，父母应有意识地设置一些挑战，如让孩子自己穿衣、系鞋带、铺床、收拾玩具等，鼓励孩子自己的事自己做，不会的事学着做。教会孩子对待挫折的方法，和孩子一起分析受挫原因，并教给他一些对待挫折的方法，如自我鼓励法：“这次虽然没得到第一名，但比起在中班时有进步了。”补偿法：“我跳舞不行，可画画不错，要努力画，争取在书画比赛中得奖。”对骄傲自大的孩子，则不妨让他受点冷落。父母要注意偶尔赞扬下别的孩子的优点，慢慢让孩子接受“有人比他更行”的事实。对于孩子的缺点，不管他如何吵闹，都要坚决指出，帮助他克服。不管什么原因，当孩子不能面对挫折时，父母应时刻以乐观的情绪去感染孩子。

B篇

点燃孩子的智慧之火
——学习细节的教育

细节16

鼓励孩子异想天开，不要折断孩子想象的翅膀

想象力是孩子天生就拥有的。父母的责任在于帮助孩子把想象力的大门打开，给他们插上想象的翅膀，使每个孩子都可以享受到大门里面乐趣、得到收获。

爱因斯坦说过："想象力比知识更重要，因为知识是有限的，而想象力概括着世界上的一切，推动着世界进步，并且是知识进化的源泉。"

有许多父母都曾用这样一个问题考过孩子："树上有5只鸟，猎人开枪打死了1只，还有几只？"

有的孩子回答："1只也没有了，因为剩下的鸟都吓跑了。"

也有的孩子回答："还剩3只。因为树上的5只鸟是一家子，有鸟爸爸、鸟妈妈和3只不会飞的鸟宝宝。猎人打死了鸟爸爸，吓跑了鸟妈妈，所以就剩下3只不会飞的鸟宝宝了。"孩子这样回答，也不是没有道理。

还有的孩子回答："不能打小鸟，要爱护动物！"

孩子们的回答，有的合情合理，有的与众不同。每一颗质朴、善良的童心，都充满了强烈的好奇和大胆的想象。

研究表明，不少孩子随着年龄的增长，慢慢地表现出成人化的思维倾向，从而失去了以往丰富多彩的想象力。也就是说，孩子们还没来得及对美好的世界表达自己独特的感受，想象的翅膀还没有张开时，就开始脱落了。

我们传统的文化倾向鼓励顺从听话，不鼓励独立见解；鼓励随大流，不鼓励冒险开拓；鼓励稳妥、可靠，不鼓励异想天开；鼓励"心往一处想、劲往一处使"，不鼓励特立独行；鼓励儿童把成人的兴趣当成自己的兴趣，不鼓励激发儿童天性中潜在的兴趣和求知欲。

著名儿童文学作家金波认为，想象力在少年儿童的生活中无处不在，是顺

应它、引导它、呵护它，还是漠视它、抑制它、约束它，已经摆在每一个家庭面前，成为一个不容回避的问题。

有人搞了一次别开生面的智力测验：用粉笔在黑板上画了一个圆圈儿，让被测试者回答这是什么。问到大学生，他们哄堂大笑，都拒绝回答这个只有傻瓜才回答的问题。问到初中生，一个尖子生举手回答“是零”，一个调皮学生大喊“是英文字母O”，却遭到班主任的白眼。最后问及小学一年级的孩子们，他们异常活跃地举起小手回答“是白兔”“是乒乓球”“是烧饼”“是老师发脾气时的眼睛”……

最后得出的结论是：随着人们年龄的增长，所受教育越多，想象力越苍白。年龄和阅历往往是束缚想象力的绳索，而浪漫的童心才是充溢着想象力的。世界广袤无垠，答案多种多样。保持童心，摆脱束缚，人生才会展示出生命最丰富的活力。

有人认为，只有诗人、发明家等才具有“创造性的想象力”，其实，我们在做每一件事时都是有创造性的。关于想象力如何推动创造机能，历代的伟大思想家都无法找到答案，但他们都承认“想象力能够推动创造力”这一事实，而且能善加利用。

尊重儿童，首先应尊重儿童的天性，父母应鼓励他们从小就在好奇的心态下学习，在探索中学习，在游戏中学习。

思维活跃的孩子都善于幻想和虚构，但有的父母难以摆脱传统的思维方式，认为孩子在瞎想、瞎说，所以绝大部分想象力就这样在孩子年幼时被扼杀了。父母应当对孩子的大胆想象加以鼓励，表示支持，引导孩子向正确的方向继续前进。

我们发现，如今的孩子，一谈到和“幻想”相关的内容，不过是哪吒、孙悟空、小猪佩奇、光头强之类。孩子的想象能力正在丧失，许多孩子只能按书本上的要求去答疑解题，而很难有一点自己的想象和发挥。

想象力是孩子天生就拥有的。父母和社会的责任在于帮助孩子把他们从小受到扼制和禁锢的想象力的大门打开，使每个孩子都可以享受到大门里面的乐趣并得到收获。

丰富的想象力需要在生活的点点滴滴中培养。

父母可多让孩子参加创意性的游戏。游戏是孩子的主要活动，父母可以在孩子游戏时鼓励他们自己提出游戏的主题和内容，并让其形成习惯，这样，孩子的想象力就会迅速地提高。

平时要多给孩子讲童话故事。童话故事对培养孩子的想象力很有帮助，经常听童话故事的孩子其想象力相对要丰富得多。讲故事时最好是父母讲完后让孩子马上复述。孩子在复述中可能有“添枝加叶”的地方，只要主题大意不变，父母就应该鼓励。千万不要泼冷水和马上“指正”，以免打击孩子想象的积极性。父母给孩子讲故事，有时可讲到一定的地方不往下讲，引导孩子对之后的故事情节进行想象。如讲述《曹冲称象》，当讲到该怎样称重量时先停住，让孩子想一下用什么办法可以称象，促使孩子开动脑筋积极思考。久而久之，孩子就习惯于边听故事，边动脑筋，从而发展了想象力。

另外，可让孩子进行“情景描述”，父母可以经常和孩子做类似的游戏。例如，父母说：“这是一个下雪天，想想看是什么样子？”孩子根据他的想象进行描述。反过来，孩子也可以问父母：“这是一个下雨天，想想看是什么样子？”此时父母应尽量认真、细致地描述一番，从中给孩子一些启发。诸如此类的问题有许多，在想象的时候孩子的想象水平可能会不尽如人意，父母要引导他讲述更加丰富的内容，让孩子尽情地说出他的想法。即使他的答案很滑稽，甚至不合逻辑、有明显差错，都不要严加批评，应耐心、和蔼地加以引导说明，唯有你的倾听、接纳才能引导出孩子说出更好的答案。

还有许多父母，在看待世界时往往很自信地认为，凭借自己几十年的经验就足以应付得了。其实这不仅会在无意中让自己失去了最宝贵的想象力和创造力，还无知地将这条束缚想象力的锁链套在了孩子身上，固执地要求孩子按照自己的思维方式、思维习惯去想问题、做事情，对于孩子独特的想象、创造的萌芽熟视无睹，意识不到要保护儿童的想象力和创造力。一个缺乏想象力的儿童是不健全的儿童，扼杀孩子今天的想象力就是扼杀孩子的未来，注重培养孩子的想象力就是帮助孩子成才。

细节17

鼓励孩子提问，但不要马上给答案，对孩子的问题不要嫌麻烦

面对孩子的提问，父母一定要有耐心，千万不要表现出不耐烦的样子。

我们不要总认为孩子什么都不懂，其实，孩子的心灵深处绝对不是一片空白，不同年龄段的孩子常常会向父母提出各种精彩的问题。

我们在日常生活中常常看到这样的现象：有的孩子上小学时，在班上成绩很好，但是，到了初中和高中后成绩明显下降，这种例子屡见不鲜。反之，有的孩子小学时成绩不太好，进入中学后成绩斐然，尤其是在男孩子中，更为常见。

这是为什么呢？一些成绩下降了的孩子的父母更是为此迷惑不解。“乖乖的一个孩子，怎么突然赶不上进度了？”这其中的奥妙，或者说，事情发生的主要原因，是小学功课比较容易，只要顺从父母“好好用功”，孩子就能获得好成绩。初中、高中课程难度逐渐加大，需要个人思考的地方日益增多，这时是孩子本人的意志做主，而不是父母的意志了，父母便无法再左右孩子成绩的好坏了。单纯靠死记硬背已不能解决学习中的一切问题，学科的功课越来越多地要求孩子们独立思考。如果孩子对所学的课程不感兴趣，不肯动脑筋，就会学不懂、学不精，更不要谈独立完成作业了。反之，如果孩子对新鲜事物、新的学科抱有强烈的兴趣，有强烈的求知欲和好奇心，就会主动去寻找答案。

求知欲和好奇心是每个人天生具有的，只是程度上有所差异罢了。这就是为什么每一个孩子在小时候见了什么令人好奇的事物都喜欢问父母“这是什么”和“为什么”。

孩子在三四岁的时候，是最喜欢发问的时候，也是孩子智力发育的重要时期。到了小学低年级，孩子开始自主接触书本，求知欲和好奇心增加，于是会常问

父母："为什么？为什么应该变成这个样子？它是怎样变来的？"对于孩子的提问，父母如果因一时答不出觉得没面子而斥责孩子，或因有事而嫌弃孩子麻烦，就会这样回答："我现在很忙，没有时间跟你讲。""你怎么这么啰唆！""就你的问题多，再问下次不带你出来了！"如此，就是对孩子的不负责任。

父母这种粗暴的态度，会扑灭或冷却孩子开始萌生的求知欲和日益增长的好奇心。如果这种情形经常出现，就会逐渐使孩子对一切丧失兴趣。如此一来，孩子在学校里对新的功课也就不会产生强烈的兴趣了。尤其是当功课有了一些难度的时候，更是如此。孩子会心灰意冷，这个道理也很简单：我问你们，你们嫌麻烦，我不问就是了。

这当然是错误的做法。旺盛的求知欲是孩子立志成才的先决条件。所以，父母应时刻重视孩子的发问，并加以鼓励。有的父母看到孩子对答案难以确定的样子，就想赶紧把答案告诉他。殊不知，这样反而易使孩子感到"我这么笨啊，这么简单的问题都回答不上来"。

曾经有人比较过美国孩子和中国孩子的学习方式：在美国，课堂上非常热闹，学生遇到不懂的问题会一个接一个地问个不停，然后大家一起讨论；中国孩子在教室里则非常安静，大都是静静地听老师讲课，认真地记笔记，很少有人会经常提问。

陈宇华小时候也并不是特别爱学习，陈宇华的父母回忆说。后来大家都夸宇华聪明，她的父母倒觉得，小时候，无论从智力上，还是对学习的兴趣上，她和其他孩子的差别并不是很大。关键是看你怎么培养她、引导她。

像大多数父母一样，在宇华一两岁的时候，父母就给她买了很多的书，像《唐诗三百首》《十万个为什么》等，一有空闲的时候，就给她"灌输"，但是她并没有表现出多么大的兴趣。

宇华倒是挺喜欢小汽车的，整天拿着个小汽车玩具模型摆弄。

"爸爸，汽车为什么是4个轮子？"一天，宇华举着小汽车问。

"4个轮子才稳当呀。"爸爸一边看报纸，一边随口说道。

"那，三轮车为什么是3个轮子？"

"……有3个轮子，也就稳当了……"爸爸有些不耐烦，他正在看一条重要的新闻。

"那自行车怎么只有2个轮子？"

爸爸放下了报纸，有些吃惊又有些尴尬地看着宇华，宇华正睁大眼睛看着他呢。父女对视了一分钟，爸爸才缓过神来。

从宇华明亮但充满了疑问的大眼睛里，爸爸像是看到了什么！

“这不就是几何的几个基本原理吗？”爸爸的脑子里像有个小火花跳跃了一下，当然，这只是实际生活中几个小小的疑问而已——但正因为是实际的，不是比教学上的理论更鲜明、更活泼吗？

爸爸知道该怎么做了，感觉像是大梦初醒一般！

“好孩子，”爸爸一把把宇华扯到怀里，“来，爸爸给你讲！”

爸爸就用最浅显的话，认认真真地给宇华讲着。令爸爸感到特别高兴的是，这次宇华竟然一动不动，昂着脑袋，老老实实地听着爸爸的话，既不乱讲话，也不做小动作了。

爱提问题的孩子比被动接受知识的孩子对知识的掌握要快而且觉得负担轻。孩子好奇，求知欲强，对特别想知道的事情自然记得快、记得牢。父母要引导孩子在读书时多问几个“为什么”。

从此，父母也开始发现，宇华原来是个很爱学习的孩子，她老是在不停地提问。

“爸爸，为什么天是蓝的？”

“妈妈，为什么海水也是蓝的？”

“为什么我们喝的水、洗脸的水，却没有颜色？”

以前，父母可能会觉得烦，要么胡乱回答，要么搪塞应付——其实，还有一个原因，有的东西父母也不知道。这是不是大人的虚荣心在作祟呢？看来得好好看看《十万个为什么》了。

后来，父母就把一切可能的地方，都当作了宇华的大教室。

饭桌上——“为什么不吃饭就会觉得饿？”“因为，人必须得吸收营养啊。像小树必须得浇水一样……”

玩耍时——“为什么轱辘是圆的？”“圆的才能转啊，方的就不行……”

散步时——“为什么花是红的，叶子是绿的？”“因为叶子里有叶绿素……爸爸也说不清楚，咱们回去再一起看看书好吗？”

甚至在洗脸、刷牙、洗澡的时候，父母都“开起了课”，当初阿基米德不就是在洗澡的时候解决了计算不规则物体体积的问题吗？

就这样，父母认真地对待宇华的各种问题，能解决的就马上解决，不能解决的，一边让她自己思考，一边抓紧时间恶补各种知识，找到答案后再告诉她。宇华的求知态度得到了认真的回应，求知热情也就更加高涨起来，她不断地提问，也在不断地获得知识。

当后来有人把这些归结为“自主教育”时，陈宇华说：“我是无法忘掉父母从小对我的培养的，但是他们教育的起点都是我自己，我喜欢的，他们就愿意教我；不然的话，就看我的表现了，我不喜欢的，他们是不会勉强我的。”

宇华的好学好问，很合父亲的脾气，虽然在生活上父亲给她立下了很多规矩，但是在知识探索上非常开明，从小就注重培养孩子多方面的兴趣，到后来，宇华在书法、音乐、体育、文学等方面都有涉猎。

特别是在知识探索上面，父亲是个观念非常开放的人，首先他自己就是个知识分子，深知科学求真的目标，所以，对于孩子提出的问题总是饶有兴趣地回答。

宇华在父亲这种态度的鼓励下，对科学知识的追求日益坚定，这也在一定程度上决定了她以后读大学时的专业方向。

孩子的智力有限，理解力也有限，对于孩子们的询问，父母不一定要解答得很详尽，但绝不可随便编个理由敷衍，更不可违背科学地乱讲。有些问题一时实在无法回答，也应该耐心地讲清楚：“这个问题很深奥，你好好用功读书，将来你自己就会了解的。”对孩子的兴趣因势利导，这应该是父母在教育子女过程中的重要任务。

细节18

引导孩子勤于观察和善于观察

观察是聪明的眼睛。没有敏锐的观察力，就谈不上聪明，更谈不上成才。

观察是一个人认识事物的重要途径，是智力活动的基础，观察力是完成学习任务的必备能力。但在现实生活中，有许多父母不注意对孩子观察力的培养，没有把观察力的培养放在应有的位置上，这样最大的弊病就是抑制了孩子思考能力的提高。俄国生理学家巴甫洛夫说：“观察，观察，再观察。”培养孩子观察的习惯，对发展孩子的智力是十分重要的。

我们来看一个小故事——

有一位医学教授，带领着一群在医学院临床实习的学生，到一个糖尿病患者的病床前讲解糖尿病的症状。为了让同学们明白“仔细观察”在科学工作中的重要性，讲完后，只见他用手指蘸着病人的尿液，然后伸到嘴边用舌头舔手指。他要求学生们也必须照着做，还要回答糖尿病病人的尿液是什么味道。众学生你看看我，我看看你，只好皱着眉头，极不情愿又无可奈何地先后伸出指头，蘸一点尿液来尝。大家异口同声地说：“尿液是甜的。”这位教授听后顿时哈哈大笑。笑罢他对学生们说：“我叫你们这么做的目的，主要是让你们学会仔细观察世界上的一切事物。难道你们没有看到我是用食指蘸的尿液，舔的是大拇指吗？”大家的脸唰地全红了。

高超的观察能力并非可一日养成。比如，艺术家有一双独特的“眼睛”，人们认为墙壁是白色的，在艺术家的眼里却是红色的、黄色的、蓝色的；博物学家能一眼认出动物、植物的种类；检测员则能从建筑物的外形上识别其不同的结构；当你沾沾自喜地买到一件十分满意的商品时，商品质检员却一眼看出它是一件仿制品……

卜镝，8岁时获全国儿童画比赛一等奖，9岁时出版中华人民共和国第一本个人儿童画集，并先后在青岛、深圳、香港、澳门等地举办了个人画展。来看看他父母是如何教育儿子走向成功的。

当意识到在孩子的智力和心理的发展过程中，观察力具有相当重要的意义时，父母便不失时机地利用游戏对卜镝进行有效的训练，让他的观察力得到了快速的发展。当父母发现卜镝具有热爱观察大自然这一特点时，便经常带着他去参加各种活动，让他感受外面的世界，丰富他的感性经验；同时，以游戏方式不断引导他养成善于观察的习惯，从而使他走上了画画的道路。

一天，爸爸下班回来，看到地板上涂满了密密麻麻的粉笔道，便弯下腰仔细看，不禁高兴地叫起来：“画得太好了！”卜镝画了他自己和森林里的动物伙伴们一起捉迷藏；妹妹卜桦画了一群穿着裙子、头束彩带的小鸟围着五彩的太阳飞舞，一个小姑娘在花丛中跳跃，而且还起了个题目，叫作《太阳、小鸟、花和我》。而孩子们却说是画着玩的，看来他们把画画当成一种开心的游戏，从游戏中得到了启发。

卜镝的父母懂得在鼓励孩子勤于观察的同时，引导孩子学会善于观察。

随着孩子的成长，父母不断地把卜镝送入新的生活环境，让他用自己的眼睛去发现美。卜镝先在生活中用他自己的眼睛发现了美，然后才表现了那种美，表现了那种富有创造性的美。在每次观察活动结束后，卜镝都会把体会在美术日记上记下来，把他的爱，把他的激动，把他眼里、心里的愿望都凝固在纸上。他的日记越来越厚，这些日记成了他童年生活的缩影，也为他日后的成功打下了坚实的基础，使他拥有了一双敏锐的眼睛，并利用这双敏锐的眼睛观察到了许多别人看不到的东西：用欣赏的眼光去观察世界，用爱的情怀去感受世界，用热情的图画去表现世界。正如著名哲学家黑格尔认为，培养观察力的最好方法是在万物中寻求事物的“异中之同，或同中之异”。

要引导孩子明确观察目的。孩子对观察任务是否了解直接影响着观察的效果。观察目的越明确，孩子的注意力就越集中，观察也就越细致、越深入，观察的效果也就越好。孩子在观察过程中，有无明确的观察目的，得到的观察结果是不相同的。比如，父母带孩子去公园，漫无目的地东张西望，转了半天回到家里，孩子自然也说不清看到的具体事物。如果要求孩子去观察公园里的小鸟，那么，孩子一定会仔细地说出小鸟的形态、羽毛颜色、眼睛大小、鸣叫声音高低等。孩子这样有的放矢地去观察，就能从中获得更多的收获。

父母还应帮助孩子做好观察前的知识准备，让孩子能够看得懂；同时要激发其求知欲，培养其观察兴趣。兴趣是最好的老师，有了浓厚的兴趣，孩子就会主动去认识事物。父母可以先引导孩子观察他最熟悉的、最喜爱的、特征比较明显的、容易辨认的事物，激发孩子积极观察的强烈愿望。

给孩子一个正确的观察方法。观察过程中，要让孩子学会安排合理的观察顺序。告诉孩子如何看，先看什么，再看什么，指导孩子抓住事物的主要特征进行观察。比如去动物园看大象时，父母就可以边看边提出一系列问题让孩子回答，如“大象的身体大不大？象牙长在什么地方？大象的鼻子有什么特点？鼻子能干什么？”。只有经过父母有意识的启发，孩子才能更快学会正确的观察方法。

在培养孩子观察力的同时，还应引导孩子在观察中积极思考，把观察过程和思考结合起来。科学家看到某种奇特现象，也是要经过一番思考才能有所收获的，接收信息而不处理信息就没有创造。父母应着重教育孩子养成观察与思考的习惯，只有这样，才能使孩子的观察力一天天敏锐起来。

细节19

当天的事情当天完成，用每天固定的事情培养孩子的耐久力

当天孩子没有做完的事，一定要他坚持做完。否则，时间一长，会使孩子养成拖沓的习惯。最基本的方法是规定一样事情，要求孩子每天必须做到。

现在的很多孩子缺乏耐久力，有人认为，这是受电视广告的影响。电视广告需在短暂时间内吸引观众的注意力，加强商品的印象，所以换场迅速，一幕接着一幕。为此，观众的心理也必须配合。从小就受电视广告耳濡目染的孩子，自然也会受其影响而难以对一件事集中注意力。

的确，近年来，无法在45分钟的上课时间内保持专注、安静的小学生逐渐增多，但如果孩子到了小学的中、高年级仍无法安心上课，则很可能会有问题。但在孩子还小时，父母也不必太担心。因为孩子生性活泼、好动，爱好或感兴趣的对象常常在改变，再热衷的事物，过了半小时后，他们大都会厌倦。

有这样一个故事。

1984年，在东京国际马拉松邀请赛中，名不见经传的日本选手山田本一出人意料地夺得了冠军。当记者问他凭什么取得如此惊人的成绩时，他说："凭智慧战胜对手。"2年后，他又在米兰获得了意大利国际马拉松邀请赛冠军。当又有记者请他谈经验时，他说了同样的话。人们对他的所谓"智慧"都迷惑不解。

他在自传中是这么说的："每次比赛之前，我都要乘车把比赛的线路仔细地看一遍，并把沿途比较醒目的标志画下来，比如第一个标志是银行，第二个标志是一棵大树，第三个标志是一座红房子……这样一直画到赛程的终点。比赛开始后，我就以百米冲刺的速度奋力地向第一个目标冲去，等到达第一个目标后，我又以同样的速度向第二个目标冲去。这样，40多公里的赛程，就被我这么分解成

一些小目标而轻松地跑完了。”

这个故事启示我们，目标可以分解。就像我们有一个大目标，那么，分解到每一天有一个小目标，就会容易实现。

为孩子的将来考虑，父母都希望孩子成为有耐久力的人。那么，应如何培养孩子的耐久力呢？最基本的方法是规定一些事情，要求孩子每天均须做到。如从小训练孩子餐后把碗盘收到厨房，每天早上起床后叠好被子，或每天早上去报刊盒里取报纸。这些小事并不会带给孩子太多负担，最重要的是每天一定要坚持做到。

刚开始实行时，父母务必要让孩子了解每天都必须做。以后除非孩子身体不适，否则一定要坚持让孩子做到。万一孩子偷懒，也要强制执行。因此，培养孩子的耐久力，也等于是在考验父母的耐久力。其实，一旦养成习惯，孩子就不会再觉得痛苦了。

有位著名的作家，他回忆自己刚开始写作时，就是强迫自己每天抽出一段时间，坐在桌子前写作。如此长期坚持，往往会产生灵感，也打消了原先不想写的念头，可以洋洋洒洒地挥笔。渐渐地，更是培养出了他对写作的信心。

即使是成年人，每天要持续做同样的事，大部分人也都有感到困难的时候；但完成后，心里的成就感又是难以形容的。

突然要求孩子长期坚持做一些事，恐怕并不容易，家长不妨改为以一个星期、半个月或一个月为单位，只要孩子按规定每天做到便给予称赞，这样孩子才会继续保持下去。在孩子完成一件任务后，要根据他付出的劳动，给予恰当的鼓励和肯定。如果孩子未能完成任务，父母要帮助他分析原因，指出努力的方向，鼓励并帮助孩子将任务继续完成。

细节20

鼓励孩子坐在教室前排，多与老师进行目光交流

告诉孩子，尽自己最大努力克服一切困难，做好每一件事情。

大多数孩子通常不愿意坐在教室的前排，因为离讲台近，他们害怕老师会经常提问。确实如此，坐在前排的学生会更多地被提问。父母要教导孩子明白这其实是好事，坐在前排的孩子会得到更多关注，老师会记住他常注意的孩子。当孩子积极主动参与课堂活动时，老师自然会对他印象很好。

父母要告诉孩子坐在前排的好处。当你的孩子坐在前排时，他更容易听懂和掌握老师讲到的知识——他处在最好的接受知识的位置。坐在前排会让孩子感觉良好，注意力集中，更为专注地听老师讲课。而且，坐在前排会使孩子有更多的机会回答老师提出的问题。积极主动回答问题不仅使他保持思维活跃，还让老师及时了解到他对所学知识的掌握程度。

20世纪30年代，在英国一个名不见经传的小镇里，有一个叫玛格丽特的小姑娘，她从小受到严格的家庭教育。父亲经常向她灌输这样的观点：无论做什么事情都要力争一流，永远走在别人前头，而不能落后于人，“即使坐公共汽车，你也要永远坐在前排”。父亲从来不允许她说“我不能”或者“太难了”之类的话。

对于年幼的孩子来说，这个要求可能太高了，但她所受到的教育在以后的岁月里被证明是非常宝贵的。正是因为从小就受到父亲的“残酷教育”，玛格丽特才拥有了积极向上的决心和信心。在以后的学习、生活和工作中，她时时牢记父亲的教导，总是以一往无前的精神和必胜的信念，尽自己最大努力克服一切困难，做好每一件事情，以自己的行动实践着“永远坐在前排”的誓言。

玛格丽特上大学时，学校要求每个学生用5年时间来学习拉丁文课程。她凭着自己的顽强毅力和拼搏精神，硬是在1年内全部学完了。令人难以置信的是，她的

考试成绩竟然名列前茅。玛格丽特不单是在学业上出类拔萃，在体育、音乐、演讲及学校的其他活动方面也都一直走在前列，是学生中的佼佼者。当年她所在学校的校长评价她说："她无疑是建校以来最优秀的学生，她总是雄心勃勃，每件事情都做得很出色。"

正因为如此，40多年后，英国乃至整个欧洲政坛上才出现了一颗耀眼的明星，她就是连续4届当选为英国保守党领袖，并于1979年成为英国第一位女首相，雄踞政坛长达11年之久，被世界政坛誉为"铁娘子"的玛格丽特·希尔达·撒切尔夫人。

"永远要坐在前排"是一种积极向上的人生态度，是一种一往无前的勇气和争创一流的精神。在这个世界上，想坐在前排的人不少，但真正能够坐在前排的却总是不多。许多人之所以不能坐到前排，就是因为他们把"坐在前排"仅仅当成人生的理想，而没有去切实采取具体行动。

一位哲学家说过：无论做什么事情，你的态度决定你的高度。撒切尔夫人的父亲对孩子的教育让我们明白这样一个道理：教育我们的孩子永远都要坐在前排是当父母的责任。

细节21

孩子画的画，不管画得多糟，一定要问他画的是什么

一个人的能力并不是与生俱来的，而是靠后天培养出来的。在这个培养过程中，父母是孩子的第一位启蒙老师。

孩子大都喜欢信笔涂鸦，只要自己高兴，纸、地面、沙发、墙壁，便都会成为他们即兴创作的画布。父母上前制止，他们有时不但充耳不闻，而且还越画越来劲儿。个中原因，该从"不许"两个字上找一找。

一般来说，当一个人在欲望得不到满足时，就会采取攻击性行动。大家可能注意到这样的情况，即孩子若在游戏中输上几个回合，便会脸色一变，假戏成真，争吵甚至扭打，以发泄心中的愤懑。父母强制性地阻止孩子“作画”，孩子又怎么会顺从呢?

孩子从3岁至6岁，会比较喜欢画画。在这一段时期，他会尝试给画好的画命名。

据一项研究，3岁幼儿90%无法给他的画命名，10%是画好了以后再命名。4岁的孩子18%不会给他的画命名，37%是在画的时候才命名。5岁的孩子，80%会在画之前先命名。

在这里，值得一提的是在画画之前还不知道该如何给画命名，需要在画完以后或在画时命名的孩子，成人虽大多看不懂他画的内容，但是对孩子而言，他的画是有意义的，只是他还未成熟到可以在画画之前取名称而已。他的画正是他内心所无法说出的印象的描绘。

对于这种画，不管它是如何的不成体统，父母仍应仔细地询问他所画的是什么。由于受到父母的询问，孩子会运用思维来组织记忆的碎片，并在他熟悉的字库里找寻他的答案。结果，因受了命名的影响，他对自己所要画的画有了明确的主题。

有些时候，孩子看似在信笔涂鸦，但有可能这是孩子走向绘画道路的前奏。

事实上，会画画的父母总是少数，大多数父母既不是画家，也不擅长画画，只具备中小学时学过的一点点美术知识。当然，父母会画画对孩子有直接影响，辅导起来也方便，但不会画画的父母也不必为此气馁。因为，许多孩子画画好并不是由于遗传，孩子在幼年时期完全可以借助环境的影响，依靠父母的因势引导，跨进绘画艺术的大门。

一个人的能力并不是与生俱来的，而是靠后天的教育培养获得的。在这个教养过程中，父母是孩子的第一位启蒙老师。

孩子乱画的时候，父母要及时引导他。作为孩子的启蒙老师，父母首先要对孩子进行艺术情感的教育。家庭环境和人际关系中充满艺术气氛与情趣，会对孩子的兴趣、情绪、性格产生重要的影响。在经济条件可能的情况下，室内的布置要力求美观，做到整洁大方、富有艺术性。墙上的优美绘画，桌上造型别致、色彩新奇的装饰品，都会给孩子以美的启迪和美的感受。

这里有一个关于小画家的故事。

小画家在5岁时，把新粉刷的卧室墙壁画了个乱七八糟，上面有他梦想中的

“小人国”、热闹的“海底世界”和大闹天宫的“孙悟空”。小画家的爸爸目睹了孩子的“杰作”，也曾气得不得了。但幸亏他没有贸然发火，而是多问了自己几个“为什么”——孩子为什么爱画？对孩子绘画的兴趣怎么去引导和保护？

在思考了这些问题之后，他笑着对孩子说：“你画得真好，你以后是否可以把这么漂亮的画画到本子上，好让我收藏起来慢慢欣赏？”孩子高兴地答应了。

而后，爸爸亲自动手，说笑着把墙上的画涂去，一边涂还一边叹惜地说：“这是多么好的画呀！擦了太可惜了，以后千万别往墙上画了。”孩子既领悟了爸爸的用意，又受到了鼓励，他后来真的不到处乱画了，而且画画的兴趣越来越浓。小画家就这样踏上了成功之路。

这位爸爸的做法非常巧妙，他不曾说“不许”“不准”，却把它们的含义表达得明明白白。

作为艺术情感教育的基本内容，培养孩子对绘画的兴趣、好奇心，是父母要重点注意的事情。父母要随时观察孩子的兴趣所在，在他们高兴去画的时候，要多多地表扬、鼓励。孩子做什么事情往往都没有持久性，针对孩子的兴趣容易转移的特点，应想方设法巩固孩子的画画兴趣，经常变换方式、方法来引导他们。

常常给孩子讲有趣的故事，可以丰富孩子的绘画情感与想象力。多带孩子到野外去玩，可以扩大孩子的生活视野，让其感受自然界多姿多彩的变化，培养他的观察能力、记忆能力，以及对事物的感受能力。要让孩子从小就养成眼看、脑想、手练三者结合的学画习惯。

启发孩子的艺术感受。鼓励孩子运用其眼睛、耳朵、手指等去感受事物，启发他心中对事物的关心、热爱，培养他对艺术的感受力。

细节22

让孩子当老师，鼓励他尽他所能给你解释

孩子们天生就热衷学习新鲜事物，并喜欢谈论新学到的知识。如果满足他们的求知欲，他们学到的会更多。

孩子们天生就热衷学习新鲜事物，并喜欢谈论新学到的知识。如果满足他们的求知欲，他们学到的会更多。让孩子尝试当老师，不要急于打断他以纠正错误。如果他对做某事有新的想法，先不要做判断，只要聆听就行了。有时候，因为不谙世故，孩子们会提出令人惊异的想法。

当你的孩子解释事物时，你给他最大的礼物就是洗耳恭听。当你认真听的时候，他会体会到被尊重，同时也是在教他如何去聆听别人。当孩子解释事物时，他就有机会练习组织语言，使语言富有逻辑，并因为能够理解和表达知识而获得自信。

我的女儿天天四岁半开始学钢琴。她每次学琴回来，都很有兴致地去练习。有时，她当老师，教我。她把老师教的东西，以老师的口吻讲给我听，指导我，而且特别有兴致。我听得越高兴，她就说得越起劲。我时常说："嗯，是吗？你经常学这么难的内容啊，真了不起！"孩子得到我的赞许，说话的欲望更强烈了。这也促使她上钢琴课时更用心了，因为她知道家里还有一位"学生"爸爸。

让孩子当老师，父母需要发自内心地对孩子的优秀表现加以赞许。比如，可以给孩子一个"荣誉称号"。有的孩子对电脑着迷，父母对他玩电脑水平高表示佩服是至关重要的。可经常向孩子请教有关电脑方面的问题，请孩子做老师指导自己，并送给孩子一个"电脑博士"的称号，以促使他进一步去探究电脑知识。这样的"桂冠"并不需要父母多花费一分钱，但是能促使孩子成为这方面的行家里手。从这些细微的地方入手，多一些鼓励和引导，不仅可以逐渐让孩子充满自信，说不定孩子将来还真能成为这方面的专家。

寻找孩子的专长并引导孩子发展专长。我们知道，孩子都是一受到夸奖就来劲儿，可是有的父母却说，自己的孩子没有什么值得表扬的。这其实是父母们没有留心观察并发现孩子的专长。

曾有一位母亲惊奇地发现自己孩子的字写得很漂亮，时不时拿他的字进行夸奖，并说："你也教妈妈写字好吗？"这个孩子备受鼓舞，从那以后开始把写字作为一种乐趣，并主动增加了练习的时间，后来在北京市举办的书法大赛上拿到了第二名。

细节23

写字不要潦草，鼓励孩子练一手好字

写得一手好字可以使人受益终身。教导孩子写字一定要工整、清楚，千万不要潦草。

每个人都希望自己能写得一手漂亮的字，孩子也不例外。但是，字写得好不好与许多因素有关。对于低年级的孩子来说，他们的肌肉发育尚不完全，手部精细活动还不协调（不同的孩子存在着一定差异，但整体发展的规律是这样的），因此，写作业时即使有写好的愿望，但书写质量依然较差。我们经常看到一些孩子写字时非常卖力，有时本子都被字迹穿透，一写错字就拼命地擦，最后弄得本子又黑又破，字还是歪七扭八的；有的孩子书写质量差与坐姿、书写姿势的错误有关，比如歪着（或趴着）身子写、本子没有放正、头和书本的距离过近、执笔的姿势不正确等；还有的孩子对于字的笔顺、笔画、结构掌握不好，这也是书写差的原因之一。

在学校里，各科老师一致认为小衡是个聪明伶俐的孩子，上课时他发言积极，思维敏捷，许多问题都有独特的想法，只是一提到作业连小衡自己也感到难为情，他的作业常常写得又脏又乱，而且字还歪歪扭扭的，所以每次优秀作业评比，他都是榜上无名，还经常被老师、父母批评。在家里，每当来了客人想看看他的作业时，他总是找许多借口应付过去，就是不让别人看。其实小衡也想把字写好，也想受到大人的夸奖，可是他就是无法做好。

事实上，一个学生的书写功底与他的学业成绩之间有着明确、重要的联系。如果忙于批改试卷的老师看不清你孩子书写较乱的试卷，就容易因迷惑将试卷的分数打得偏低；如果老师读不懂他的英语拼写，就可能把一个单词判错；如果你的孩子看不懂自己的笔记，他就可能错失重要的内容。

学业成绩易受书写的影响，但是小学低年级后，老师一般就不再用课堂时间让学生专门练习书写了，因此，父母一定要向孩子解释书写不清的坏处和书写清晰的好处，并经常鼓励他努力练好字。

李大钊不仅是一位伟大的革命家，也是著名的学者。他在繁忙的工作之余，非常重视对孩子的教育。在引导孩子写字方面，他根据孩子们的生理、心理特点，有针对性地进行教育。

有一年暑假，他给孩子们每人带回一包礼物——笔墨和方格字帖。孩子们很高兴，立即研墨展帖，端正地坐在八仙桌前写了起来。这是女儿李星华生平第一次临帖写大字，她左临一张，右临一张，看看还是不像，气得小脸发红，直想哭出来。她放下笔，躲到后院里偷偷抹眼泪。这时，李大钊和妻子发现了星华在哭，妻子正要张口问星华，却被李大钊拦住了。他说："女孩子的心理是很难揣摩的，你要是问她为什么哭，她不会告诉你的，你不要硬逼着她。哭的原因不是明摆在那里了吗？"妻子莫名其妙，于是他举了一个女孩子好胜心强的例子，妻子才恍然大悟。过了一会儿，李大钊叫来小星华，先表扬了她一番，然后说："你看，你哥哥写得也不是很整齐啊，可是他不着急，沉得住气，只有这样，将来才会把字慢慢地写好。"李大钊的话使星华受到很大的鼓励，同时也使她了解到自己遇事不冷静、容易急躁的缺点。从此，星华天天练字，后来不仅书写得工工整整，而且性情也变得比以前沉稳多了。

练好字与养成良好的书写习惯都不是一朝一夕可以完成的，因此父母不能急于求成。当孩子产生急躁情绪甚至想要放弃时，父母要不断鼓劲孩子，对孩子的每一次小小的进步都加以表扬，使孩子获得成就感，以强化其好的行为。书写是一项需要练习才能提高的技能，它也是需要用心去做的精细活儿。应保证每天让孩子练习一会儿书写，一旦他明白这是他必须坚持练习的事，他就会做出努力，他的书写质量也会得到提高。

对孩子的书写问题要具体情况具体分析。态度不端正的，首先应告诉孩子写作业的目的和书写工整漂亮的益处，让孩子知道，作业不单是为了巩固所学的知识，仅仅保证正确是远远不够的，作业还有提高书写能力的作用，写得一手好字可以使人受益终身。

如果孩子的书写姿势有问题，一定要及时进行纠正，以保护孩子的视力。可以让孩子通过简单的口诀来记忆书写的正确姿势，并时刻提醒孩子注意。比如：书写要求“三个一”，即“眼睛离桌面一尺远，胸离桌子一拳远，手离笔尖一寸远”。

孩子的书写能力应加以训练，使之提高。每天可以让孩子专门练写几个字，每个字书写遍数不求多，少则三五遍，多则不超过两行。写的时候要求孩子先看，了解字的间架结构，还可以让孩子说说每一笔画的位置、笔顺的先后。父母发现错误立即予以纠正，在做完这些准备后再开始动笔书写，经过这一过程，孩子对所要书写的字有了较详细的了解，写起来自然胸有成竹。父母还要根据他书写的情况提一些建议，如落笔时用劲的大小，用橡皮擦时要注意轻一点，等等。

细节24

引导孩子看电视，最好将时间控制在每周10个小时之内

> 电视也是一种具有教育意义的工具，它能丰富孩子的习作素材，激发孩子的学习兴趣和动机。但看电视一定要有节制。

如今，电视普及了，很多家庭的电视是有线电视或网络电视，可以收看到几百个频道。如果父母知道如何科学利用它，电视就会变成一种很有实用价值的教育工具。

为了给孩子争取更多的学习时间，不少父母给孩子下了“不许看电视”的禁令。

其实电视加以科学利用，也可成为一种有教育意义的工具，它能丰富孩子的习作素材，激发孩子的学习兴趣和动机。因此，一味消极地禁止孩子看电视并非上策，正确的做法应该是引导孩子看好电视。比如一些有意义的纪录片、历史剧、人物介绍，一些新闻、动画片、喜剧，还有一些体育文化、人文科学类节目，都可以有选择地引导孩子去看。

要引导孩子观察电视中有特点的东西，如山峰、树木、花朵、动物等。另外，在看完一个节目后，父母也可以让孩子写一写内容提要，然后再与电视上的介绍对比。当孩子对节目特别感兴趣时，父母还可引导他写写观后感。这些对切实丰富孩子的习作素材、提高孩子的写作能力都大有帮助。

但是，有的父母自己忙，就打开电视，让孩子无节制地看。这对孩子的身心发展是极为不利的。

让孩子长时间看电视，会妨碍亲子间的语言和情感交流，也不利于孩子口头表达能力的发展。而且，孩子成天看电视，势必会减少户外活动和人际交往的时间，对视力也有不良影响。

看电视所需要的是被动注意力，若看得太多，则不利于发展孩子认真学习的主动注意力，以致学习时注意力不能持久集中，做事易疲劳。因此，让孩子看电视要有选择，时间也不宜太长，父母首先要管理好自己，千万别让孩子成为“陪看”。

我们注意到，父母之所以禁止孩子看电视，主要是怕耽误孩子的学习。其实很多孩子的学习任务在学校已经基本上完成了，回到家里可以适当看看电视，轻松轻松。父母要是总逼着孩子去学习，就很难取得理想的效果。

诚然，孩子考试主要是考课本知识，学好课本知识是正确的。但看电视也是一种学习。家里毕竟不是学校，孩子需要享受家庭环境的温馨，父母只顾把孩子禁锢起来学习，孩子的良好人格怎么发展?

当然，如果看电视成瘾，把看电视作为逃避现实生活的唯一方法，那就不好了。有一个孩子在学校里受到歧视，回到家里父母也不喜欢他，便痴迷上了电视剧里的人物，后来竟然离家出走到少林寺学武术去了。

对于如何引导孩子看电视，李光耀的经验值得借鉴——

为了不让孙子、孙女在电视机前浪费宝贵的时间，李光耀支持小儿子李显扬家里不买电视机的做法。但这不是彻底解决问题的方式，因为孙子、孙女可以跑到附近的爷爷家去看电视。要解决好这个问题，李光耀认为，关键在于父母的行为和对孩子的正确指导。一方面，父母的行为对孩子的示范性、引导性很强，即父母自己首先不要一到晚上就坐在电视机前一个频道一个频道地看节目；另一方面，孩子的行为需要父母正确引导，即当孩子在盲目地看一些电视节目的时候，应该耐心地告诉他，与其这么消磨时间，不如去多看些书，读书对一个人大有好处。

为此，李光耀建议制订一些相应的对策，来解决青少年无限制地看电视的问题。比如，在孩子们应该学习和休息的时间，新加坡的电视机构可以取消儿童节目。这样，孩子们在适当看电视之余，有更多的时间去学习、读书和做其他有益的事情。

孩子看电视的节目要有选择。一般来说，小孩子喜欢看儿童电视剧、动画片、武打片、侦探片、科幻片和综艺晚会等。当然，小孩的性格不同，对电视节目的形式和内容的要求也不尽相同，但如果发现孩子对暴力、色情感兴趣，父母就要及时提醒并加以引导。另外，让孩子看电视时间不宜过长。

电视，是孩子了解世界的一个窗口，也是了解多学科内容的知识之窗。看电视其实与学习并不矛盾，关键是给孩子讲清如何掌握时间。建议完全不许孩子看电视的父母解除禁令，同时注意以下几个问题：设法把孩子看电视的时间控制在每周10个小时之内，这也是有关学者研究得出的结论；孩子的房间里不放电视机；吃饭时不要让孩子看电视，以防养成不良饮食习惯；引导孩子把看电视同讨论问题结合起来。其实，看电视可以激发孩子的某些兴趣，父母可以借机进行启发引导。比如，孩子看了《动物世界》，对天鹅余兴未尽，你不妨带孩子到动物园走走。还应引导孩子有选择地看电视节目。对于电视节目的选择，父母要当好参谋，让孩子多看一些益于身心健康的儿童节目、知识性节目及优秀的文艺节目。

细节25

为孩子合理安排学习时间

凡是能够做到按时睡觉、按时起床、按时就餐、按时学习、按时活动的儿童，大多是身体健壮、学习成绩优良、自理能力强的孩子。

作息习惯对孩子的身心健康起着极为重要的作用。实践告诉我们，凡是那些能够按时睡觉、按时起床、按时就餐、按时学习、按时活动的儿童，大多身体健壮、学习成绩优良、自理能力强。有良好的作息习惯是具有时间观念、效率观念的具体表现。父母要让孩子从小就认识到时间是最宝贵的财富，真正懂得时间与成才、效率与成功的关系。

桐桐就要成为二年级的小学生了，桐桐的妈妈于是常常向周围的几位姐妹请教有关孩子上学的问题。有一天午休时间的话题是“怎样安排孩子的作息时间”。

一个说：“孩子早晨上学，晚上放学回家，吃饭、睡觉，有什么好安排的！”另一个说：“话不能这么说。孩子上学以后，作息时间、生活内容发生了很大变化，必须安排好孩子的作息时间，让孩子尽快适应小学生活。”又一个说：“孩子的好习惯或坏习惯都是从小养成的。合理的作息时间有利于孩子养成良好的生活、学习习惯，有利于孩子的身心健康和学习。”很快，大家统一了认识——应该为孩子安排一个科学的作息时间，因为孩子上学以后有了学习任务，活动也增加了，比上幼儿园时能量消耗大得多。因此，必须让孩子保证充足的睡眠，早晨要给孩子安排好吃早饭的时间。现在一般学校都安排了下午课后管理班，由老师辅导孩子完成作业。放学回家以后，要问问孩子作业是否完成，让孩子洗洗手，喝点水，吃点零食，稍加放松。如果孩子还有没完成的作业，就督促让他先完成作业；如果孩子已经写完作业，就让孩子再认真地检查一遍。在家长做饭的时间可安排孩子看一会动画片，看课外读物，或者做室内外游戏……晚饭后，家长要检查一下孩子的学习情况。如：听听孩子读书，听写一些语文字词，练一些数学口算题，等孩子上了中、高年级以后再让他们学会预习第二天的课程。最后要让孩子看课程表、记事本，再回忆一下老师还有什么要求，并准备好第二天的学习用具，洗漱后就可睡觉了。

桐桐的妈妈根据自己家的情况为孩子制定了一个作息时间表：

6:30——起床，洗漱完毕吃早饭。

7:20——出家门上学。

17:20——放学到家稍加休息。

17:30—18:30——写、查作业，看电视，读课外书等。

18:40——吃晚饭。

19:00—19:30——家长检查孩子的学习情况。

19:30—20:30——弹钢琴。

20:30—21:00——收拾学习用品，洗漱。

21:00——上床睡觉。

第二天，桐桐的妈妈把这份作息时间表给姐妹们看。大家都说不错，但必须通过实践才能知道安排是否科学可行。经过一段时间的实践，效果非常好。

父母要让孩子树立正确的时间观念。养成抓紧时间做事的习惯，学会巧妙地利用时间。比如，锻炼身体时，可以听音乐；做家务时，可以听外语等。只要留心，日常生活中就能不断通过学习或总结得出许多科学、合理利用时间的方法。

科学家皮埃尔·弗吕谢尔说：“没有必要以牺牲睡眠来成为天才。”父母要注意让孩子早睡早起，保证孩子有充分的睡眠和健康的身体。一般来说，孩子每天需保证8小时的充足睡眠，以满足身体发育的需要。合理安排睡眠时间，更可使孩子的学习效率大大提高，这从实际效果上节约了时间。培养孩子良好的作息习惯，是保障孩子高效的学习效率、丰富的课余生活和舒畅的心情的妙方。

细节26

让孩子全身心地投入学习

让孩子学会在一定时间内专心做好一件事，做到全身心地投入。

学习专注是所有学者的共同特征。其实大部分孩子是可以做到学习专注的，只不过教育引导上的差异导致了孩子后来在这方面的差异。

孩子的好奇心强，会对许多事物都有兴趣，所以往往很难专注于某一事物，常常浅尝辄止。有的父母也存在浮躁心理，喜欢攀比，见别人的孩子学啥，也要让自己的孩子去学，恨不得天下所有的知识都要孩子知晓，所有的技能、特长都要孩子掌握。但是，这只会造成孩子看起来什么都会，却无一技之长。培养孩子的专注力十分重要，父母在孩子小的时候就应该把孩子的专注力激发出来。当孩子做某事时，应要求他在规定的时间内完成并帮助他排除外界的干扰；引导孩子对他感兴趣的问题不断寻根问底、深入思考；让孩子在兴趣广泛的基础上，选择自己最着迷的对象深入下去，父母应有意识地强化孩子在某方面的兴趣。

大多数孩子往往很难全身心地投入某事，只能在目标的外围徘徊，难以达到很高的成就。培养孩子集中注意力的习惯，这对任何一种劳动，尤其是脑力劳动具有深远的意义。能做到注意力集中的孩子，不但完成作业比较快，而且作业完成质量也比较好。那些做作业马虎、粗枝大叶的孩子主要是因为注意力不够集中，没能仔细地看清习题的要求。而且，善于集中注意力的孩子学习起来效率高、效果好，也因此有更多的时间来休息和从事娱乐活动。在小学阶段，低年级的孩子学习知识并不是最重要的，重要的是让其养成良好的学习习惯，而稳定、持久的注意力是学习习惯中最重要的一方面。老师总要求一年级的孩子坐姿端正，目的之一就是训练他们集中注意力，那些懒懒散散、坐姿东倒西歪的孩子显然不可能专心致志听课。

法国昆虫学家法布尔为了解蚂蚁的生活习惯，曾连续几个小时趴在潮湿、肮脏的地面上，用放大镜观察蚂蚁搬运死苍蝇的活动。当时周围有许多人围观议论，他毫不理会。

大文学家罗曼·罗兰有一次跟著名雕塑家罗丹去参观他的工作室，欣赏他刚完成的作品。可是来到雕像前，罗丹发现还有几处地方不满意，于是拿起凿子就修改起来，口中念念有词，仿佛那座雕像是他的朋友。2个小时后修改完毕，罗丹满意地瞧了自己的作品一会儿，然后大摇大摆地离去，差点把他的朋友罗兰锁在屋里。

事实证明，专心可以让人集中精力，调动整个大脑神经系统来解决问题，高效率地完成任务；分心就会降低学习效率，甚至会导致对本来可以弄懂的问题一知半解。

我们再来看一个关于英国物理学家牛顿的小故事。

有一天，一位朋友来看望牛顿，并计划和他一起进餐。饭菜都已经摆在桌子上了，牛顿却没有从书房里出来。这位朋友早已习惯了牛顿的怪作风，就独自一人吃了起来。他吃完了那盘烤鸡，想和牛顿开个玩笑，就把所有的鸡骨头放回盘子里，然后盖上盖子就离开了牛顿的家。几个小时后，牛顿才从书房里出来，并感到饿了，于是揭开盘盖，当他看到盘子里的鸡骨头时，不觉大吃一惊，自言自语道："我还以为没吃呢，又弄错了！"说完他又回到书房继续进行思考和工作。

只有聚其精、会其神，孩子才能有所成就。而孩子是否能集中精力做事情则与父母的教育、教养的方式和方法分不开。正所谓，有所成就的孩子的背后总会站着智慧的父母。

因此，要想提高孩子的学习成绩，培养和开发他的智力，第一步就是要注意培养和训练他的专注力，让其养成专心致志的习惯。要不然，其他的训练只能是事倍功半，甚至徒劳无功。

孩子学习的最大"敌人"就是注意力涣散。有的孩子在完成作业时，脑海里想到的是他们最感兴趣的动画片；有的孩子做作业时，常常会无意识地东张西望，心猿意马，摆摆这，触触那；还有的甚至是一边看电视，一边做作业。于是，很多父母向老师抱怨，只需十几分钟完成的作业，孩子花2个小时都完成不了。

父母要专门给孩子营造一个安静、整洁的学习环境。书桌上除了文具和书籍外，不宜摆放其他物品，以免分散孩子的注意力。书桌的抽屉柜子最好先上锁，免得孩子随时都可能打开，在没有完成作业的情况下去抽屉里翻动东西。书桌前方除了张贴与学习有关的东西，如地图、公式表、拼音表格外，不应张贴其他容易吸引孩子注意力的东西。女孩的书桌上不应放置镜子，这会使她有时间“顾影自怜”。另外，坚决不允许孩子一边看电视，一边做作业。

督促并要求孩子在规定的时间内完成作业。如果作业太多，可以分段完成。有的父母因为孩子的注意力不够集中而在旁边“站岗”，但这不是长久之计，因为长期这样，会使孩子产生依赖心理。此外，孩子的注意力跟情绪有很大关系，因此父母应努力去创造一个平和、安宁、整洁、温馨的学习环境，这对孩子保持积极、良好的情绪非常重要。同时，父母应该了解，能否集中注意力也与孩子的年龄有关。研究表明，不同年龄的孩子注意力持续稳定的时间也不同：5~10岁的孩子是20分钟，10~12岁的孩子是25分钟，12岁以上的孩子是30分钟。因此，让一个10岁的孩子60分钟都坐在那里十分专注地完成作业几乎是不现实的。

常听一些父母抱怨：“我的孩子做事效率太低，做作业动作慢，一边写一边玩。”父母要特别注意培养孩子在某一时间内做好一件事的能力。对于家庭作业，父母要帮孩子安排一下，做完一门功课可以允许休息一会儿，不要让孩子太疲劳。有些父母觉得孩子动作慢，不允许孩子休息，还唠叨个没完，这会使他产生抵触心理，效果反而不好。

合理安排学习内容的顺序。研究表明，开始学习的头几分钟，一般效率较低，随后逐渐上升，15分钟后达到顶点。根据这一规律，可建议孩子先做一些较为容易的作业，在其注意力较集中的时间段再做较复杂的作业，除此之外，还可让口头作业与书写作业交替进行。

细节27

提倡父母与孩子一起学习

父母与孩子一起学习，孩子会在潜移默化中受到正面影响。

父母是孩子的榜样，通常在一个孩子成长为优秀人才的背后，总能找到温馨、和谐的家庭的影子；同样，如果一个人形成不健全的人格，也可以从其家庭中看到充满冲突和矛盾的因素。因此，家长应该身体力行，尽可能地与孩子一起成长、一起学习。

朱诞旦小朋友家中这个“父子同学”的故事也许能为我们提供一些有益的启示。

父亲朱云忠，33岁，香花小学音乐教师。当年初中毕业后，为分担家庭困难，他忍痛放弃大学梦读了中专。工作后他开始了漫长而艰苦的自学，这时，他已不再仅仅满足于一张曾经梦寐以求的大学文凭，而想活得更加精彩，想不断充实和提高自己！他参加声乐进修，为的是做个受学生欢迎和爱戴的好老师；他参加公共关系专科进修，是为了更好地挖掘自己的潜能；设计广告、写文案、做主持，使他的生活绚烂多姿；教养儿子，也是他学习的重要内容。

由于爱人在医院工作，三班倒，还要参加业务进修，做父亲的朱云忠承担了教养儿子的责任。除了照顾儿子吃喝拉撒，还要负责开发小脑袋瓜。他非常欣赏卡尔·威廉父亲的一句话：“每个孩子生下来不一定是天才，但父母应尽可能使他成为天才。”作为教师，他了解教育的原理，而作为父亲，对于孩子的早期教育他从头学起，他十分珍惜与孩子玩耍嬉戏的时间，因为这是一项十分有意义的工作！朱云忠相信“常与父亲相处的孩子智商高”这个说法，而且乐于亲身尝试，他更相信一个学习氛围浓郁的家庭对孩子一生的影响巨大。因此，在家中父母学习进修的同时，他们有意无意地把儿子也带入了学习的天地。

儿子经常自觉地学习、看书。关于动物、植物、日常用品，或是世界名著、安徒生童话，看得懂的、看不懂的，儿子都爱看，当然，看的同时还要父母为他讲解。朱云忠认为，儿童早期的阅读父母给予指导是必要的，这跟教会他使用开门的钥匙一样。

每晚给儿子讲故事，这是他们家雷打不动的习惯，朱云忠宁可将自己每天两小时的自学时间挪后，哪怕挤掉宝贵的睡眠时间。给儿子讲故事这个任务还真不简单，故事既不能重复、不能遗漏，还要创编，由儿子命题，或者由儿子开个头，朱云忠作口头作文，稍不留神便会让儿子抓住把柄而推倒重来。为此，朱云忠经常光顾少儿图书馆，与儿子一起研究“奥特曼”和“宇宙大战”，留意各种新式武器、车辆、玩具，晚上看新闻时，父子俩还会饶有兴致地评论好一会儿。他越是与儿子讨论“十万个为什么”，越是需要翻找大量教育学、心理学著作，并随时将育儿感悟记录下来。在这样一位负责任、爱钻研的爸爸的影响下，儿子对幼儿园花坛里的芭蕉根也会浮想联翩：“这是地上的鸟窝，还是蚂蚁的游泳池呢？”

朱云忠没有把开发智力当作与孩子一起学习的唯一内容，他的教育方法往往是“自成一体的独创”。比如他为孩子讲了这么多故事，并不是要把孩子培养成小小故事家。在1999年县少年宫举办的迎新幼儿故事比赛中，他只是希望让儿子去承受台下几十个大人和小孩的注目所带来的压力，去看看别人的本领，去大胆地讲述自己创编的《怪兽访问地球》的新故事。

听老师反映，儿子有点傲气，发言动脑筋很在行，但上绘画课完成作业漫不经心。周末全家看花草、喂金鱼，去乡下捉蜻蜓、看刚刚结蒂的小西瓜，朱云忠都会信手画下来，并向儿子展示手艺，告诉儿子把大自然中这些奇妙的景象画下来多么有意思！他让儿子知道学会观察，就会有东西画，学会把心里的想法画出来，就是一个画家，只要用心画，自然就能画好。儿子的每一张图画，父母都视如珍宝，及时展示和讲评，让儿子明白这是父母对他付出劳动的尊重，是对他努力创作的鼓励。

家中添置了一台电脑，爸爸在上面打字、画画，妈妈用它查到很多资料，那么儿子呢？每每外出做客或参观回来，爸爸就让儿子把感受讲出来，输入电脑，一会儿就打印出一篇文章，再配上儿子画的插图，这样一张一张地积累起来，就是儿子的大作了！

爸爸朱云忠要参加声乐考试了，按键听音还得儿子帮忙，稍有走音，儿子的小耳朵就听出来了。

“从儿子身上，我学到了很多，小孩子的眼光和感觉值得大人回味。无邪的童真、无畏的探险、奇妙的创造，这些都是我们大人应该对他们肃然起敬的，孩子像是一本讲不完、读不透、需要我们不断探索的教科书。

“我们学习，给孩子做一个榜样，让孩子懂得为什么每个人都要学习，明白一个人只有学习，才会更聪明，才能掌握知识和本领，才可能成为一个处处受人欢迎的人。

“大人有书桌，有厚厚的书籍；儿子有游戏的角落、属于自己的小天地，有玩具、童话书、磁带、画笔。当我们认真复习迎接每次考试时，儿子也知道了要克服困难自己解决问题，他积极主动地开动小脑筋，并且从中体会到成功的快乐和自豪。

“看到我们的一张张奖状和证书，儿子问这是什么，我们告诉他这是爸爸妈妈学习的结果，就像农民伯伯辛辛苦苦劳动后获得的果实，就像老师奖励你的一颗颗五角星。儿子说他长大后得到的奖状要比爸爸妈妈的奖状还要大、还要多。

“儿子还小，他有自己的想法，有自己的追求，今后的人生道路还得由他自己走，现在爱学习并不等于他将来会有大的成就，但有一点可以肯定，爱学习的人一定是一个能适应今后社会飞速发展的人。我们做父母的，不可能教会他很多东西，以后甚至无法继续传授他一些先进的东西，将来是反过来我们要向年轻人学习，但现在，我们至少为他创造了一个适宜的、利于学习的教育环境，培养了他爱学习的意识。

“我们觉得，学习是一个过程，每个人都要学习，这是一种生命观、价值观的体现，只有学习，才会发现自己的不足，才能促进我们几代人共同进步。”

这是朱云忠作为父亲的学习心得，“父子同学”的这份生动的案例带给我们的启示恐怕远不止于此。

父母仅仅告诉孩子上学很重要是远远不够的，还必须向孩子说明：学习并不因升级或取得一纸文凭而终止。学习是一种生活方式，是要养成的一种终身习惯。

作为父母，不必花许多钱去让孩子上各类培训班来提高他的学习兴趣，而要让孩子能看到你经常在读书。可以带他多去博物馆或展览会，这些丰富的课外活动会让孩子对知识、对新事物产生浓厚的探索愿望。

父母应积极参与孩子学校组织的活动。这样做会表明你对他的成长和所作所为真的很关心。你不必具有某项特长或是用许多时间帮孩子做什么。大多数老师都欢迎父母陪伴孩子参与活动，与其他同学的父母多一些交流沟通。

经常向老师询问孩子需要什么帮助。父母要找出时间多与老师进行交流，同时注意询问、观察孩子正在学习什么，知道孩子在课堂上学了些什么内容、留了什么作业，掌握这些信息是十分重要的。

父母必须为孩子创造一个无忧无虑的学习环境，不要施加太多的压力。许多时候，父母只看重分数。如果孩子是个全优生，却不能告诉你他为获得这样的好成绩都做了些什么，那么这时父母就要对他的学习过程进行全面的了解。当孩子需要帮助的时候，父母可以给予一些启示，让他自己找出答案。考试成绩差是该同孩子谈一谈的信号。是什么原因使他落后了？他需要辅导吗？还是因为他没有认真地完成作业，成绩才不好的？这些问题父母都要了解清楚。

父母与孩子一起学习是非常重要的，没有谁生来就是优秀的父母和教育者，都是需要经过后天的学习和琢磨，才能成为值得孩子学习、被孩子崇拜的家长和优秀的家庭教育者。因此，家长应通过看书学习、参加培训，了解青少年心理发育特点和教育规律，与孩子建立平等、和谐、民主的家庭关系，陪伴孩子一起成长。

细节28

给孩子一个独立思考的空间

思考好比播种，行动好比果实；播种愈勤，收获也愈丰。一个善于独立思考的孩子，才能品尝到金秋的琼浆玉液，享受到大地赐予的丰收喜悦。

伟大的物理学家爱因斯坦曾说：“学会独立思考和独立判断比获得知识更重要。”他还说：“不下决心培养思考习惯的人，便失去了生活的最大乐趣。”当下，有的父母把一切事务都为孩子安排得十分妥帖、周到，很少有什么事需要孩子自己去考虑、去想办法解决、去妥当处理，长此以往，这会阻碍孩子独立思考的能力发展，更谈不上培养其解决问题的能力了。父母要重视培养孩子独立思考的习惯，给孩子创造一个思考的空间。

如果说，想象力给孩子的思维插上翅膀，让他在文学艺术领域飞翔的话，那么空间与数理逻辑能力将给孩子带来探索自然科学领域的无限乐趣。思路清晰的头脑、有条不紊的逻辑推理、大胆过人的谋略，无一不是从这里而来。因此，当我们说一个人成功且成绩卓越的时候，他的身上一定汇集了这两方面发达的思维能力。

我们来看一看张肇牧的故事。

肇牧十分喜欢做实验游戏，当听爸爸妈妈说要做有趣的实验游戏时，肇牧非常高兴。与往常一样，由爸爸说，他动手。

“肇牧，从你的玩具中，找出两个同样大的杯子、一个比杯子大的碗或者是锅都行。”肇牧将三样东西拿来了。“爸爸，你看行吗？”爸爸满意地说：“行。你用锅装些水来，并且将水分别倒进两个杯子，要求两个杯子的水要一样多。”肇牧按指示进行。然后爸爸问肇牧：“你看两个杯子的水，是不是一样多呀？”肇牧左看看右瞧瞧，说：“啊，是一样多。”“你将一个杯子的水倒进锅里，你再看看，是锅里的水多呀，还是杯子里的水多？”肇牧不假思索地给了爸爸满意的答复：“一样多。”“为什么？你看锅里的水这么少，杯子里的水那么多，怎么是一样多呢？”爸爸接着问。肇牧从容地说：“爸爸你看，这是两个同样大的杯子，我倒进的是同样多的水，然后再把这个杯子装的同样多的水倒进了锅里，因为锅比杯子大，所以看起来锅里的水像少些，其实它们一样多。”谁能相信，这是一个当时年仅4岁的孩子对物质守恒现象如此肯定的回答，而且思维清晰，语言表达准确、完整！

上小学二年级的时候，数学教学正进入四则运算，学生们都能按照老师的要求，从低位向高位顺序运算，唯独肇牧别出心裁地从高位到低位进行逆向运算，经老师指出后，他竟一意孤行。爸爸妈妈问他时，肇牧振振有词：“我是在找窍门。”听他这么一说，爸爸妈妈意识到肇牧虽然违背规律进行运算，却透露出一种萌芽状态的独创精神。于是在对他的“找窍门”给予充分肯定之后，爸爸妈妈循循善诱，告诉他对自己周围的事物要多方位观察，对思维方式还需验证，验证的标准就是看它的实际效果。然后，爸爸还与他一起分析逆向运算的弊端。最后，他心服口服地忍痛割“爱”了。正是小肇牧举一反三的思考，才培养了其较强的思维、判断和推理能力。

作为父母，我们要注意培养孩子独立思考的能力，尤其是不要把我们的意见强加给孩子。孩子经过思考解决的问题，往往比我们直接告诉他答案要理解得更深刻，记忆也更准确和持久。

创造一个思考的氛围，对孩子形成独特的个性，表现有创新意识的思维、举动很重要。父母不能因为孩子小，需要成人照顾而把他看成是成人的附属品，要受成人支配。其实，孩子也是一个完整、独立的个体，父母应该允许他有自己的世界，有自己的空间。有句话说："什么样的父母，教出什么样的子女。"因此，父母在努力启发孩子创造力时，不要忘了也同时培养自己的创造力，努力成为既能欣赏创造力又能与孩子创造力互动的人。

孔子说过："学而不思则罔。"这句话说明了学习与思考的关系，它强调了思考的重要性。当孩子大脑中有疑问时，他便开始一连串地问"为什么"。父母如果正确引导，不压抑孩子的好奇心，他的求知欲必定会越来越旺盛，因为孩子的好奇正是探究新奇事物的开始。常常听到有的父母抱怨自己的孩子不爱动脑筋、懒得思考，不知道各位父母有没有问过自己：在孩子成长的过程中，你给过他思考的机会了吗？如果不能确定，那就从下面这些方面检查一下自己吧！

经常对孩子说："你想想看吧！"

多给孩子出难题。

当孩子遇到困难时，不要立即给他帮助。

当孩子解决难题时，要承认并夸奖他做得对的部分，而不要立即指出他的错误。

不让孩子做过多的检测题。

当孩子自言自语时，别干扰他。

不用高压手段来说服孩子。

孩子所画的画，不管画得多糟，一定要问他画的是什么。

买玩具时要让孩子自己选择。

一次让孩子做两件以上的事。

当物品缺乏时，让孩子想想有无代用品。

尽量少用答案是"是"或"不是"的问题来对孩子提问。

不管孩子问的问题如何荒唐，你都要认真地对待并回答。

对孩子所提的问题，即使你全盘了解，也不要给他百分之百的答案。

用"如果"来反问孩子所提出的问题。

孩子想说而说不出时，你不要帮他说出来。

注意教导孩子使用连接词。

对孩子的奇思妙想要加以评价。

不要打扰孩子正热衷或专心做的事，即使到了该睡觉的时间。

对孩子的“新发现”，要率直地表示惊奇。

教孩子做事时，要多用语言解说。

常和孩子玩“后来呢”的游戏。

让孩子尽情表达。比如当孩子做出某项决定时，你可以问他：“你为什么要这么做呢？”

如果有哪些方面还做得不够的话，那就赶快从现在开始，多给孩子一些思考的机会吧！

在民主、平等的家庭氛围中成长的孩子，敢于发表自己的意见，思维比较活跃，分析问题也比较透彻；而在专制的家庭氛围中成长的孩子，大多不敢畅所欲言，容易受父母的暗示而改变主意，或者动摇于各种见解之间，或者盲从、附和、随大流，这就影响了其独立性思维的发展。因此，父母要多鼓励孩子发表自己的看法。

许多孩子都有较强的好奇心，喜欢“打破砂锅问到底”，每当见到一个新事物，总想更深入地去了解，往往会不自觉地摸一摸、问一问。许多父母对于孩子的这些行为很是烦恼，经常批评孩子甚至恐吓孩子，其实，这些都是孩子喜欢探究和求知欲旺盛的表现。父母的批评会大大打击孩子独立思考的积极性，正确的做法应当是因势利导，鼓励孩子的探索精神，并启发孩子“异想天开”。

细节29

学会指导孩子阅读，有效地训练孩子的阅读能力

孩子仅仅会识字是远远不够的，你还要培养孩子的阅读能力。

有人曾做过统计，发现人们90%以上的信息来源于阅读。在信息量飞速增长的今天，阅读能力强已成为一个人成才的重要条件之一。乐于阅读、善于阅读正是成功者的重要素养。然而，从小培养孩子的阅读能力却被不少父母有意无意地忽略了。

有的父母认为，阅读嘛，只要认得字自然就会了，没必要专门培养，多教孩子识字就成了。其实不然，识字和阅读能力并不等同。而且光教孩子识字，却不重视孩子阅读能力的培养，往往会使孩子很快忘记新认识的字，即使勉强记住了也不会用或用得不好，这对孩子的智力发展意义甚微。

有的父母认为，孩子在学校里上语文课就是培养阅读能力了。这并不错，但是如果认为这便足够了，那就大错特错了。课本的阅读从题材到数量都过于局限，远远不足以满足孩子的阅读需要，也无法让孩子学会阅读。而且，在学校中集体形式的教学使教师在客观上难以深入分析每一个孩子的实际情况，难以有针对性地训练孩子的阅读能力。倘若父母完全忽略家庭中的阅读训练，那么就有可能造成天资颇佳的孩子阅读能力徘徊不前，甚至产生厌读、不会读的现象。

有些父母认为，时代的进步使知识媒体多样化，网络、电视、音像制品都可以让孩子获取知识，何苦让孩子去费劲读书呢?

还有的父母抱着“船到桥头自然直”的想法，给孩子买上几本书就不闻不问了。殊不知孩子阅读能力的提高，离不开爸爸、妈妈耐心的引导，就像当初迈步学走路离不开父母的搀扶一样。

当然，也有部分父母自己并不喜欢阅读，他们对读书的厌烦和很少看书也多

少削弱了孩子的读书兴趣。

上述这些对孩子阅读能力训练的不正确态度，都是阻挡孩子阅读能力提高的障碍，也是阻滞孩子智力发展的不利因素。

对孩子阅读能力的影响因素进行调查后发现，阅读能力强的孩子，多数对阅读有着浓厚兴趣，乐于读书；而阅读能力差的孩子，大多表现为讨厌读书，觉得读书没意思。可见对阅读兴趣的培养直接影响着孩子阅读能力的发展。

与此相对，成人阅读水平受其兴趣的影响却要小得多。当面对自己厌烦的材料时，他们往往能克制自己，依然能够有效地阅读。成人常常可以为了达到某个目的，违背自己的兴趣，而多数孩子则难以做到这一点。但是，一些父母有时并不能意识到孩子的特点，常常以己度人，忽视引导孩子的阅读兴趣，结果事倍功半。有一位母亲讲述了自己孩子的故事。

她上小学四年级的孩子烦透了读书，怎么讲道理、请求，甚至打骂均不管用。细问前后情况，这才发现了孩子厌读、读不好书的原因：在孩子上小学二年级之前，这位母亲对孩子是否读书几乎从不过问，更谈不上对孩子阅读兴趣的培养。当孩子上了三年级之后，这位母亲意识到让孩子多读书的重要性，便给孩子定下了不少阅读任务。而且一旦孩子读书，母亲的“弦”就绷得紧紧的，常常数落孩子“这也不会”“怎么那么笨”，孩子渐渐地把阅读和痛苦、不快乐相联系，对于阅读毫无兴趣，自然也就厌读，更读不好了。

有强烈的阅读兴趣是孩子阅读的最好老师。宋代文学家苏轼、苏辙的父亲苏洵在引导孩子阅读兴趣方面堪称典范。据说，当苏洵想要儿子们读某本书时，他常常先把那本书放到案头上。在儿子们跑进书房找他时，他就拿起那本书认真地看，然后假称有事外出，把书合上放到抽屉里，离开书房。两兄弟见状以为父亲有本什么奇书不让他们看到，因而更为好奇，趁父亲外出，偷偷地取出书细加阅读，在好奇心的支配下，兄弟俩看书认真而迅速，苏洵喜不自胜。

小雨是个听话的孩子。可是，最近一段时间，小雨的妈妈却对女儿很不满意。原来，小雨在读书时眼睛看着书本，确实在好好地读，可是读后却常一问三不知，好像没读过似的。小雨自己也挺委屈的——为了读这些书，她出去玩的时间都少了很多！

问题出在哪里呢?

从表面上看，阅读就是用眼睛看。实际上，阅读是一个处理信息的复杂心理过程，有效的阅读要求我们不仅要用眼睛看，而且要用心“看”、用嘴“看”、用手“看”，即“四到”：眼到、心到、口到、手到。小雨的问题就出在没有做好“四到”上。

“四到”是大文豪鲁迅先生最为推崇的阅读之道。现代阅读心理学也证实，有效阅读离不开“四到”。对于孩子而言，“口到”更有独特作用。

在阅读中，令父母伤脑筋的问题之一就是孩子常常走神分心，不能坚持专心阅读。出现这种情况并不完全是孩子不听话、故意捣蛋，而是与其神经系统发育有直接关系。由于小孩子的神经系统不够成熟，他们对于自身行为的调控能力还有待发展，这时候要求他们像初中生、高中生那样保持阅读目标，一以贯之地读下去，就有些勉为其难了。

不过，要改善孩子的阅读情况，减少甚至避免其分心，也并非不能为。想做到这一点，可以以孩子的“口到”带动“眼到”“心到”。也就是说，在训练孩子阅读能力时，遵循从出声阅读到无声阅读这样一个不断内化的阅读能力发展规律，用出声的朗读克服其“眼睛串行”“心神涣散”的情况。

出声的朗读可促使孩子对自己读的过程不断进行反馈并积极思考，因此“口到”在开始对孩子进行阅读训练时极为重要。但是，朗读往往会使阅读速度较慢，而且在一些场合下并不适宜，所以还要注意引导孩子及时转化到无声阅读阶段，此时边看边思考尤为重要。在读的过程中，适时地插问，或事先确立阅读中要解决的问题，促使孩子“眼到”“心到”，从而保证无声阅读的效率。

“眼到”“心到”“口到”，基本上解决了孩子阅读过程中注意力集中的问题。要达到良好的阅读效果还离不开“手到”：标注、记录要点，记下疑问和感想，会使阅读更为积极，而且会加深对所阅读获取的知识的理解和记忆。

“读死书，死读书，读书死。”这会让孩子成为被动接收信息的容器，不仅有碍于心智的发展，还会遭到孩子的反感，是训练、培养孩子阅读能力的大忌。

孩子都喜欢新奇，也富于想象，更愿意有机会参与，因此，引导孩子创造性地阅读无疑是一种有效和受欢迎的阅读训练。

所谓创造性地阅读，就是不只停留于书本、文章本身的信息，而同时积极调动已有的相关的知识与经验，多问几个“为什么”，多多设想“怎么样”，在深入理解的基础上，引导孩子展开想象的翅膀，多角度进行联想，或者对原文大胆质疑、大胆尝试改动，使孩子不但是接收信息的读者，而且是补充新信息的创作者。

“拔苗助长”的故事可谓是家喻户晓。那位可笑的宋人以他的失败昭示了欲速则不达的道理。孩子阅读能力的训练就如禾苗的成长一样，也是急不得的。根据孩子的心理发展规律、目前阅读水平以及阅读心理规律，有计划地训练孩子的阅读能力，做到循序渐进，才能终有所成。

张柯上小学二年级了，他爸爸决定通过阅读儿童文学作品来培养他对书的兴趣。于是，父子俩拟定并执行了一个读书计划：头一个半月里，父子俩每天一起阅读彩图儿童故事书，目的是养成读书的基本习惯，并且学会基本方法；接下来的两个月里，由张柯自己阅读彩图故事书，读完后请他给爸爸讲一讲读了什么，有些什么情节或句子特别有意思，等等；然后，张柯开始每天坚持自己阅读文字版的《格林童话》《安徒生童话》。一个学期下来，张柯已读了好几本书，阅读兴趣和能力都提高了。

无疑，张柯的爸爸很好地运用了循序渐进的原理，对孩子的阅读能力进行了成功训练。对于孩子阅读能力的训练，具体来说，我们可以采取以下几种方法：

先扶后放。孩子阅读能力的发展都要经历从低到高的过程，需要父母教给他基本的阅读方法，帮助他培养良好的阅读习惯，引导他进入阅读的“大门”。训练阅读能力的最终目标是使其成为独立的高效率读者，但这并不能一蹴而就。在训练开始之际，父母应当先通过示范、提醒、启发等方式“扶”他一把；随着孩子对基本方法的掌握及阅读水平的提高，父母应该逐渐减少帮助与干预，慢慢地放手。

先易后难。孩子只有在尝到成功的喜悦，并从阅读中找到了乐趣后才会乐读、善读。如果一开始就让孩子啃他啃不动的“硬骨头”，那么只会使他畏惧、逃避阅读。所以，根据孩子的实际水平，选择恰当材料，由易到难是极重要的。一般而言，阅读材料中的生僻字词不超过字词总数的5%。在体裁上，学龄前的孩子以童话故事、短小的诗词为主，小学生阅读材料应以记叙文为主，简单的说明文、议论文为辅，意义明了、朗朗上口的短诗也可以。在类别上，童话、传奇、民间故事也是小学生喜欢的。

先单篇短章，后读整本书。有时父母抱怨孩子读书没有常性，一本书读了个开头就搁下。其实，让孩子硬着头皮攻读“大部头”原本就是不恰当的。“大部头”的内容信息量大，其中关系错综复杂，要求读者有较好的记忆力、连贯能力，否则读到后头忘了前头，始终一团乱麻。而孩子抽象思维能力刚刚发展，即便坚持读完“大部头”，也免不了糊里糊涂，甚至不知所云。所以，应让孩子先读单篇短章，再视具体情况指导孩子读简本名著或“大部头”中某些章节。

先精读后略读。精读侧重于阅读理解、领悟与分析；略读侧重于快速地捕捉某些信息。精读与略读都是最终应掌握的阅读方法。不过，由于孩子阅读能力有待发展，而且阅读能力训练的首要任务在于打好阅读能力的基础，所以精读的训练放在先。精读的训练基本过关，才可以进行略读训练。否则容易导致孩子在阅读时一味追求高速度而影响其对知识的理解与掌握。

多多益善。“韩信点兵，多多益善。”孩子阅读能力的提高确实需要在大量的阅读实践中完成。相当一部分父母倾向于孩子读好课本、读好老师发的阅读材料就行了，不提倡或反对孩子读小说、杂志等“闲书”，认为这是不务正业。殊不知，许多“闲书”并不“闲”，而是让孩子开阔视野、锻炼思维、提高阅读能力的很好的“课本”。如果对孩子看“闲书”的举动一味地管、卡、压，那无异于是在扼杀孩子的阅读兴趣，抑制孩子阅读能力的发展。

细节30

分数既重要也不重要，父母不要总是盯着分数

不必总是盯着孩子考试的分数，父母真正应该关心的，是当孩子面对陌生领域时，是否有正确的方法去得到他想要的答案。

父母要注重培养孩子积极的学习心态、勤奋刻苦的学习精神、得当有效的学习方法与自学能力，使孩子具备牢固的知识基础与全面的知识结构，以及稳定并善于自我调整的心理素质，而不要只顾盯着分数。

“考考考，老师的法宝；分分分，学生的命根儿。”这是多少年来分数至上观念下一句人人皆知的流行语。实际上，现在中国家庭父母对子女的教育大都属于分数教育。孩子考了高分，父母荣耀，考试分数不仅成为孩子的“命根儿”，也成为父母的“命根儿”。

有一位做老师的母亲，她的儿子考中学没考好。当知道孩子的分数后，这位母亲难过得寝食不安，自尊心受到很大的打击，她觉得自己没脸见人。过去，每当有人问起儿子考试成绩时，她都十分自豪，心情非常好；而如今碰到楼上楼下

的邻居，人家问起来怎么说呢，这件事竟难为得这位母亲一个假期都很少出门。

现在，很多父母都像这位母亲这样，孩子考试分数高时，心里就非常高兴，眉飞色舞；而当自己的孩子考得不好时，往往遮遮掩掩，情绪低落，感觉脸面无光。

一般来说，我们并不反对重视分数，如果考试方法科学，那么学生考试的分数在一定意义上确能反映出学生掌握知识的程度，反映出学生运用知识解决问题的能力。合理、科学的考试方式所评定的分数还是有相当重要价值的。

问题是，现在即使考试的方法比较合理，由于很多父母望子成龙、望女成凤，一心只盯在孩子的考试分数上，从而走进了教育的误区。

父母经常向孩子询问的是“这次模拟考试的分数是多少”，而孩子经常向父母汇报的也是“考试成绩怎么样”。应该说父母关心孩子的考试成绩是正常的，也是关心孩子学习情况的表现。问题在于，我们现在很多父母把精力和兴趣主要都集中在孩子的考试分数上，而家庭教育的主要任务——培养孩子成才却被忽略了。

一位40多岁的母亲为孩子高考的事请了两个月的假，她说：“我请假的目的就是在家把孩子的生活管好，帮助他学习，让他能考高分。我请假的价值就在于提高我的孩子的分数。”

有一位母亲对儿子讲：“只要你考试名次在班里排前五，只要我们能力能够达到的，你想要买什么，我们都满足你的要求。”

在美国一所小学接受教育的一个孩子的中国父母，问孩子的老师为什么不让学生背一些定理、公式，这位老师回答：“对人的创造能力来说，有两个东西比死记硬背更重要，一个是他要知道到哪里去寻找他所需要的、比他能够记忆的多得多的知识；再一个是他综合使用这些知识进行新的创造的能力。死记硬背，既不能让一个人知识丰富，也不会让一个人变得更聪明。这就是我的观点。”

许多父母对孩子的成绩单常常反应过度，但是成绩单上的评语只不过是老师借以提醒父母的简单附注，希望父母留意孩子的学习并给予适当的辅导。光靠分数和评语并不能获取孩子在学校足够的信息，父母如果能常和老师保持联系，及时了解孩子的情况，或许能够澄清对成绩单抱有的一些错误看法。然而，父母多半对约谈不甚积极，眼中又只看到表面的分数，并将分数高低视为孩子成才与否的最佳评判标准，一旦达不到理想的水准便责怪孩子或责备自己。

孩子渐渐地长大，成绩单的重要性有增无减。一位妈妈曾这样谈道：“就本地学校的评分制度而言，小学多以甲、乙、丙、丁记分，进入中学后则代之以阿拉伯数字，这对父母而言亦是相当重要的转变。女儿初一时的第一份成绩单有好几科不及格，这对她无疑是晴天霹雳，孩子为此一路哭着回家，我自然也无法接受这一事实，而孩子的父亲则大发雷霆。”

对待孩子考试的分数必须具体情况具体分析。考试的分数高，在某种意义上表明孩子对所学知识掌握得比较好。现在的教育是由应试教育向素质教育逐步转变，考试的分数反映的只是应试教育向素质教育转变过程孩子对所学的知识的掌握情况。现在关键的问题，是大多数父母们把分数看得高于一切。

为培养孩子的创造性学习能力，父母不应把眼光仅仅盯在孩子的课堂学习上，盯在孩子的作业上，而应该想办法让孩子扩大知识面。作为社会的一个成员，孩子应该了解社会上所发生的热点事情。况且教育改革后，根据加强学生素质教育的要求，许多教材的新增内容、考试内容等都会涉及一些时事政治问题。比如有个学校出了一道作文题——“我看富士康事件”，如果孩子连富士康是做什么的都不清楚，也不知道富士康事件是怎么回事，那对这样的作文他就无从下手。未来，如果孩子作业完成得很好，却缺乏对时事等社会信息的了解及对此类信息的分析、判断能力，那么他也很难获得优异的成绩。

作为一个负责任、懂得如何教养孩子的家长，当你的孩子真正领会到生活中的一切时间和空间都是他学习的课堂时，我相信，你对孩子的教育已然取得了成功。

细节31

为孩子创造一个良好的语言学习环境

要促进孩子语言能力的发展，父母就要给孩子提供良好的语言环境，多为孩子创造语言运用的机会。

具有良好的语言能力是聪明的一种表现。

在孩子学习的过程中，语言是一个最为方便、快捷的工具。孩子的喜怒哀乐以及各种需要，都是通过语言的表达来实现的。可以说，孩子早期的发展过程，受语言的影响最大。

孩子在生命成长的最初6年，是语言能力发展的关键期。而在这期间，要促进孩子语言能力的发展，父母就要给孩子提供良好的语言环境，多为孩子创造语言运用的机会。

100多年前，德国出了一位震惊世界的神童，他就是卡尔·威特。威特8岁时，就先后掌握了德语、法语、意大利语、拉丁语、英语和希腊语6门语言。他9岁上了大学，14岁成为博士。威特语言上的才能与父亲对他良好而严格的早期教育是分不开的。

威特的父亲曾说过："对孩子的教育开始得多么早，都不会过头。"他在威特刚刚能够辨别事物时，就开始教他学说话："比方说，我在儿子的眼前伸出手指头，他看到后就要伸手捉它。刚开始由于看不准，所以总是捉不到。最后终于捉到了，儿子非常高兴，把手指放到嘴里吃起来。这时我就用缓和而又清晰的语调反复说出'手指'这个词给他听。"

这样威特就很自然地把"手指"这个词跟父亲在自己眼前伸出的手指联系起来，从而明白了世界上的每一件东西都有其特定的名称。当孩子开始领悟这一点时，他对周围的环境就会产生极大的兴趣，好奇心和新鲜感促使他如饥似渴地想去了解周围环境，这也就是孩子特别好问"为什么"的原因之一。

威特父亲的这种教育方法被许多人所接受。美国宾夕法尼亚州匹兹堡大学语言学教师斯特娜夫人坚信：婴儿期的语言教育将决定一个人一生的语言发展。她是威特父亲教育方法的崇拜者，按照威特父亲的方法她亲自教授自己的女儿。在孩子出生不久，她就抱着孩子在屋里走动，让她看屋里的东西，同时缓慢而清晰地说出这些物品的名称，如“这是桌子”“那是电灯”，等等。通过斯特娜夫人坚持不懈的努力，教导女儿方面取得了令人满意的结果。女儿满周岁时，几乎能流畅说出日常生活中的所有物品，令周围的人感到十分惊奇。

由此看出，好的语言环境，需要父母为孩子创造。孩子学习语言，主要通过模仿和练习。父母的语言是孩子最初的模仿对象，要提高孩子的语言水平，父母的语言修养是一大关键。

父母要善于把握生活中的每一个细节，将平淡的生活变成有趣的游戏，变成促进孩子语言发展的“生活课堂”。父母将有可能对孩子说的每一句话、孩子视线里的每一样东西，都事先写好制成卡片，在家里留一片固定的空间，作为文字区，父母在和孩子说话的同时将文字指给他看。最好的方式是随玩随写，用笔即时写在大人或孩子手上，或写在地板、纸上。不强迫孩子马上记住，只当这些举动都是自然而然发生的。

给孩子讲故事可提高孩子对语言的兴趣。讲故事是最古老、最生动的语言训练技巧之一。童话故事语言优美，有较强的逻辑结构，对孩子早期的语言训练极为有效。有不少父母认为，讲故事是最容易不过了，只要看一本书，自己消化一下，然后给孩子讲出来就行了。其实不然，讲故事还是有很多学问的。第一，故事的内容一定要适合孩子的年龄特点。这表现在时间上以20分钟内为宜，内容上可讲一些与动物、植物等有关的故事，篇幅不宜太长，故事中事物、人物的形象应生动，但情节不要太复杂。第二，讲故事时，语言要生动，表情要丰富，必要时可以手舞足蹈。讲故事活动中还有一个十分重要的方法，就是让孩子复述故事。即让孩子用自己的语言，重新表述故事里的人物和情节，这是对孩子的语言、记忆、思维、逻辑等方面能力的最好锻炼。另外，父母还可在讲故事时适时和孩子一起做游戏，如轮流敲桌子、轮流说话等。

细节32

千万不可忽略英语的启蒙

孩子学好英语不外乎需要一个良好的英语环境，然后多听、多看、多说，任何语言的学习都是这样循序渐进的。

在当今信息社会，全球已成为一个共同体，各地联系日益紧密、广泛，英语早已成为生活、工作中与人交流的必备工具，不懂英语的人就像半个文盲。

英语如此重要，父母在孩子婴幼儿时期就可有计划地展开英语教育。0岁到6岁是语言发展的关键期，这是孩子学习英语的极佳时期，而过了十一二岁，学英语的难度就骤增了许多，因此，在婴幼儿期重视英语的学习也就顺理成章了。

早期开始的英汉双语教育可以开发大脑潜能，促进儿童的大脑发育。当孩子处在英语和汉语两种语言环境中时，两套语言信息可同时输入孩子的大脑，开始为短时记忆，经过多次刺激，产生生物化学变化，留下鲜明深刻的双语痕迹，而后转为长时记忆，大脑于是形成两套语言神经网络。这两套语言神经网络相互对应，相互借用，相互强化，相互共振。这样，接受双语教育的孩子，从一开始就比接受单语教育的孩子动用了更多的脑细胞和脑神经，记忆能力得到了更多的锻炼，负责语言信息接收、加工处理、分区储存、综合调用、输出的各个大脑区域或部位都得到了更好的开发利用。总之，双语教育会促进孩子大脑的总体发展。

早期开始的英汉双语教育可以使孩子的英语基础打得稳固扎实。能和汉语同步接受英语，孩子至少在听力理解上避免了以汉语为中介来接受英语。这使得英语的语音、词汇、语法、语言使用习惯的接受有空间和时间上的充分保证，少受或不受汉语的干扰。存储在长期记忆中的英语材料就像汉语材料一样是自然获得的，易于让大脑形成牢固的语言神经网络系统，这样一来，孩子的英语听力便可与汉语听力相媲美，孩子的英语口语到6岁左右就能达到讲故事的水平，如此可让孩子形成英汉两种语言的思维，让其在英汉互译方面得心应手。

有一个年仅6岁的小孩，却能讲7国的语言，你听过吗？在台湾，就有这么一个天才儿童。家住新竹的李嵩声，除了中文母语外，还能讲西班牙、英、日、德、俄、法6国语言，虽然不是精通，但对一个6岁儿童而言，已是非常难得。李嵩声的父亲李念祖说："儿子有语言的天分，但绝不是天才，而是掌握了学习的时机与方法。"令人最好奇的一点是，6岁的小孩是如何会7国语言的?

李嵩声1岁半时，李念祖被选派到哥斯达黎加工作，他带着妻子与孩子举家赴任。为了教育李嵩声，李念祖在当地聘请了保姆边陪他玩，边让他学习西班牙语。2岁时，李嵩声就能与当地同年龄的小孩一样讲流利的西班牙语了。

李念祖与妻子则负责教孩子中文、英文。2岁半时，李嵩声被送进几乎全部是美籍儿童的幼儿园，3岁半再进入哥斯达黎加当地的美国私立小学试读。此时，李嵩声的英语与西班牙语已同样流利，可随时以两种语言变换交谈。

4岁时，李念祖又帮儿子请了日语家教。李嵩声4岁3个月时开始学习德语，4岁6个月时随俄语家教学习俄语，4岁9个月时又开始学法语。每3个月，李念祖就让儿子多学一种语言，采用渐进式的语言教学，发掘儿子的语言潜能。

"为什么那么小就让孩子学多种语言，孩子吸收得了吗？"李念祖常被问到这一问题。他说："我们太小看孩子的潜能了。事实上，愈早学习语言，愈容易学会，而且，三四岁的小孩不会用电脑，运动又容易受伤害，只有学习语言最适合，只要方法对，任何小孩都可以学会多种语言。"在李嵩声5岁生日时，李念祖为他举行了一个生日宴会，邀请所有教过他的外籍老师为他庆祝。李嵩声发挥他的语言天分，以各种语言跟不同的教师交谈，让所有的外籍教师都感到十分惊异。

李嵩声在4岁时已经越级就读哥斯达黎加的小学一年级，而且以第一名结业。回台湾后，由于台湾的资优跳级制度只能让孩子在小学阶段跳级1级，李念祖觉得台湾的资优跳级制度弹性不够，于是决定采用在哥斯达黎加的教育模式，自己教育儿子。

他亲自教孩子中文，并把台湾的小学一年级到六年级的教科书全部买齐，一科一科地教李嵩声，同时还请了两个家教，一个教电脑，一个教英语，每天花2小时复习各国的语言。

李念祖只利用1年的时间，就把小学6年的教科书全部教完，当然，他不只是教，也随时测验孩子吸收的程度。

如果台湾的教育制度不改，李念祖准备自己教李嵩声到高中，然后，再由孩子决定自己的将来。李念祖说："父母只能帮他计划好，最后还是要靠他自己去做。"在掌握的7国语言中，李嵩声最喜欢德语，他的英语与西班牙语也相当流利，并且在回到台湾1年多以后还能流利地朗读各国教科书，在语言转换之间，显得毫无障碍。

李嵩声不觉得学习这么多语言很辛苦。在父母眼中，他是一个很有灵气的小孩，既活泼聪明，又很听话，做任何事之前，他会先征询大人的意见。念书之余，也常帮忙做家务事。

虽然李嵩声没有进小学就读，但每天功课依旧排得满满的：复习各国语言2小时，还要学电脑、弹钢琴、教4岁的小表弟讲英语，安排得比正常上学还紧凑。心情好的时候，他会用各国语言向父母问好。李嵩声最希望长大后能当一名科学家或宇航员，并可以到太空绘画。

父母对孩子讲英语应该同和他讲汉语一样，使孩子身临其境，让他在具体的时间、地点、场合，听到不同的人物、事件，而不是为了教育特意讲英语。这样容易使孩子把英语与生活中的具体事物联系起来，形成情景记忆，这种记忆容易生根。这是我所提倡的“生活英语”，而不是“课本英语”“学校英语”。孩子只可能对这种“生活英语”更感兴趣。

要循序渐进地给孩子讲恰当的英语。孩子从哭、喊、叫、笑，牙牙学语发展到发音的组合、单词句语言，最后用完整的语言表达自己的思维，是一个语言和心理发展循序渐进的过程，父母不能操之过急、要求过高。对孩子讲英语只能略微超过孩子所能接受的水平。比如，当孩子还不能分辨颜色时，就不必过早、过多地对孩子讲有关物体颜色的英语；当孩子还不能掌握数字时，不必过多地对他讲英语中具体的数字。

生活中父母尽量用英语和孩子多交谈，多带孩子去接触大自然。在孩子接触世界的时候对他讲英语，让他在自然环境中听到更多的英语单词和句子。随着孩子的年龄增长，他的英语听力也在发展，这时父母可以用英语讲叙述性的故事，讲流水账式的生活故事。故事的内容可以是当天或前一天孩子所经历的事。这样讲故事让孩子把英语和他的经历联系起来，好懂一些。现在有许多关于少儿学英语的书籍，可选几本作为教材，在孩子感兴趣的时候运用它。

由于汉语环境无处不在，一般说来，孩子汉语口语比英语口语先发展。有时候尽管父母一直对孩子说英语，他也可能会用汉语和你对话，这造成英汉双语教育特有的英汉对话现象，你用英语问，孩子用汉语答。这种情况下，要想方设法鼓励孩子开口讲英语。比如孩子要吃苹果、要看电视、要去公园，可要求他用英语申述自己的请求。如果孩子不会，就教孩子说一遍，然后让他复述。只要孩子开口说了英语，就要及时表扬他，当他能说出一个标准的英语句子时，更要大大加以表扬。孩子会说简单的英语后，要多和他做英语对话游戏。比如顾客买东西游戏，家长和孩子分别扮演营业员和顾客用英语对话；医生病人游戏，家长和孩子分别扮演医生与病人用英语对话；在打扑克时，帮助孩子掌握数字的英语表达。

要巩固英语学习成果，最好的办法是让孩子过好阅读关。现在各种英语书籍越来越多，让孩子学会阅读后经常有东西可读，英语就容易转化为一种生活技能，可以不断巩固和发展。如果有可能，可以让孩子去上一个英语班，让孩子跟一些小伙伴一起学英语、讲英语，这样孩子的英语学习兴趣会保持得长久，且有利于他们的英语能力相互促进。

细节33

发现孩子的天赋，培养孩子的专长

每个孩子都有自己的天赋，关键在于它是否表露出来、父母如何去发现它。

有这样一个孩子，他出生的时候体质很差，脑袋很大，医生断定他大脑有炎症。孩子终于上学了，可是老师讲课的时候，他总爱问问题，比如“为什么A要念‘ei’呢？”“为什么1+1=2呢？”，这类怪问题激怒了老师，以为他存心捣蛋，对他自然少不了冷眼。于是他被认为是坏学生，这让孩子的自尊心受到了伤害，从此以后更加不愿意学习老师所教的知识了。

期末考试时，他考了倒数第一，最终被学校开除了。

如果这是我们的孩子，是不是就放弃了？是不是会在孩子面前以及别人面前说：“我们家的孩子没有希望了。”因为老师都这样说了，因为他被学校开除了，这些“事实”不是判定这个孩子没有希望了吗？

而这位孩子的母亲并没有责怪自己的孩子，她深知他的性格，那只不过是好奇心强罢了。既然他好奇心强，那就从好奇心培养开始。

这位母亲决心挑起教育的重担。

母子俩常一起边晒太阳边上课，从自然科学到政治历史，课程安排得满满当当，而其中科学家的故事和各种科学实验深深吸引着这个被学校遗弃的孩子。

由于对什么都好奇，书本中关于科学实验的内容，他就照着琢磨，亲手做实验。12岁的时候，他就开始在火车上卖报纸自己赚钱，并利用空余的时间做实验。没想到一次不慎失火，险些酿成大祸，于是他被赶下了火车。

他灰溜溜地回到家里，母亲的理解和原谅给他增添了无穷的力量，并帮助他建立了相对“安全”的实验室。

这个当初被学校开除的孩子就是大发明家爱迪生。

爱迪生的好奇心被老师认为是捣蛋，因此他被开除。而正是母亲的善于发现、正确认识和引导，保护了孩子的天赋。爱迪生的母亲对于爱迪生的爱好给予了理解和支持，并且尽可能地为他创造探索的环境、条件。

如何发现孩子的天赋，是每个父母都关心的问题。有科学证据表明，每个孩子都有自己的天赋，关键在于它是否表露出来、父母如何去发现。

父母们平时可以从以下几个方面细心观察孩子——

孩子是否善于背诵较长的诗句篇章？

当你第二次给孩子讲述同一个故事时，如果不小心说错了某一个地方，孩子是否能立刻察觉并指出？

当你带孩子走街串巷时，孩子是否能指出曾经去过的地方？

如果一些类似问题你都答“是”，说明你的孩子记忆力相当不错，在语言方面应该有一定天赋。你还可以注意——

孩子是否一听到音乐就会跟着翩翩起舞或小声哼唱？

孩子的日常举止是否优美协调？

孩子是否能很快学会骑自行车、玩滑板车之类？

显然，回答“是”的父母可以相信，孩子有一定的音乐天分，平衡能力也相当不错，舞蹈、武术也许是发挥他长处的地方。

当孩子在玩玩具时，你是否发现他会自动按颜色和大小分类？

当孩子开始涂鸦时，你是否观察到孩子对色彩有鲜明的喜好，喜欢用鲜艳的色彩涂色？

孩子常常异想天开也不要紧，这些都说明他有细致的观察力和丰富的想象力。

不过，比发现孩子天赋更重要的，是正确的引导。《伤仲永》的故事大家都耳熟能详，父母一定要关注孩子并努力学习“育儿经”，因为发现孩子的天赋并不难，难的是将天赋变成实实在在的能力。

父母在发现孩子天赋的同时，应端正心态，将其天赋变成专长，而培养其专长最忌拔苗助长，一定要从孩子的实际情况出发，根据孩子的年龄和心理特点提出切实可行的计划，并加以实施，应循序渐进、持之以恒。

细节34

才艺学习还是顺其自然的好

让孩子接受才艺教育，父母首先要有一颗平常心，最好能顺其自然。

顺其自然就是实事求是。身为父母切勿为了自己的虚荣心，让孩子失却本应快乐成长的童年。教育子女，最忌讳的是父母代为设立“远大目标”，然后以不怕牺牲的精神拽着孩子往前冲。明智的父母绝不会这样干，他们的不变原则是顺其自然。我就是按顺其自然法则教育女儿的——

女儿4岁半的时候，我与女儿商量后，托人在一家艺校找了一位钢琴老师，是一位女教授。初见女教授，便直言相告，我不是傅雷，孩子也不是傅聪，就当个业余爱好教吧。这位女教授的大眼睛在眼镜片后睁得圆圆的，显然十分惊讶。

星期日，琴房外坐着一溜等候上课的孩子和他们的父母。琴房门45分钟开一次，出来一个进去一个，很像医生诊病。长长的走廊两侧，各色曲调间夹杂着老师们高低错落的指责声，还没开弹，琴童已感到“大祸临头”。碍于情面，女教授对我的女儿还算客气，最多只提示我，哪个孩子出息不是因为有了汗水与泪水的浇灌？

我一次也没有逼过女儿，我没有让她成为一个大演奏家的远大目标。但再宽松的环境也改变不了钢琴学习的枯燥无味，女儿开始害怕去上课，总是谎称“有点发烧”而躲老师。在我左右为难时，正好女教授要出国，我礼貌地解除了她们的师生关系。

这一次，经人介绍，又给女儿请了一位不到20岁的年轻的钢琴老师。

我发现女教授和这位年轻老师是有区别的：女教授是先生，年轻老师是朋友；女教授上课教的是父母，年轻老师上课要求学生自己弄懂；女教授培养的是艺术家，年轻老师调教的是快乐的孩子。

年轻老师每年都要在家里搞两次晚会，她的10多个学生，从刚入门者到10级高手，都一一出场表演，相互较劲儿，很有成就感。

女儿对年轻老师很满意，她悄悄对我说：“我要是学不好琴，就太对不起老师了。”

投桃报李，第2年，女儿顺利通过了1级考试。

众多对孩子怀有殷切希望的父母，都希望自己的孩子能够在接受正常教育的前提下，再接受一项或几项特长教育，以便于孩子掌握更多的技能，去迎接未来的挑战。父母们的心愿是美好的，但是一些思想认识上的错误，致使有的特长教育陷入了歧途：有些父母只要是自己认为好的事，便不问合适与否就强迫子女去做，最常见的例子是学乐器和跳舞。也有的父母见孩子很有某方面的天分，即认为不可错过，就强迫孩子努力向这方面发展，势必要他们将来成大器。这样做有时反而令孩子对此生厌。如果这些并非孩子的意愿，而是父母强迫为之，便应慎重考虑、权衡轻重，究竟你是想让他成为出色的音乐家、舞蹈家，还是希望他有一个快乐的童年?

有些父母给孩子设计发展方向时，并不考虑或很少考虑孩子的兴趣和爱好，只是一厢情愿地培养“未来的艺术家”。

这样忽视孩子的兴趣和爱好，硬性安排孩子学习某一门技艺，孩子可能会因为好奇而摆弄一段时间。但是，要作为一种职业，而孩子又不具备此技艺先天的悟性，则无异于一种身体和精神的双重折磨。这种强求，不但会掩盖一个孩子真正的才能，还会抑制他自我选择和独立思考的能力，为孩子的成才之路埋下隐患。

江西省南昌市曾经有一个家庭，夫妻二人到中年才喜得贵子，自己的事业也开始走下坡路，于是他们把所有的希望都寄托在儿子奇奇身上。奇奇3岁的时候，夫妻二人就买了一整套唐诗宋词教他背诵，4岁的时候开始请老师教他书法、小提琴、钢琴。他们嫌幼儿园的教育太简单、太肤浅，所以干脆不送儿子上幼儿园，而是每天把他关在家里，就给他留下一点饼干和一大堆的书。于是，时间一长，奇奇上小学前甚至连上厕所这种基本的技能都不会。

好不容易儿子上小学了，夫妻二人又迫不及待请家庭教师教儿子英语、数学、作文。奇奇小小年纪就戴上了眼镜，而且变得抑郁和沉默。每到周六、周日，他们又带着儿子去少年宫上艺术班，所有空余时间都逼着孩子在家练琴、练画，只要一听不到琴声，他们就怒气冲冲地指责儿子，甚至把他绑到钢琴椅上看着他弹，还每每说："我们都是为了你将来更有出息……"

据奇奇的同学讲，奇奇特别胆小，不爱说话，找不到学校的厕所和食堂，还不愿意和老师、同学交流，小朋友喜欢的动画片他一个也不知道。

等到奇奇四年级的时候，他的父母依然对他"初心未改"，给他定下每门功课都必须达到95分的标准，一旦达不到便罚他抄10遍试题。终于有一天，奇奇趁父母不在家，胆小的他不知哪儿来的勇气，从6层楼上跳了下去，只留下一张小纸条："爸爸妈妈，我一点也不喜欢钢琴、书法，也不喜欢学习。老师同学都说我怪，你们也不喜欢我，我不想再见到你们了。"此时，奇奇的父母纵然痛不欲生，也已是追悔莫及。

奇奇的父母错在忽视甚至无视孩子的主体意识，教育方式专制，态度粗暴，结果使奇奇失去了童真和快乐，背上了沉重的精神包袱，最终酿成悲剧。父母这种专制的外表，有时还穿着"仁慈"的外衣，相当"和顺"。孩子一旦表达异议，父母就抬出"为你好"的挡箭牌。既然是"为你好"，你不接受也得接受，因为在孩子面前父母始终是高明的，听父母的话没错，照父母的话去做，一定不会吃亏。孩子心智尚未发育成熟，哪会有理、有力争辩？只有默默地承受。长此以往，对孩子造成的伤害是不可磨灭的。这种不尊重孩子个性的做法，与其说是教育，不如说是折磨。

要让孩子接受特长教育，父母首先要有一颗平常心。不要总想着让孩子成这个"家"那个"家"的，整天逼着孩子练琴、画画、下棋，似乎巴不得孩子马上就能一步登天、一举成名。这样做孩子不仅会背上沉重的思想包袱，对学习也会逐渐感到厌倦，他们在练琴、画画、下棋时也会觉得是在受折磨、受煎熬。孩子毕竟不同于大人，不能用成年人的标准去要求孩子，要想让孩子接受特长教育，应根据孩子的心理特点加以引导。父母不宜将特长教育看得过重，因为特长教育只是学校教育的一种补充。所以，特长教育一定要在孩子力所能及和乐于接受的情况下进行，不要喧宾夺主。

当孩子取得一些成绩时，有的父母立即让孩子在众人面前表演。一听到大家的表扬，父母就很高兴，觉得孩子给自己争了光。这样做会给孩子带来很大的心理压力，也会使孩子滋生一些不良情绪。孩子学得好，表扬确实是应该的，但一定要适度，不要把孩子当作给自己争面子的工具。当孩子做得不太好时，有的父母就会拿别的孩子的成绩来打击自己的孩子。殊不知，这样的打击是对孩子自尊心的严重伤害，会使孩子失去信心，会让孩子觉得别人什么都比自己强。如果你真的爱孩子，请不要管他做得如何，只需一如既往地支持他、鼓励他。

细节35

让孩子把自己的想法写出来，尽量用自己的话表达

书面语言是一种成熟的语言，它能更好地表达我们的想法。引导孩子用书面语言表达自己的想法时，最好让其用自己的话写出来。

书面语言是一种成熟的语言，它能更深思熟虑地表达我们的想法。

例如，当我写这本书的时候，我必须要考虑你——读者的情况，找出一种让你易于接受的表达，来使我所写的内容能对你的家庭教育有益。如果我们在电话中交谈，那会怎么样呢？可能会以失败而告终，比如你会认为我是一个爱管闲事的人，或者我会因喋喋不休而漏掉了重要的信息，等等。

写作能力是孩子未来成功所需要的最重要的能力之一。父母要抓住一切时机，引导孩子观察生活、捕捉写作素材。生活中的写作素材是非常丰富的，俯拾皆是。

有位父亲在阳台上发现一只蜘蛛正在结网，便抓住这个难得的机会让孩子来观察，一边看蜘蛛结网一边讲蜘蛛网的结构，讲蜘蛛是个能工巧匠……孩子听得津津有味，看得认真、仔细，兴致很高，还不时提出问题。这不仅使孩子增长了知识、积累了素材，也使孩子学习了怎样观察事物。

又有一次，他的孩子买馒头回来很得意，因为这是孩子第一次独立完成的购物任务。于是，这位父亲抓住这个兴头，引导孩子回忆了买馒头的全过程和某些细节，并顺势让孩子把这些记在了素材本上。

我国现代著名作家、教育家叶圣陶有三个孩子，一个叫至善，一个叫至美，最小的叫至诚，都小有名气。叶老对孩子的写作训练，对父母们很有启示。

一天，吃罢晚饭，碗筷收拾过了，油灯移到了桌子中央。叶圣陶戴上眼镜，坐下来开始给孩子改文章。至善、至美和至诚三人，各居桌子的一边，眼睛盯住叶圣陶手里的笔尖儿，你一句，我一句，互相争辩。叶圣陶并不责怪他们，说是改文章，实际上是和孩子们共同商量着措辞，提炼思想。

叶圣陶给孩子改文章不像老师那样在文章上画画改改，而是边看边问：这儿多了些什么？少了些什么？能不能换一个比较恰当的词儿？把词语调动一下，把句式改变一下，是不是好些？……遇到他不明白的地方，还要问孩子：原本是怎样想的？究竟想清楚了没有？为什么表达不出来？怎样才能把想要说的意思说明白？有时候，至善、至美他们被叶圣陶指出了可笑的谬误，孩子们就尽情地笑起来。每改完一段，叶圣陶就朗诵一遍，看语气是否顺当，孩子们也就跟着叶圣陶默诵。

叶圣陶的训练是严格的，但又是生动活泼的，三个孩子不仅不觉得枯燥乏味，还十分喜欢叶圣陶这样的训练。叶圣陶从来不出题目，也不硬逼着让孩子们去写。不过叶圣陶有个要求，即使是练习，也应该写自己的话，表达自己的真情实感。孩子们照着叶圣陶的主张去做，觉得可写的东西确实很多，用不着胡编，也用不着硬套，写出来的东西不会雷同，多少还有点新意。叶圣陶看了孩子们的习作，总是很喜欢，鼓励他们继续写作。

叶圣陶教儿女学步，循循善诱；孩子们自奋其力，自然进步很快。他们三人很小的时候，文章就得到朱自清、宋云彬的好评，出版社还出版了他们的习作《花萼与三叶》，朱自清和宋云彬分别为这本集子写了序。

写文章要用自己的话，不光文章的观点是经过自己头脑思索而得出的，文章的表达形式也应该是独具风格的。

高尔基初学写作时，曾多次失败。有一次，他准备写一首长诗《老橡树之歌》，下了好多功夫，阅读了大量的意大利和英国的诗歌。为了使这首诗“美”起来，他从读过的意大利和英国诗歌中挑选了许多诗句，写进了《老橡树之歌》。高尔基看着自己的作品，十分满意，就把它给了著名作家柯罗连科。可是，出乎意料，柯罗连柯读了诗之后，只有一句回话：“请您用您自己的话，写您自己看到的东西吧！”柯罗连科的话，对高尔基如同当头一棒，使高尔基清醒过来，他终于明白了写文章应该用自己的话的道理。于是，高尔基一把火烧掉了这首长诗，只留下了一句：“我到世界上来，就是为了不妥协！”因为这一句话是他自己的语言，写出了他自己的性格。

后来，高尔基把这一句诗的精神体现在他的第一部小说《马卡尔·楚德拉》中，并试着用自己的语言来写作，终于获得了成功。

这个故事告诉我们，写作必须要用自己的语言来写。初学写作，是可能有不“美”之处，但是不写就永远得不到提高，心里怎么想，笔下就怎么写，不要有所顾忌。

父母要通过各种手段，调动孩子写作的兴趣。当孩子写作有求于父母时，不管是一个字、一个词还是怎样开头、结尾，父母都要满含热情地给予帮助，不要因自己有事或心情不快而表现得不耐烦，使孩子扫兴。当孩子写作有了进步时，哪怕是一个好词、一句好句或某一段写得生动、具体，父母都要给予肯定、鼓励。

多带孩子接触社会和大自然，使之开阔眼界、增长知识、体察生活、了解社会、发展思维、受到教育。如有的父母利用周末带孩子参观博物馆、观看名胜古迹，使孩子在娱乐中学到知识、提高能力、陶冶情操。要引导、指点，不要包办、代替。刚开始，可多一些具体帮助，之后再逐步放手让孩子独立完成写作，切忌让孩子依赖父母，离开“拐棍”就走不了路。更不要让孩子背范文、死记条条框框，要引导孩子逐步摸到写作的规律。

积累的目的在于丰富、充实孩子的头脑，使孩子提高认识能力，为写作提供材料。事实证明，会积累与不会积累大不一样。

某班转来一名同学。开过欢迎会后，老师给他分配了座位。没想到临时给的椅子的椅背掉了一颗螺丝钉，坐着很不舒服。这事儿小组长看在眼里、记在心上。下课了，小组长悄悄地把自己的椅子换给了他，而中队长又把这把坏椅子留给了自己。又下课了，这把椅子到了班长位置上，后来，这把椅子不知被谁给修好了。……过了10多天，老师让大家写一篇作文，题目是“记一件好事”。有的孩子选了这件事作为素材来写，写得很成功；有的同学不会选素料，认为没什么可写。

所以父母要让孩子多留心身边的人和事。时不分古今，地不分中外，人不分老幼，事不分正反，都可以随时积累，以便写作时选用。积累时只要简短地写上时间、地点、人物、事情的经过就可以了，最后要写上一两句感受。坚持这样做便可以解决“没什么可写”的问题。

另外，让孩子多写书信。虽然现在的E-mail非常方便实用，但是不要太依赖它。鼓励孩子给亲人写传统的书信，爷爷、奶奶、叔叔、姨妈都是非常乐意收到孩子们的信的。

细节36

学会与孩子共同讨论问题

在充分尊重对方的前提下与孩子讨论某个问题，求得共识或找出解决问题的正确途径。

随着孩子们年岁的增长，他们在喜好和兴趣，甚至交友诸方面都会与父母有分歧。这时，父母对孩子们的一些喜好与兴趣绝不能简单地禁止，而应在充分尊重对方的前提下与孩子们讨论问题，以求得共识或找出解决问题的正确途径。

孩子们开始认识世界、接触世界，他们会有很多的“为什么”。

外界的一切对他们而言都是新鲜的，他们急切地想认识它们、知道它们。

因而，要回答孩子们的“为什么”并不容易。他们的问题常常会使父母感觉难以应对。要回答得妥当，这里面有很大的学问。

很多父母爱带孩子到公园去玩，看到初春盛开的桃花，母亲会指给孩子看：“你看这桃花开得多好看！”这时，有的孩子就会好奇地问：“桃花怎么会开的呢？”这个问题，母亲还不难回答。她可以说：“春天来了，桃花就开了。”然而什么是春天，为什么到了春天花儿就要开，孩子仍然是迷惑不解，于是许多孩子不免要问：“为什么桃花要在春天开呢？”

孩子们这类天真的问题很多，有些确实很难回答。这是因为许多大人们认为自然的事情，孩子们却觉得新鲜、稀奇。“为什么”正是孩子们推想出来的问题，也是他们求知欲的表现。如果这时父母对他们的问题等闲视之，随随便便搪塞，很可能就会抹杀孩子们对周围事物的兴趣，扼杀孩子们的求知欲。时间久了，孩子们的思考能力也会逐渐下降。

相反，如果父母对孩子说："是呀，为什么桃花在春天就会开花呢？这个问题问得好。"然后和孩子耐心地解释并提出一些启发性的问题："春天的天气是不是暖和些？""冬天树叶都掉光了，天气一变暖，又长出了新的绿色嫩叶，对吗？所以天气一变暖，花儿也就开了。"如果经常能够这样与孩子讨论，启发孩子主动思考，鼓励其发表自己的看法，那么就会提高孩子的求知欲，同时，也会促进亲子之间的亲密关系。

学会与孩子共同讨论问题，在孩子的教育中还有更为重要的一个内容，那就是对孩子提出的要求，当父母不能满足或认为不应满足时，可以耐心与孩子讨论，让他明白为什么现在不能满足这个要求。父母不应粗鲁而简单地拒绝："这事不行！不准你去！"或者在我们提出要求，孩子不同意时，也不宜采用命令方式："这事爸妈已经决定了！"

春天来了，孩子们早就盼望着有一个节日，父母能带他们到动物园去玩。一个春和日丽的星期日，小宝眼看左邻右舍一家一家地走了，于是嚷着说："妈，咱们也到动物园去玩吧！我要看河马。"小宝的母亲由于那天有事，而且身体也不太舒服，便简单地拒绝了。于是小宝哭了一上午，弄得一家人不痛快。

当时如果这位母亲能够体谅孩子的心情，心平气和地和小宝讲清楚自己的处境，与小宝商量、讨论，他们不难达成一项协议：下一个星期日到动物园去看河马。或者，母亲可以说清楚自己身体不太舒服，动物园太远了，可以和小宝说好一起到较近的公园去赏一赏花。

父母学会与孩子共同讨论问题，既可以增进相互的理解，也可以避免家庭中一些无谓的争吵；而更重要的是，它可以教会孩子以后在社会上怎样做人和与人共事。因为我们在日常生活和工作中，只要与人相处，分歧是不可避免的。共同讨论、互相理解才是解决问题的好办法。

细节37

不要让孩子进游戏厅，督促其少玩电子游戏

父母要耐心地引导孩子，摆事实、讲道理，使他晓之利弊。至于教育的具体场合、情境以及引导启发的技巧，还需要父母根据孩子的情况仔细琢磨、精心设计。

玩电子游戏的确很刺激，有很大的吸引力，而且容易上瘾。

孩子对新鲜的、操作性的活动易产生兴趣，而他的行为又往往由兴趣和情绪所支配，自控力差。当孩子玩电子游戏达到迷恋的程度时会荒废学业、不思进取；当与成人的管束发生矛盾时，还会产生撒谎、偷钱等行为方面的问题。对此，应高度重视、正确引导，及早地采取有效的教育措施。

这是《新民晚报》上刊登的一篇文章，字里行间是一位湖北母亲对儿子绝望的呼唤，她说——

孩子上初中时，我经常出差为公司催收货款，一时放松了对儿子的管教。孩子迷上了游戏机，后来又迷上了电脑游戏，一发不可收拾。他开始逃学，开始不回家，读高一这半年，就逃学了十几次，每次我们都是发疯地找，中南一路上十几家游戏机室，一家一家地找，他只可能在玩游戏。从此，他的学习成绩直线下滑，从名列前茅跌至倒数第一名。

迷上游戏机后，孩子就开始骗家里的钱，变着法子骗钱去打游戏。今年2月18日开学，孩子要交学费，要了400元，后来我跑到学校一问，才知道只交150元，他整整多拿了250元，当天晚上就没回家。很多时候他就是没钱也会逃学、不回家，我一打听才知道，游戏机室老板会一再赊账让我儿子玩。

初中班主任说，这孩子脑子灵、反应快、理科基础好，刚进校时自己还让他当数学课代表，对他迷上游戏机屡教不改也非常失望，这孩子打游戏已经到了要“戒毒”的地步。现在只要骗到钱就去打游戏，拿到钱的手就会像瘾君子接到毒品一般抖个不停，他完全无法自拔。我跑到学校请求给他处分，如果能达到挽救

的目的，只要不开除学籍，什么处分都可以。今年3月17日，学校给予儿子警告处分，通报全校啊，你想哪个父母想让孩子在学校受处分？！

我已经完全没办法了。今年春节后，找儿子追到游戏室，看到他又拼命地在玩，我绝望了，顿时就放声大哭起来，苦苦哀求老板说：“你也是做父母的，我给你跪下了，就放我儿子一马吧！”说完我什么也不顾就跪下了，可是老板理都不理，板着脸走到一边去了。

儿子毁了，家庭也毁了。我天天像疯了一样找儿子。我们对孩子根本不指望其他了，只要上学、回家就行。我经常在心里祷告：醒来吧，我的儿子！他爸血压高，生起气来就受不了，孩子不在家时，他睡不安稳，不停地做噩梦；儿子在家就不说话，痴痴呆呆的，整天就戴个耳机听随身听，两代人之间几乎没有交流。我已经快要崩溃了。

这位母亲呼吁：游戏室毁了我的儿子，毁了我们的一切。救救孩子吧，再也不能让这“软刀子”杀人了！

听听这位母亲的心声，就知道玩游戏的危害了。

我曾去某小学听了一次“与电子游戏告别”的主题班会。会上，班主任说，我们班上有不少同学打过电子游戏，那么现在就请大家谈谈各自的看法和体会，把玩电子游戏的好处和坏处都摆出来，看看是好处多还是坏处多。这时同学们纷纷发表意见。有的说“玩电子游戏真有意思，要是打赢了，心里可真高兴”“还可以锻炼动脑、动手能力”。有的说“玩电子游戏老忘记做作业，影响学习”“经常玩，对眼睛不好”“玩上瘾后，上课也老想着电子游戏，成绩也下降了”“玩电子游戏把零花钱都花光了，有时还从父母的口袋里拿钱”“玩得晚了，回家怕父母责备，就撒了谎”……然后，老师又启发同学：学生的主要任务是学习，一个好学生应该通过学习活动和其他有益的课外活动，来促进自己学习好、思想品德好、身体好。玩电子游戏对这“三好”是有利还是不利？通过以上摆出的大量事实，同学们明白了玩电子游戏既耽误学习、影响身体，还引起了许多错误行为，弊多利少。于是同学们异口同声回答，玩电子游戏不利于“三好”。老师又进一步地请同学们自己表态：以后还玩不玩？有没有决心做到不玩？至于孩子们是如何表态的，不言而喻。我们已经看出，在老师的正确引导下，让孩子自己分析、判断、得出正确的结论，决定自己的行为，的确是个好方法。好就好在使孩子变被动的服从为主动的自我教育，这比那种简单地告诉孩子“不好”或“不应该”，以打骂、惩罚的手段强行地禁止，效果要好得多。

有时孩子即使懂得了应该做什么，不该做什么，但仍然明知故犯，管不住自己。这就需要教育者采取暗示、激励等方法，指导、帮助孩子抵御外部的诱惑和内部的冲动。如可以向孩子提出一些问题，引导他自己寻找对策或设想行为后果，以训练他的抵御诱惑能力：当你路过游戏厅，听到里面传出玩电子游戏的声音，又想进去时怎么办？如果你坚持做到“告别电子游戏”，父母会不会非常高兴，并给你奖励？如果说话不算数，又去玩了，会不会得到严厉的批评甚至惩罚？这样预先帮助孩子通过思想斗争设置防线，有助于他更好地经受实际锻炼，战胜诱惑，获得成功的体验，把正确的行为坚持到底。

要阻止孩子的某种无益活动，就应以另外有趣、有益的活动吸引他。所以父母在孩子做完功课时、逢节假日时，应该考虑安排好孩子的娱乐活动，如下棋、打球、跳绳等，或全家一起去公园玩、骑车郊游等，也可安排孩子做一些力所能及的家务活，或教给他一手“绝活”，使他忙碌起来。当孩子在某种活动中有了长进，要给予表扬、鼓励。这样孩子的兴趣就会转移到有益的活动中，他就会感到愉快而充实，从而健康地发展。

C篇

唤醒孩子的爱人之心

——爱心细节的教育

细节38

让孩子给妈妈洗一次脚——只有懂得爱父母的人才知道关爱他人

每个做父母的记忆里或多或少都有着孩子反哺自己的某一个感动的时刻，这成为他们记忆深处最宝贵的财富。而对于孩子来说，爱自己的父母是一种血脉相传的本能。

无论是在人类社会还是自然界中，都流传着许多感人的关于父爱或母爱的传说，这种舐犊之情作为世间最原始的爱温暖着整个世界，就连凶猛的老虎，都有“虎毒不食子”的说法。

与此相对的是孩子对父母的爱，与舐犊之情相比，孩子们的反哺可能不那么惊天动地，但稚嫩的心所显示出来的那份爱更加真挚，令人往往有一种别样的感动。

有一位7岁的女孩不懂什么叫牺牲，有一天，她向父亲请教。

这位父亲想了半天，终于想到一种女儿也许能听懂的解释：牺牲就是把自己最心爱的东西给别人。

女孩似懂非懂地点点头。

父亲过生日那天，他收到了女儿的礼物—— 一根棒棒糖。还有一张用拼音写的纸条：爸爸，我牺牲了。

这位父亲说，这是他一生中收到的最好的礼物。

中央电视台播放的公益广告中，曾有这样一幕：

一个年轻的妈妈一边给五六岁的儿子洗脚，一边讲小青蛙的故事。故事讲完了，脚也洗完了，妈妈对孩子说：“等一会儿，妈妈再来给你讲故事。”

画面一转，年轻的妈妈蹲在地上给一位老人洗脚，一边洗一边说：“妈妈，我给你洗洗脚，解困。”

这时，等着妈妈讲故事的儿子探头进来看到了这一幕，一转身就跑了出去。

年轻妈妈这边洗完脚回到儿子房间却不见儿子的人影，正诧异着，发现儿子端着一盆水晃晃悠悠地走进来，原来他也要给妈妈洗脚解乏。

孩子一边给妈妈洗脚，一边细声细气地说："妈妈洗脚，我也给你讲小青蛙的故事……"

这让疲惫不堪的妈妈顿时感慨万分。

这则公益广告触动了不少人的心灵。每个做父母的记忆里或多或少都有着孩子反哺自己的某一个感动的时刻，这成为他们记忆深处最宝贵的财富。而对于孩子来说，爱自己的父母是一种血脉相传的本能。

在中华民族的文化传统中，"孝"一直占据着很重要的位置。爱父母是一种品质，也是许多重要品质的基础。

母亲节那天，许多学校都开展了"给妈妈洗次脚"的活动。然而，许多妈妈都感觉不好意思让孩子给自己洗脚，平时都是她们给孩子洗，忽然让孩子给她们洗脚，觉得很别扭。

鸟有反哺之情，孩子与家人的亲情可以通过有意识的家庭教育来增强，比如让孩子帮父母洗脚、做家务，这些温馨的生活细节以及亲情的暖流都会感化孩子，激发他的爱心。

一位中学校长说，学生高中毕业时，学校通常会邀请父母一同为学生举行毕业典礼。典礼上，学生拿到毕业证书后做的第一件事就是向父母深深鞠一躬，表达自己对父母养育之恩的感谢。学校希望通过这种形式让学生们感受到，自己的成长离不开家庭和父母。这位校长说，只有懂得心疼父母的孩子，将来才知道关爱他人。

生活中的许多场合、许多事情，都有对孩子进行关心他人教育的机会，只要父母能以身作则，以自身的行为对孩子施以积极影响，并善于抓住时机，正确引导，孩子们的爱心就一定会逐步培养起来。

父母应注重在日常生活中培养孩子的关爱之心。比如，当孩子的爸爸下班回来时，孩子的妈妈可以引导孩子对其爸爸说："爸爸，您辛苦了，我给您拿拖鞋！"等孩子的爸爸换完拖鞋后，再及时提醒孩子给爸爸端杯水。如果吃饭时孩子的爸爸还没回来，要提醒他给爸爸留饭或耐心等待爸爸。当孩子学着要为父母做一点事时，哪怕只是给妈妈倒杯茶、给爸爸拿支笔，父母都应该给予其表扬和鼓励。另外，经常让孩子进行一些力所能及的劳动也很必要，只有在他有了切身体验后，他才能领会到父母照顾自己的辛苦，从而懂得体谅父母，尽自己的力量帮父母做事，为父母分忧解难。

在独生子女家庭中，很多孩子在物质和精神方面都享受着最大的爱，但如果这种爱仅仅是向儿女的单向倾斜，而不能实现爱的双向交流，那么，这种爱就是畸形的溺爱。只有让孩子懂得把大家给予他的爱转化为他对大家的爱，才是理性的爱，才是爱的升华。当年幼的孩子学会了爱父母、爱他人之后，在未来的日子里才有望做到爱岗位、爱祖国、爱人民。

细节39

用伟大的“母爱”音符拨动孩子奋进的琴弦

母爱，是世界上最伟大、最无私的爱。没有真正的爱，就没有真正的教育。但是，爱要有节制，最好藏起一半。

真正爱孩子的父母，要善于教育孩子，需要教子有方和学习育儿知识。

如果有人问我，教育孩子最需要什么，我的回答是：需要异乎寻常的耐心和适量的爱心。

这是一位伟大的母亲用生命填写的教子答卷。1984年，医生就告知了她仅剩5年的生命期限，面对死亡的威胁，她不仅以母亲的坚强面对疾病，还在病榻上培养了一个优秀的孩子：她的女儿刘苏被评为市级“三好学生”、市级“优秀学生干部”、《中学生》杂志“优秀小编辑”等，并被保送到南开大学。

这位伟大的母亲名叫苏杭，她是一位作家、评论家、家庭教育专家，曾在天津市文联从事文艺评论工作。她大学毕业的第二年，就患了重病。但久卧病榻仍写出众多文学作品，其中有多篇作品获全国及华北地区、省级奖励。更难能可贵的是，她在“朝不保夕”的艰难境地里仍不忘记作为一个母亲的责任，其成功经验曾广为传播，纷纷被各地邀请作各类家教报告，并先后被评为天津市“优秀父母”和全国“三八红旗手”，她的家庭也被评为全国“五好文明家庭”标兵户。

她因长期住院，不能与女儿日夜厮守，她把对女儿的爱浓缩成一个个音符，时刻拨动着女儿奋进的琴弦。让我们来看看这位伟大母亲的自述——

我虽长期住院，不能与女儿日夜厮守。然而，作为一个母亲，总会找到表达牵挂与爱心的途径。于是，我就把叮咛嘱咐的话浓缩成一句，写在纸条上，让家人贴在女儿的床头。

后来家里还为此特意买了黑板，多年来形成了“每月一句妈妈赠言”。从幼儿园到大学，如今已经积累了近200句，内容大部分是我自己编写的，也有少数是摘取的名言佳句，每一条都埋藏着一个女儿成长的故事。它就像妈妈从病床上伸出的一只手，引领着女儿学习做人，学习做事，学习与人共处，学会审美，学会幽默。

女儿上幼儿园时，为了鼓励女儿自己的事情自己做，我写下“我有一双小小手”，旁边画着两只小手，还有“自己有的不挥霍，别人有的不眼热”。女儿参加健美操比赛获奖后，我又写下了这样的赠言：“不求别人乱拍手，但愿别人暗点头。”女儿当上班长后，我告诉她：“为集体为他人做贡献是高尚的生活。”“在人之上要视别人为人，在人之下要视自己为人。”

我体会到素质教育一定要尊重其内在科学性，不要推之极端。比如，培养孩子俭省的习惯，要防止其变得抠门儿，要引导孩子努力达到“自奉要俭，待人要诚”的境界，“节省而不抠门，简朴而不寒酸”，我编了这一句给孩子。

又如，对待别人嫉妒的问题，我首先告诉女儿：“不遭人嫉是庸才。”其次，告诫女儿：“莫在失意人面前做得意状。”人家考试不及格，偏有人总炫耀自己的双百分。人家没亲娘，非要显示自己受母亲的宠爱，遭恨又怨谁呢？最后，教给女儿摆脱妒忌的良方：“要学会用真诚的简单对付虚伪的复杂。”女儿心领神会。有了这三层的界定，就不会跑偏。

伴随着女儿的成长，留言的内容总在适时地变化。近来，女儿大了，我担心女儿可能因性格柔顺、随和而失却了自我。于是我在留言板上写下了这样的话语：“对于父母，你应该大胆地说‘不’，这是维护你独立人格的最美妙的肯定词。”

更富有意义的是，留言板上现在记录的不再单纯是我对女儿的关爱了，它已经加入了新的声音。最近上面就出现了这样一条忠告：“老爸，千万别去学校看我，回家也别对我太亲，注意离家在外的人的感情！”

原来，去年被保送到南开大学的女儿，不愿意让宿舍里家在外地的同学和家中的小保姆因此而触景生情。善解人意的女儿还在留言后面用红笔体贴地写着："不好意思，别伤心！"女儿对平等、宽容、尊重、分享这几个词汇有着自己的理解，她已经学会了换位思考。

每当我翻看着"每月一句"，它们就幻化为女儿的一个个脚印，由小到大，每一个脚印都是那么清晰。"每月一句"正是一串串"母爱"的音符，使刘苏一步一个脚印地走向成功。

爱的原则，就是要给孩子真诚、健康的爱。不但要给孩子爱，还要明白怎样爱才有利于孩子的健康成长。没有真正的爱，就没有真正的教育，爱是家庭教育的灵魂。我们父母教育孩子不是让他们毫无理由地服从，而要动之以情、晓之以理，让他们明辨是非、懂得荣耻。

细节40

把善良根植于孩子的心中

没有同情心就没有善良，没有善良就没有人道。告诉孩子：要做一个善良、富有同情心的人；要帮助弱者和无自卫能力者；要帮助患难中的人，不损害人；要尊敬、爱戴父母——是他们给了你生命，又在抚育你，希望你成为一个诚实的公民，成为心地善良、心灵纯洁的人。

善良是人性光辉中最美丽、最暖人的一缕，善良的情感及其修养是人道精神的核心，必须在童年时就细心培养，否则难有效果。

第三十五届国际教育会议总报告员查尔斯·赫梅尔说："我们的星球，犹如一条漂泊于惊涛骇浪中的航船，团结对于全人类的生存是至关重要的。"为了人类未来的航船不至于在惊涛骇浪中颠覆，为了使我们的孩子成为"地球之舟"上合格的船员，父母们，我们有责任培养好自己的"小水手"，让他拥有勇敢、坚定、机智，同时也让他成为心灵丰富的人，懂得善良、同情、友爱、关怀……让我们的“地球之舟”充满爱，而这也正是这个世界最美之所在。

我们常常听到母亲们的抱怨：孩子如何不关心母亲，有的甚至打骂母亲。母亲用无私的爱养育了孩子，而孩子却忘恩负义。

苏联教育家苏霍姆林斯基这样教育孩童：“要做一个善良、富有同情心的人；要帮助弱者和无自卫能力者；要帮助患难中的同志，不损害人；要尊敬、爱戴父母——是他们给了你生命，又在抚育你，希望你成为一个诚实的公民，成为心地善良、心灵纯洁的人。”可以说，一个孩子假若没有善良的内心，他的聪明、勇敢、坚强、无所畏惧等品质越是卓越，将来对社会构成的危险就越可怕。

曾经有一位伟大的医学家，他叫塞德兹。

塞德兹小时候和一群小伙伴在外面玩耍，一帮小捣蛋用石块和木棍追打小动物，以此来取乐。他们看到一只小猫，便开始打，可是小猫没有跑，蜷缩在一个墙角下，一动不动，全身冻得直打战。

小塞德兹看到小猫受了伤，便劝小伙伴们不要再虐待小猫了，他走上前去把小猫抱起来。小猫因骨折而惨叫不止，小塞德兹赶紧把小猫抱回家中，请求爸爸帮他把小猫医好。小塞德兹的爸爸找到早年的同学，这位同学是一位出色的外科大夫，他治好了小猫的腿，小猫后来成了小塞德兹的好伙伴。

小猫受伤这件事对小塞德兹的影响很大，看到被医治好的小猫不再痛苦，他由衷地感叹医生的伟大。因为他知道，如果没有医生，那只小猫就永远也不会走路了。

鉴于这只小猫被医治好带给孩子的震动，小塞德兹的爸爸便顺势引导孩子，说：“如果没有医生，不但小猫不能康复，人类也会有吃不完的苦头。”这件事让塞德兹产生了长大后当医生的念头，并使他从此对医学产生了浓厚的兴趣。在14岁那年，小塞德兹在医学行业考核的初试中获得了合格的成绩。后来，塞德兹也对其他学科产生了浓厚的兴趣，成为了一个学识广博的人。

塞德兹的善良、同情心引发了他对科学、知识的热爱。因为他对小猫产生的同情心使他想解除小猫的痛苦，而医生治好了小猫的腿，使塞德兹对医学产生了深厚的兴趣。

父母是孩子“爱”启蒙的老师，孩子正是从父母彼此相爱、忠诚相待中感受到家庭之爱，并且学会爱别人。作为父亲应尊重并爱自己的妻子，教育孩子尊重并爱他的母亲，孩子正是从爱母亲开始学会把爱扩大到爱父亲、爱老师、爱科学、爱他人、爱祖国的！连自己的母亲都不爱的人，是不可能去爱别人的。父亲对母亲的一言一行都影响孩子对母亲的态度。从父母恩爱、彼此尊重的家庭里走出来的孩子，不仅对家人温和，对外人也谦让有礼。

每当一年级新生入校时，苏霍姆林斯基总要在校门口悬挂大幅红字标语："孩子，请爱你的妈妈！"因为"人生最圣洁、最美好的就是母亲"。爱母亲是"爱"的萌芽、"善"的开始。父亲应教孩子尊重母亲，不要对母亲高声大嚷，不要嫌弃母亲的唠唠叨叨——因为这也是母亲的爱。父亲要教孩子关心母亲，关心母亲的身体，体贴母亲的困苦，教孩子在母亲遇到困难的时刻，及时站在母亲的身旁说："妈妈，不怕，有我在这里。"父亲更要教孩子感谢母亲，感谢母亲为他付出了自己美丽的青春和宝贵的一生。如此，可以培养孩子的细腻、温柔和善良。

父母对周围人应表现出真挚的同情心，并真诚帮助身边正遭受痛苦和不幸的人。父母应以自己的善良感染和陶冶孩子，在孩子的心中播撒善良的种子，热情支持孩子的"献爱心"活动。为了培养孩子的爱心，学校、社会举行的为"希望工程"、为身边不幸的同龄人献爱心的活动，父母应积极支持孩子参加。

细节41

教导孩子学会感恩

常存感恩之心的人，才会拥有一个成功的人生。

生活的经验告诉我们，生命中获得的回报和付出差不多，如果我们因为某个理由拿一张臭脸面对世界，世界也不会给我们好脸色看；如果我们对拥有的一切心存感激，便可能得到他人温柔的回应。美国当代著名文化人类学家鲁思·本尼迪克特说："受人恩惠不是美德，报恩才是。当一个人积极地投入感恩的工作时，美德就产生了。"常存感恩之心的人，才会拥有一个成功的人生。

有这样一个故事——

从前，有个地方闹饥荒。一位富有的面包师把城里最穷的20个小孩召唤来，指着一个装满面包的篮子对他们说："这个篮子里的面包你们一人一条。在上帝带来好光景之前，你们每天都可以来拿一条面包。"

这些饥饿的孩子蜂拥而上，围住篮子你推我攘，因为他们每人都想拿到最大的面包。最后，当他们拿到了面包，也没有向这位好心的面包师说声谢谢，就走了。

但是格琳，这位衣着贫寒的小姑娘，既没有同大家一起吵闹，也没有与其他人争抢。她只是谦让地站在一步以外，等那些争抢面包的孩子离去以后，才拿起篮子里最小的一条面包。她还亲吻了面包师的手以表示感谢，然后才转身回家去。

第二天，那些孩子同先前一样没有教养，抢在前面。而羞怯、可怜的小格琳只得到一条比头一天还要小一半的面包。

当她回家以后，妈妈切开面包，许多崭新发亮的银币掉了出来。妈妈惊奇地叫道："立即把钱送回去，一定是好心的面包师揉面的时候不小心揉进去的。赶快去，格琳，赶快去！"

当小姑娘把妈妈的话告诉面包师的时候，他说："不，不，我的孩子，这没有错。是我把银币放进小面包里的，我要奖励你。愿你永远保持现在这样一颗平和、感恩的心。回家去吧，告诉你妈妈这些钱是你的了。"

生活的逻辑是先有所失才有所得，给予而后必有所获。其实人类就是在不断地失去中一步步发展过来的。现在我们提倡竞争，目的是充分释放人的潜能和创造性，推动社会进步。越是竞争，越需要和谐的人际关系，越需要人情味的美。

引导孩子学会付出爱，首先要让孩子懂得感恩，学会体谅父母。

父母不要给孩子"开小灶"。应该是父母吃什么，孩子也跟着吃什么。除了一些孩子专用的营养品，所有的东西都应该大家分享。你可以注意一些生活细节，比如，妈妈分水果时不要让孩子先挑。

一家人上街购物，不要只考虑孩子的需要。比如说，孩子的鞋小了，要买一双新的，而爸爸也需要买一件新衬衣，作为妈妈的你不妨在上街之前先把情况向孩子说明："我们先去买爸爸要的衬衣，然后去给你挑鞋子，好吗？"你甚至可以让孩子帮着爸爸挑选衣服。

有时，家里可能会出现这样的情况，因为经济不宽裕，买了鞋子，或许就没有足够的钱买衬衣，这个时候，妈妈也要向孩子说明："因为你的鞋子不能穿了，需要买新的，爸爸虽然也需要新衬衣，但还可以再等一段时间。这次先给你买鞋，你应该谢谢爸爸，对吗？"有的时候，如果孩子的需求不是非常紧急，应该教导孩子暂时放弃自己的一些利益，先满足其他家人的需要。即使家庭经济条件比较宽裕，为了教育孩子，也可以这样做，不要让孩子习惯性地认为，他的需要永远是第一位的。

当孩子看到同学、朋友穿名牌、用名牌时，难免会羡慕，很多父母一想，别人的孩子有的，自己的孩子为什么就不能有？于是，花再多的钱也愿意买。其实这样的做法，对孩子并没有什么好处。孩子的衣着、用具，应该以简单、实用为上，一个基本原则就是应与父母的消费水平处于同一档次或者略低一些，不要让孩子认为，他享受好东西是天经地义、理所应当的。

另外，作为父母可以常给孩子讲一讲自己工作的艰辛。其实，每一位做父母的在工作中都是摸爬滚打过来的，都很不容易。但是，如果父母们在孩子面前永远都是摆着一张笑脸，给孩子以最好的环境，生怕艰难的生活现实会带给孩子压力，长此以往，就可能会让孩子误以为一切都来得很容易。如果父母们能经常告诉孩子一些自己的艰辛，那么孩子就会在体谅和感恩中渐渐长大。

比如，有位爸爸在女儿的心目中是个“大懒蛋”。原因就是每个星期六早晨，这位爸爸都要睡懒觉，一直睡到12:00才起床。所以她一点也不觉得爸爸好，并常常有意在爸爸睡懒觉的时候弄出很大的响声。

后来孩子的妈妈知道了这件事，郑重地告诉她：“你爸爸是个作家，每天晚上当你睡觉的时候，爸爸都在工作，因为晚上没有干扰，你爸爸的灵感容易找到。星期六早晨你准备起床的时候，爸爸才开始休息。所以不是爸爸懒，爸爸每天都在辛苦地工作。”从此以后，女儿有了爱心。夏天爸爸睡觉的时候，她还跑到外面赶蝉，目的是不让蝉鸣声影响爸爸休息。

父母应当培养孩子常怀有一颗感恩的心。不但对父母的教养、师长的教导要知道感恩，对社会和陌生的人群也要多一些关怀，并懂得要有所回馈。父母应在日常生活中注意培养孩子感恩、惜福、奉献的良好品德，这对他的一生都会起到重要的作用。

细节42

让孩子记住父母的生日

中国有句古语："百善孝为先。"意思是说，孝敬父母是各种美德中排在第一位的。

每个孩子都非常期待过生日收到的礼物和感受到的快乐，盼着生日赶快到。那么父母的生日，孩子是否也同样重视呢？在父母的生日到来时，孩子是否会有所表示呢？

在一次对20名中学生的类似调查中，不知道父母生日的人约占70%，但他们对自己的生日都记得清清楚楚，并都很在乎家长是否也记得。一位女生几乎可以说出班里所有同学的生日，但唯独不记得自己父母的生日。在不记得父母生日的原因中，回答"爸爸妈妈从来不提醒"或者"父母不喜欢过生日，所以记住他们的生日就不太容易"的孩子约有80%，另有少数学生表示，家长曾经说过生日的日期，但是自己没有记住。

在这些调查中，所有能记住爸爸妈妈生日的孩子都表示，自己有用心给父母过生日的经历。他们有的用零花钱给父母买礼物，有的替父母做家务，还有的给父母唱《生日快乐》歌。在他们看来，给父母过生日是件快乐和自豪的事。

在日本，人们把自己的生日称为"母难日"，自己过生日那天要请母亲吃饭，向母亲鞠躬。

我国已进入老龄化社会，孝敬老人是我们每一个做子女的应尽的责任和义务。一个有孝心、有责任感的孩子，一定会牢牢记住父母和长辈的生日，并以自己的方式祝福他们生日快乐。

一个有责任感的孩子，在自己过生日时，一定会以自己特有的方式感谢父母、感谢抚育过自己的人，因为他知道，长辈把自己抚育长大有多么不容易。

蒋光在大学期间，家里生意亏损、负债累累，可父母仍不肯亏待他，每月给他1000元生活费。蒋光考上研究生之后，平均每月有四五百元的津贴，可父母每月仍给他1000元；即便这样，蒋光还隔三岔五打电话回家要钱，理由是需要应酬。每次要完钱，他都是匆匆挂掉电话，从不问家里情况。后来，他以交女朋友、要买房子为由，向家里索要33万元，后来又找其弟索要15万元，在未得到满足后他大发脾气，扬言要踩死父亲，并声称要与父亲脱离父子关系。

看到这样的故事，想必为人父母者都会心寒。父母为孩子付出了太多太多，孩子却一点都不懂得感恩图报。我们留意一下当前的社会现实不难发现，现在的孩子们普遍缺乏感恩之心。许多孩子认为自己得到的一切都是理所当然的，对于得到的爱和关心不懂得感激和回报，甚至还去伤害对其付出爱和关心的人。有的家长说，现在的孩子越来越狠心了，可不是吗？中小学门口，孩子一出校门就把书包扔到家长手上；每年新生入学时，大学校园里随处可见扛着行李的家长和扬扬得意的孩子……

其实这样的悲剧，在很大程度上都是父母自己造成的，他们往往一味地付出，不奢望得到回报，结果误导了孩子，使其认为自己理应得到一切，当然不会去花心思体会和回报了。

教孩子学会感恩，让孩子以知足的心珍惜目前所拥有的一切，去体验身边的事，去发现生活原来如此丰富和美好，孩子就会渐渐懂得关爱和回报，从而成为一个有爱心、积极进取的人。

2019年高考“下跪男孩”王恒杰，因一段跪谢母亲的视频红遍网络。王恒杰高考分数是635分，语文119分，数学136分，理综240分，英语140分，超出理科一本线139分。

这个男孩如此走红，源自2019年6月8日下午高考最后一个科目结束时，他向母亲跪谢的一段视频。最后一科考试结束时，这个男孩突然跪在妈妈面前，向她表示感恩。此事经网络传播而轰动全国。

人们盛赞王恒杰能在大庭广众之下跪谢自己的母亲，为常人之不敢为，是一种莫大的勇气；不隐藏感恩的心，是一种真切的坦诚；对母亲孝顺并且表达出来，更是一种值得钦佩的智慧。

事后这位妈妈被网友查出是一个“单亲妈妈”，在孩子2岁半的时候，她就与丈夫离婚了，后来一个人含辛茹苦把儿子带大。儿子深深理解妈妈的艰辛和不易，所以才选择下跪向妈妈致谢。

懂得感恩的人，会得到更好的回报。父母如果只是无私地给予孩子以无尽的爱，而不注意培养孩子知恩图报的品德，孩子就会视父母对他的关爱为理所当然，尤其是集众多宠爱于一身的独生子女，更容易养成自私的心理。将来一旦父母老矣，不能为其所用，这样的孩子不懂得也不会去孝顺父母，最终可能变成忘恩负义之徒。

细节43

让孩子养成助人为乐的习惯

关心他人，竭尽全力去帮助别人，会使人变得慷慨；关心别人的痛苦和不幸，设法去帮助别人减轻或消除痛苦和不幸，会使人变得高尚；时常为他人着想，会丰富自己的生活，增加自己的涵养。

父母要培养孩子乐于帮助别人的好习惯，教育孩子，帮助别人其实就是在帮助自己。关心他人，竭尽全力去帮助别人，会使人变得慷慨；关心别人的痛苦和不幸，设法去帮助别人减轻或消除痛苦和不幸，会使人变得高尚；时常为他人着想，会丰富自己的生活，增加自己的涵养。

有一位叫黄苏的母亲，她是这样培养孩子帮助别人的习惯的。

故事发生在20世纪60年代。小A上小学时，因为他年龄小、身体瘦弱，在学校经常受到大孩子的欺侮。后来爸爸妈妈下乡，他虽得到奶奶的悉心照料，却缺乏父母的关爱，环境使得他变得比较冷漠，只知道自己保护自己，不知道关心别人，无论在家中还是在学校，都是独来独往。

妈妈把小A接到身边时他已经12岁了。怎么改变他的孤僻性格，唤起他对生活、对家人、对同学、对朋友的热情呢？妈妈多次找他促膝谈心，效果都不明显。他根本不愿将自己的内心活动吐露出来。妈妈要他多关心别人，他的回答是“谁关心我呀”或者是“自己管自己就行了”“反正我不做坏事就行”。

有一次小A去颐和园玩，把一串钥匙丢了，他回来后十分懊丧。爸爸妈妈上班去了，没有钥匙怎么开门呢？那串钥匙上面还有小抽屉的钥匙，现在家门进不去，抽屉也打不开了，真是别扭。妈妈叫他到颐和园失物招领处看看，但他根本不信有人会管这样的闲事。后来妈妈给失物招领处打了电话，结果那里还真有他丢失的那串钥匙。妈妈领着他到了失物招领处，那里的工作人员把钥匙交还给了他，并告诉他这是一个十二三岁的孩子拾到后交来的。妈妈又带他参观了失物招领处，那里有各种各样的物品，都是游人拾到后送来的。在事实面前小A似乎有所领悟，“果真有这么多人管闲事”。这时妈妈再给他讲，人与人之间应当互相关心、互相帮助，人世间谁都离不开别人的帮助，所以谁也都应当尽力去帮助别人。他不再像以前那样听不下去了，还说：“可不是吗？就是那位小朋友做了好事，使我找到了钥匙，如果再去配钥匙，该有多麻烦呢！那位小朋友的举手之劳，使我省了多少事！”妈妈告诉他：“以后你也要关心与帮助别人呀！”此时妈妈的话，在小A听来句句入耳，他频频点头，因为事实教育了他。事实的教育是最深刻、最有说服力的教育。

不久后的一天，小A去体育馆看球赛，散场时人很挤，他看到地上有一张月票，估计是一个中学生丢的，就捡起来拿回家了。当妈妈问他准备怎么处理时，他略加思索后说：“月票上有地址，我马上把它从邮局寄出去。”小A当即找出信封把月票装好，写上地址，贴上邮票，高高兴兴地把它丢进了邮筒。妈妈问他这件事为什么办得这么快时，他说：“今天才4号，月票还是新的，别人丢了月票该多着急呀！我的钥匙不也是一位不相识的小朋友及时交到失物招领处的吗？我为什么不这样做呢？如果是以前，我才不管它呢！”

妈妈不失时机地悉心教育，总算在小A身上见到了初步效果。当然，要培养孩子热心助人的习惯，不是通过一时一事就能完成的，但从上面小A的例子可以看到，抓住实例，耐心引导，就能取得显著的成效。

要给孩子机会，让他去帮助别人。培养孩子对周围人、事与情感的敏锐观察力，并让他去尝试自己所能做的。例如，假设哥哥或弟弟不舒服，或小玩具熊“生病”了，让孩子去照顾，经验的累积会使其了解什么是“帮助”。在幼儿园，应教育孩子热心帮助别的小朋友，如当其他小朋友摔倒了，要主动把他扶起来，并加以安慰。在这种举动中，孩子将会体验到帮助别人的快乐。孩子和妈妈一起坐公共汽车，到站时，上来一位孕妇，孩子要起身让座，可是妈妈不准，而且把头转向窗外。乍看之下，也许这只是件小事，但在孩子的心灵上，却有可能留下很不好的影响，也许他会和自己的妈妈一样，不会因不给老弱病残孕让座而感到羞愧，因而失去了建立关心、帮助别人的好品德的机会。

要有同情心，教育孩子懂得体谅别人的处境，体谅别人的不幸。随时准备从道义上支持别人，行动上帮助别人，比如关心残疾人，有需要就去扶一扶、帮一帮，不要围观，不要有意无意地用恶语和动作伤害他们。

为了强化“关心他人”的心理定式，父母要对孩子的类似行为及时予以褒奖和支持。如孩子为灾区捐了自己的零花钱，父母知道后要予以肯定，有可能的话父母也可捐一点，父母的鼓励和支持，会对孩子产生深刻的影响。

D篇

时时处处播下道德的种子
——道德细节的教育

细节44

上下楼梯时要靠右行，坐自动扶梯时要站在右侧

遵守规则是一种教养、一种文化、一个现代人必需的品格，也是社会秩序得以维持的必要条件。上下楼梯靠右行，培养的是规则意识和自律意识，是学会做人、做事、与人和谐共处的一种基本修养。

先下后上，走路靠右。这是生活中最简单的细节。

我们如果与人方便，自己就会方便。

许多中小学生不知道遵守电梯秩序。我曾在一家商场进行观察，结果发现，尽管扶梯中间画着分割“站立”和“快行”两个通道的线，可是，10个孩子中有4个站在了线的左侧。

我问一些孩子，知道乘自动扶梯要靠右站吗？许多孩子都摇头。

我女儿的大姨曾经在英国伦敦学习半年。据她讲，在伦敦的地铁里，人们的文明程度之高，让去过的人都感到震惊。他们很在意给别人让路，尊重别人的空间。尤其是在自动扶梯上，人人都站在右侧，留出左侧的通道来给需要走动的人或者有急事要办的人。同样，在地铁的车门口，每个人都站在一边，让出来的人先行，然后自己才进去。一切井然有序。

看看我们身边的现实吧：地铁门刚打开，里边的人还没出来，外边的人就想冲进去占座位；自动扶梯上，左边右边全是人；电梯口，人们围成一团，里边的人左拥右挤才挤出来……

尽管电梯、扶梯作为一种为我们提供便利的工具已经被大家熟悉，但使用电梯和扶梯的礼仪、应遵守的秩序很多人都不注意。

遵守规则是一种教养、一种文化、一个现代人必需的品格，也是社会秩序得

以维持的必要条件。上下楼梯靠右行，培养的是规则意识和自律意识，是学会做人、做事、与人和谐共处的一种基本修养。

中国“入世”首席谈判代表龙永图，曾介绍过他的一次经历。某次他和几个朋友在瑞士的公园散步，上厕所时，听到隔壁“砰砰”作响，他有点纳闷。

出来后，一个女士着急地说，她的儿子进厕所10多分钟了还没有出来，麻烦他帮忙看一下。龙永图折回洗手间，打开那个“砰砰”响的隔位，他看到一个七八岁的小男孩正在弄抽水马桶，怎么弄都冲不出水来，急得满头大汗。

原来，小男孩觉得上厕所不冲水是犯了规则。为此龙永图很感慨：上厕所要冲水，这是一种最基本的社会规则，一个孩子都能自觉按照规则去做，瑞士国民的规则意识可见一斑。这种强烈的规则意识，体现了瑞士国民的文明素养，也促进了瑞士的繁荣进步。

社会是一个整体，规则意识将影响一个人终身适应社会的程度，因此，从小就进行规则意识的培养十分重要。

自觉遵守上下楼梯靠右行的规定，严格约束自己的行为，从小养成良好的行为习惯，对孩子们的健康成长有着极其重要的作用。

当我们上下楼梯的时候，一定要遵守靠右行的规定。这样，既可以避免自己和他人相撞，预防了拥堵现象的发生，同时也给自己一种安全感。

广东省深圳市某小学一名学生因为在上楼时，不小心与其他下楼梯的同学相撞，滚到了楼梯下，结果使脾脏摔裂被切除，造成了5级伤残。河北省邯郸市某中学放学时，在楼梯间发生学生拥挤踩踏事故，造成5名学生死亡，4名学生重伤，7名学生轻伤。如果同学们都能自觉遵守规则，这样的悲剧是可以避免的。

可见，遵守规则，上下楼梯靠右行，坐自动扶梯时站在右侧，是利人利己的好习惯，千万不可轻视！

细节45

教育孩子爱惜物品，及时发现和表扬孩子爱惜物品的行为

及时发现和表扬孩子爱惜物品的行为，在反复练习与被指导过程中，孩子爱惜物品的良好习惯便会逐渐地形成。

爱惜物品，是一种美德。要想使孩子具备这一良好品质，必须及早加以培养。

爱护公物是每一位公民应尽的职责，爱护公物是光荣的。但在日常生活中，却有许多不爱护公物的现象。有位老师曾在报刊上撰文说：短短的2个月，我班58套桌椅有不少桌面受到了不同程度的损坏，桌面上留下了刀子、笔尖的划痕，留下了修正液的涂抹痕迹。有的孩子扫地时，把椅子翻得啪啪响；活动时，将树木作为射门对象；有时，乘人不备在墙壁上还要悄悄地留下几行“杰作”。

有的孩子也知道要爱护公物，对如何爱护公物也能谈出一二。但是，漂亮的言语总难以转化为自己的实际行动。

教导孩子懂得去爱惜物品，父母和老师要紧密配合。作为老师，可以开展形式多样的班队活动，如“爱护公物齐行动”“请给桌椅洗洗脸”；也可抓住偶发事件，开展批评与自我批评；还可以让孩子拿起笔来写写个人爱护公物的准则。通过不同形式的教育，孩子爱惜物品的意识会不断得到增强，他会在实践中潜移默化地付诸行动，而后逐渐养成习惯。作为父母，要积极配合老师，日常生活中要严于律己，要求孩子做到的，父母自身首先要做到。

经过一段时间的教育培养后，孩子在认识与行为方面，便会形成一定的爱惜物品的观念与习惯，但这时往往很不稳定。此时，若放松教育，不注意巩固成果，则很容易使其已形成的观念、行为消退。因此，基于原有基础，在日常生活中，应有意采取不同的活动与方式对孩子进行练习指导。如和孩子一起擦洗桌、凳，修补玩具；父母弄脏、扯坏了孩子的物品和书，要向孩子道歉等。

父母要及时发现和表扬孩子爱惜物品的行为，在反复练习与被指导过程中，孩子爱惜物品的良好习惯便会逐渐地形成。

及时纠正孩子的不良行为。孩子由于无知或认识、控制能力较差，往往会做出一些损坏物品的行为。如在桌子上乱刻，在墙上乱画，打碎玻璃杯，摔破饭盆，扯烂衣物，弄坏玩具，等等。发现孩子的这些不良行为后，我们的经验是先弄清原因，孩子若是无意的，便及时给予引导，指出其行为的危害，提醒孩子以后注意；孩子若是有意为之或以此来要挟，则及时给以严厉的批评，使其认错。在孩子的不良行为面前，若不能及时地批评、纠正，而采取迁就、让步的态度，往往会使孩子一错再错，形成不良的行为习惯。

为了使孩子养成爱惜物品的良好习惯，家长在此方面应严格要求自己，为孩子树立学习与模仿的榜样。如在看书时，首先要把手洗净擦干；翻书时要轻柔小心；若发现书本有卷折或撕烂之处，立刻展平或粘补；看完后，书不乱放乱扔，及时放回书柜。吃饭时，无论碗、筷，还是桌、椅都轻拿轻放，碗里的食物吃干净，不剩一粒米。

父母带孩子到公园、车站、码头、机场等公共场所去时，可以告诉他，这些场所的公共设施是供广大人民群众使用的，不要去损坏它们。到公园去时，切勿让孩子去踩草坪，去采摘花草。带孩子乘公共汽车时，必须制止他用小刀刻画椅背或用彩笔涂画座椅。到图书馆、展览馆、博物馆去时，要他爱护一切公物。到各地的古迹去探访时，更应提示他注意保护文物。在爱护公物方面，不仅要求孩子不要去损坏，还应告诉他，如发现有人在破坏公物，可及时报告管理人员或拨打110报警。

对孩子损坏公物的行为，要参照公物赔付标准切实落实赔偿责任，打消孩子的侥幸心理。当然，在处理此类行为时，方式要灵活。如可以修复的，责令孩子修复；损坏特别严重的要赔偿，但教育孩子时要掌握好分寸，不要过激，避免造成负面影响。

细节46

让孩子珍惜每一分来之不易的钱

中国有句老话："由俭入奢易，由奢入俭难。"一个人如果没有艰苦朴素的好习惯，就很难战胜今后所遇到的困难，也很难具有顽强的拼搏精神，这样的人难成大器。

许多父母抱怨自己的孩子不懂得珍惜钱，不明白工作的目的，殊不知这正是他们长期溺爱孩子造成的结果。为了让孩子生活得无忧无虑，这些父母极力满足孩子的一切要求，不让他们干任何家务。在这种环境里成长的孩子，就不可能理解工作的重要及每一分钱都来之不易。这些孩子长大以后，依赖思想严重，生活和工作上都难以自立。

老柯塞尔却是这样严格要求孩子，培养孩子良好的生活习惯和思想品质的：

有一次，小柯塞尔正在写老师布置的作文，在打草稿时，老柯塞尔发现儿子先后将几张稿纸揉成一团后扔进桌旁的纸篓里。于是，他走到儿子的身边说："你在干什么？"

"打作文草稿。"

老柯塞尔弯下腰从纸篓里拿起一个纸团，在桌面上摊开，十分严肃地对儿子说："打草稿应该用铅笔，而不是钢笔！用铅笔打草稿有两个好处，一是写错了的字可擦了再写，二是用铅笔写过的草稿纸可以再用一次，用钢笔再写。你太浪费了！"

"您以前是这样做的吗，爸爸？"

"当然。"老柯塞尔从鼻梁上取下自己的眼镜，"你看看爸爸这副眼镜。"

小柯塞尔一看，十分惭愧，父亲的眼镜两根镜腿都折了，左边的镜片也裂了一条缝，真是"饱经沧桑"……

中国有句老话："由俭入奢易，由奢入俭难。"一个人如果没有艰苦朴素的好习惯，就很难战胜今后所遇到的困难，也很难具有顽强的拼搏精神，这样的人难成大器。

父亲的身体力行对儿子产生了重要的影响，以至后来小柯塞尔在物理方面取得辉煌成就时，他能够无视名誉和金钱的诱惑，继续保持艰苦朴素的作风，不断地朝着新的科学高峰攀登。

要让孩子懂得钱是怎样挣来的以及怎样合理地花钱，需要一个实践过程。如果不在这方面对孩子进行教育，那就等于剥夺了他未来取得成功所必需的竞争技能。相反地，如果把关于金钱和工作的正确的价值观念很好地教给孩子，那就是给了他一件珍贵的礼物——打开生活自立之门的钥匙。

教孩子学习储蓄。大多数孩子都有个储钱罐。孩子3岁时，父母便可以用家里的钱和他玩储蓄游戏，鼓励孩子将自己的积蓄存到家中的“银行”，用孩子的名义开一个“账户”，让他有自己的“存折”，并妥善保管。到6岁时，应该让孩子理解，把钱存到银行里，不是银行把钱“拿走”了，而是把钱安全地存放起来，并使之有所增加。这样做有助于孩子养成储蓄的习惯。

给孩子零花钱。要使孩子成为一个精明、负责的消费者，能平衡收支，避免借债。当孩子定期得到零花钱时，应该让他们掌握一种基本的生活准则：没有钱，就不买东西。

家里的经济情况不要对孩子保密，但不必让孩子知道家庭预算的每个细节。告诉孩子，对家里的经济情况要保密，不能到处乱说。孩子长到十三四岁时，全家人可以在一起召开一个家庭财务会议，父母简要谈谈通常情况下家里开支的总设想。这不仅让孩子了解家里根据收入来决定支出，而且有助于鼓励孩子参与解决家庭的经济问题。

让孩子了解你的工作。如果孩子不知道家里的钱是怎么挣来的，这会在他的头脑中削弱钱和工作的联系。如果孩子已经上小学，那么可以给他讲一讲为生活而工作是怎么回事。方便的话，选择一天带着孩子一起去上班。要是工作量不大，还可以领着孩子参观一下你工作的地方，这会使孩子对你的工作有一个深刻的了解。培养勤俭的孩子，通常需要父母用智慧而不是仅用感情来引导。当你看到自己的孩子逐渐懂得了工作的重要性，并树立了正确的消费观念时，你会由衷地感到自己的努力得到了应有的回报。

细节47

从小培养孩子劳动的观念很有必要

劳动不是目的，只是一种教育手段。重要的是要让孩子养成习惯，形成劳动的观念。

孩子的劳动观念必须从小养成，应让其在家庭日常生活中承担一定的力所能及的家务劳动，甚至两三岁的孩子也要让他懂得收拾自己的玩具、睡衣之类。而一个14岁左右的孩子应当成为有能力独立做大部分家务活的帮手，如负责决定家庭菜单和帮忙买菜、做菜，收拾与打扫房间及庭院，等等。相反，若父母过分地宽容、宠爱孩子，则会把孩子变成懒惰和依赖性强的人，危害极大。

有这样一个真实的事例：杭州一所小学，班主任老师到教室检查卫生。她刚走到教室门口就愣住了——正在洒水扫地、抹桌和擦黑板的，不是班里系红领巾的学生，而是他们的爸爸妈妈。

热爱劳动是一种优秀品德，也是我们生存的重要条件。英国著名教育家洛克雷说过："一切教育都归结为让学生养成良好习惯，往往自己的幸福都归结于自己的习惯。"可以说，养成热爱劳动的习惯，是我们未来幸福的可靠保障。

山东淄博某小学有位学生叫赵晓亮，在家中要靠父母为他整理书包，家庭作业老是忘了题目，让妈妈到同学处去抄。在学校一丁点儿小事儿，都不会自己处理，老是报告老师，小队活动让他收一下游园门票，他连票都数不清。

原来，他是个独生子，父母对他过分宠爱，许多事情老是替他做。怕学校值日累着他，妈妈就到学校替他做；做作业怕他用脑过度，爸爸便告诉他答案，甚至有时还代做作业。家务活从不让他碰，结果他养成了依赖的坏习惯，一离开父母便无所适从。

后来，老师与父母配合，从培养他的自理能力着手，有意识创造一些"艰苦"的事情让他独立去解决。比如，妈妈故意一两天不在家，让他自己做饭做菜，自己安排时间学习，衣服让他自己洗，卧室让他自己整理。

经过努力，赵晓亮不仅能为父母做生日晚餐，还能自己整理房间，还会经常打扫家里卫生，后来在学校被评为“十佳少先队员”。

作为父母，很重要的一项工作是教育孩子积极参加家务劳动，帮助其成为有责任感和热爱劳动的人。

如今，绝大多数家庭的家务基本上是由父母包办。因此，作为父母应想办法组织安排家务，如每周召开一次家庭会议，如果孩子在会上对家务提出某些建议或解决方法，说明孩子愿意合作共同搞好家务劳动，否则，就应采取适当方式进行教育引导。不过，父母要首先做出表率，做好孩子的榜样。同时要根据孩子的合理化建议，针对家庭每个成员的爱好和能力，分配给每人一份工作，也可以每周或每月轮流做各项家务。这样，就容易使孩子养成劳动的习惯，并学会去计划家务、做好家务劳动了。

需要注意的是，父母必须考虑到孩子的实际承受能力，并进行具体而耐心的指导或示范，教给其怎样一步一步地完成所承担的任务。比如，让孩子收拾卫生间时，要教他先清除垃圾，再刷洗浴缸、马桶，最后擦拭地板。让年幼的孩子做的家务活，必须是具体而又简单的事情，这样孩子才会有信心去完成。

孩子参加家务劳动，既是学习的过程，又是锻炼的过程，在这个过程中孩子自然会有做得不够好或做得很好的时候。当孩子做得不够好时，这就要求父母及时教育孩子战胜困难、不怕失败，树立信心和决心，便能很快学会做自己力所能及的事情。而当孩子做得很好时，父母要及时肯定其取得的进步和成绩。

细节48

让孩子尽早参加家里的劳动，成为做家务的好帮手

每个人都是家庭中平等的一员，在得到权利的同时，也需要付出劳动。

让孩子尽早参加家里力所能及的劳动，可使孩子的生活充实、有趣。同时，在劳动中也能逐渐培养孩子许多宝贵的品质，如负责、自信、自立，以及珍惜时间、爱惜劳动果实等。

陈宇华的父母在处理孩子做家务方面的做法给人以启示——

在给宇华分配任务前，爸爸妈妈总给她先讲清楚：一个家庭总有很多事情要做，每个人，包括爸爸妈妈在内，都享受着一份家的温馨，因此也都有责任承担一定的家务。

于是，先让陈宇华开始承担家里的扫地任务。

妈妈说："你现在还小，所以目前负责扫地，相信你一定会乐意，每天都会把地扫得很干净，以后家里地干不干净就看你的了。"

一旦把这个任务给了陈宇华后，爸爸妈妈就不再过问了，由陈宇华一个人干，他们只是偶尔在旁边监督一下。

陈宇华偶尔也有偷懒的时候，比如不想拖地，就用水把地湿一湿，但是都被妈妈识破了，几次之后，她也就打消了侥幸的念头，老老实实、负责地做好自己的工作。

年幼的孩子总会以能够帮助父母干家务为荣，更何况陈宇华还是一个比较懂事的孩子。没有爸爸妈妈的命令，第一次洗碗是陈宇华主动要求的。

"妈妈，我来帮你洗碗吧。"和爸爸妈妈在一起吃饭，陈宇华很兴奋，她急于想做点事情来表示对此的高兴，因此妈妈刚刚动手开始收拾碗筷的时候，陈宇华便主动请缨了。

“好啊！可是有一条，你今天洗碗了，以后的碗可都要归你洗了。”妈妈自然很高兴，劳累了一天，她巴不得能够早早去休息一下。

“没有问题。”看到妈妈同意自己帮忙，高兴中的陈宇华根本就没有考虑妈妈话中的“以后”两个字对她来说意味着什么。

看着妈妈洗碗已经很多次了，但真正动起手来自己洗还是第一次。

孩子第一次学做某种家务劳动，家长可首先演示如何做，并和孩子一起做，然后让他自己做。即使孩子用自己的方法，也不要干涉。

陈宇华学着妈妈的样子，先将每个碗和盘子中的剩饭菜集中到一个碗中，然后把它端到厨房，倒进垃圾袋中，这一步很简单，陈宇华也做得很高兴。

下一步，陈宇华要用一个盆子把所有的碗集中起来一起拿到水龙头下，先打开水龙头，将盆和碗都浸在水里，然后倒上清洗液，再一搅和，泡沫就出来了，这是最有趣的一步，宇华乐开了。

第三步就是要将每个碗洗干净，刚刚涂上清洗液，整盆都是泡沫，滑滑的，陈宇华更多的是在玩泡沫。“哎呀！”手一滑，一只碗就落到水池边的水泥台上，碎了。

女儿是第一次干这个事情，妈妈的注意力一直没有移开，她在关注着女儿。

“没关系！宇华，你做得很好，继续！”妈妈的鼓励对宇华来说是最重要的，打破碗的窘迫一下子就消失了。

“第一次，谁都一样，关键要逐步掌握要领，洗的时候要集中注意力。”妈妈鼓励她说。

当孩子第一次做某件事的时候，父母的及时鼓励是必不可少的。陈宇华的妈妈聪明之处更在于，在孩子积极想干的时候，就把这个责任顺势放到她的肩上，表面上看似有点过分，但父母的苦心就悄悄隐藏在中间。

“做家务是让孩子培养以后爱劳动、勇敢承担责任的最好方式。”培养的开始妈妈的鼓励必不可少，这可以增强孩子的自信心。到了后来，孩子如果能够一直坚持下去，对孩子的各个方面都会有好处。

第二次……

第三次……

第四次……

陈宇华洗碗的技术越来越熟练，渐渐地，甚至闭上眼睛，她也可以把碗洗得很干净，放得很整齐。但是，陈宇华的新鲜劲和耐心也消磨殆尽了。

“今天我不洗了！”一天晚饭后陈宇华撒娇道。

“随你的便，别忘了你答应过父母什么。”

“还有干净的碗可以用，我明天洗行吗，妈妈？”

“洗碗是你的事，你自己决定吧！”

“洗碗没劲，妈，给我换个活干干吧！”

“不行！先干完再说。”这次妈妈回答得很干脆，直接否决。

洗上几个碗，对爸爸妈妈来说易如反掌，但是说过了就说过了，是谁的责任就是谁的责任，躲不了。妈妈希望陈宇华能够从中学到诸如负责、自立和坚韧等品质。所以无论陈宇华怎么说，妈妈都不同意。

陈宇华的招都使尽了，妈妈还是没有反应。

“我不洗了！”实在不想洗的时候，陈宇华开始了罢工。

不洗就不洗吧，爸爸妈妈照样“稳坐钓鱼台”，他们只管煮饭，洗碗的事情就交给陈宇华，没有碗可用或者碗不干净，那就等着好了，反正一时半会儿饿不坏。

厨房的碗堆了半米高，筷子零落到各个地方，妈妈也从来不管。“宇华，那是你的事，你答应过的，就一定要做好，这是你的责任。”

罢工无效的陈宇华只好妥协：“家里又不是有很多碗可以让父母换着用，还是乖乖地去洗吧。”

如果当时陈宇华“罢工”胜利的话，今天的她一定不是这个样子。

宇华的妈妈通过洗碗这件事，让孩子把必须有责任感的道理深刻体验了一下。而一旦这个观念深入孩子的内心，以后连躲的想法都不会有。“迟早是要自己来，还不如早干早结束好。”每个人都是家庭中平等的一员，在得到权利的同时，也要付出劳动。

给孩子选择的机会，让他依兴趣和能力做自己想做、能做的家务劳动。孩子做的时候，大人可以在一旁观察、鼓励，或给予建议，适时地加以协助。如果实在做得不理想，也不要责备孩子，可以耐心地指导孩子再略加收拾。

不要觉得孩子太小，会越帮越忙，太浪费时间，而情愿自己动手，这会让孩子失去学习的机会。妈妈可以选一些时间充裕的时候，和孩子一起慢慢做一些家务，指导他、鼓励他，久而久之，他一定会成为好帮手的。对家庭主妇而言，说不定更能因为孩子的“合作”与“能干”而提早减轻一些家务重担。

认真对待孩子的家务劳动。做家务并非单单干点家务活，教你的孩子怎样洗碗、扫地、整理卧室，更重要的是培养孩子的责任心、独立性、自信心，以及互相帮助、齐心协力做事的品德。做完了家务活，最好的奖励是一个肯定的微笑、一次拥抱和说一声“谢谢”，还可以称赞孩子多么聪明能干。需要注意的是，让孩子做家务虽然是有意义的，但应有所节制，太重则会影响孩子的学习，甚至会导致孩子参加社会活动的机会减少而妨碍其他方面的成长。

细节49

引导孩子把作业本用到最后一页

把作业本、练习本用到最后一页，是孩子生活中的小事，却是一个人的勤俭节约的体现。要让孩子从身边的小事做起。

树立勤俭节约的思想，力戒奢侈浪费的作风，这对孩子以后的生活大有益处。

有位叫刘海伟的同学在日记里这样写道：

今天，我把写完的作业本拿出来准备全卖了，我打开看了看，看到好多作业本里还有没写完的纸张，有的有一张，有的有两张，还有的有好多张。

我想：要是把这些干净的纸张当作废品卖了，这不是很浪费吗？于是，我就把每本里面没写完的纸一张一张撕下来，然后用订书机订成了一本新的作业本。虽然这个作业本不如新买来的好看，但是我可以利用它来做草稿本，这样就不用另外买新作业本做草稿本了，不是又节约钱了吗？

刘海伟同学这种节约的精神，值得孩子们学习。

有人说，节约一张纸就等于保护一棵大树。这样说一点都不过分。据资料显示，每一年，全球造纸量达3.2亿吨（2018年数据），每造1吨纸需砍伐4棵大树，也就是说，每年有近13亿棵大树从这个地球上彻底消失。所以，我们要教育孩子从身边一点一滴的小事做起，从用完作业本的最后一页做起，养成良好的习惯，从小就树立资源是人类生存的生命线的观念，为建设资源节约型、环境保护型社会做出贡献。

父母要引导孩子正确看待每一个作业本、每一张纸，把它们与保护树木、保护环境联系起来。要教育孩子认真写作业，争取少犯或不犯错误，不乱涂乱画。能用小纸写完的作业，就不要用大纸，用足每一张纸。把作业本用到最后一页，反面也可以用的话，我们也不要嫌弃，可继续用作草稿本。用完后的作业本可积攒起来作为资料，或者卖废纸积攒零花钱，然后用积攒的零花钱买新的作业本。

细节50

告诉孩子不能私拿别人的东西，拾到东西要及时归还失主

孩子私拿了别人的东西，做父母的不能将此看作小事，更不能贪图小便宜不闻不问，一定要从“第一次”抓起，从小事抓起，严格纠正孩子的错误行为。

孩子为什么私拿了别人的东西？比较普遍的原因是无知，他还不知道这种行为是可耻的。特别是刚进入小学的孩子，生活内容一下子丰富起来，当看到同学各式各样的文具和玩具时，会产生极大的兴趣。当他想把这些新鲜好玩的东西占为己有时，就会不顾一切地去得到它。这种“私拿”行为跟“偷”应该区别开来，但若不及时纠正，就会发展成为不良习气。

孩子私拿了别人的东西，做父母的不能将此看作小事，更不能贪图小便宜不闻不问，一定要从“第一次”抓起，从小事抓起，严格纠正孩子的错误行为。“小洞不补，大洞叫苦。”小问题如果不及时处理好，发展成为大问题就难以解决了。

例如，孩子要求买课外读物，这反映了孩子的求知欲望，应该买一些。要是已有了学习用品，还要求买类似用品，就要教育孩子懂得爱惜用品和勤俭节约的道理，使孩子懂得不买是对的，拒绝他的不合理要求。这里值得提出的是，父

母对孩子的要求不能感情用事，比如心情好的时候，对孩子的要求不管是否合理都一口答应；心情不好的时候，即使是合理的要求，也一概拒绝。这样会使孩子分不清自己的要求哪些是对的，哪些是不对的。有的孩子在正当要求得不到满足时，就自己去另想办法了。例如学校组织看电影，孩子向妈妈要10元钱买电影票，妈妈脱口而出："你最近学习成绩下降，还要看电影？算了吧！"孩子没有办法，却又想去看电影，刚巧邻座同学的铅笔盒里有10元纸币，他就偷偷地拿去买电影票，像这样的事能仅仅责怪孩子吗？

美国黑人领袖约翰·布朗的"教子经"，可以给父母们深刻的启发。

约翰·布朗是19世纪美国人民反对黑人奴隶制运动的杰出领袖。他有7个孩子，其中6个男孩，1个女孩。他对孩子们要求很严，教育的方法主要是以身作则，给孩子们树立良好的榜样。

他曾经常喝些苹果酒和葡萄酒之类的酒，他的孩子一见他开酒瓶子，都围上去，这个要喝一杯，那个要喝两杯。后来他成了禁酒主义者。为了孩子们，他滴酒不沾，处处做孩子的表率。他要求孩子们认真读书，自己每天首先拿起书本。孩子们朗诵时，有一点小错误也要纠正过来。他要求孩子们尊老爱幼、关心别人，自己首先做出样子。他的女儿在回忆父亲的文章里说："我经常看到父亲对祖父特别亲切而尊敬。冬天临睡前，父亲总要把祖父周围的被子塞好，夜里还要起来问问祖父晚上睡得是否暖和。他对祖父总是那样和蔼可亲，真是我们的好榜样。"

约翰·布朗经常教育孩子：不要眼热别人的东西，更不要私拿别人的东西，拾到东西要及时归还失主。他的女儿刚上学不久，有一次在一条板凳后边捡到一块花布。这块布不太大，可是在女儿看来倒是一件宝贵的东西。回家后，她没吱声，但在给要好的小朋友讲这件事时，被父亲听到了。约翰·布朗走到女儿身边，露出慈爱的神色说："你知道那块花布是哪个孩子丢的吗？"女儿说："不知道。"父亲告诉她："那么，你明天上学时带上它，看看能不能找到失主。这件事虽小，但你要记住，如果你丢了什么珍爱的东西，不论它多么小，你总希望拾到它的人送还给你，对吗？当然，别人也是这样想的。"

当发现孩子私拿了别人的东西，做父母的首先要问清东西的来龙去脉，不光听孩子说，还要核实真实情况，然后告诉孩子私拿别人的东西是错误行为，要主动把东西送还给人家。出现第一次后，父母要经常留心孩子是否还有私拿别人东西的行为。平时要有意识地通过形象、生动的方法，如讲故事等，使孩子知道什么行为是高尚的，什么行为是可耻的，使孩子能用正确的思想来指导自己的行动，不至于重犯私拿别人东西的错误。

孩子私拿别人的东西与父母对于孩子的要求处理不当也有关系。比如孩子常常向父母提出要这要那，或者同学有什么他也要买什么，这时，父母要分析孩子的要求是否合理，对孩子的合理要求应该予以满足，不合理的要求则应婉拒，并向孩子耐心讲清缘由。

E篇

融入大海的水才不会干涸
——沟通细节的教育

细节51

与孩子保持愉快的沟通，最好与孩子成为朋友

作为父母，遇事不能独断专行，而应多从孩子的角度看待问题，多与孩子沟通，最好与孩子成为朋友。

父母与孩子的沟通，不仅仅是语言，还包括态度、眼神、举止、动作等。

不可否认，父母在孩子面前代表着威信、力量和智慧。在孩子没有自我意识之前，父母有必要为孩子安排好一切。但是，当孩子有了自我意识以后，父母就不宜再独断专行，而应从孩子的角度看待问题，多与孩子沟通，最好与孩子成为朋友。

达尔文非常疼爱自己的孩子，他在深爱子女的同时，还对他们有着严格的要求。达尔文认为，不慈不足以为父，不严不足以为师。在孩子们眼里，他确实既是慈父，又是严师，更是朋友。

每逢星期日，达尔文无论工作多忙，总要坚持和孩子们一起度过假日。他和孩子们一起在乡间小路上散步，兴高采烈地参加孩子们稚气的游戏。有时，即使他感到身体很不舒服，也仍然要这样做。

他的女儿埃蒂后来谈到这些愉快的事情时说："关于我的父亲，我所记得的第一件事是他同我们做游戏时的那种愉快。对他自己的孩子们，他是热情的，但他不是一个溺爱孩子的人。我们每一个人都认为他是一个最令人喜欢的游伴，同时，也是一个最富有同情心的人。他同他的孩子们——不论在他们的儿童时代或成人时代——保持了一种非常愉快的关系，充分地叙述这种关系却是不可能的。"

达尔文晚年，在主要是叙述其思想和性格发展过程的《达尔文回忆录》一书中，写到和孩子们玩耍时，曾怀着惋惜的心情说：

"当你们很小的时候，和你们一起玩耍是我的乐事，想到这样的日子已一去不复返了的时候，我常常感叹。"

每天晚上，孩子们上床后，达尔文总要花去1小时的时间给孩子们讲故事，其中许多故事是以他乘“贝格尔”号船绕地球航行时的经历为基础编造的，在故事里包含着丰富、通俗的科学知识。有时，他也读小说给孩子们听，而且有几次，他还给孩子们简短地讲授蒸汽机的知识。

父母必须了解：良好的亲子沟通，必须经由长时间的练习才能形成，把你的爱和关怀注入与孩子的日常沟通练习中才会让沟通效果突出。亲子沟通最好从孩子小的时候就开始练习，如果你疏忽了、错过了时机，没关系，从现在开始也不晚。只要你努力做了，就会有成效。

在亲子沟通的过程中，不要只顾自己长篇大论说个不停，要多停下来看看孩子的表情和反应，听听孩子怎么讲，了解孩子怎么想。父母要坦诚面对自己的感受，也要尊重孩子的感受。多用“我”的信息，少用“你”的信息进行沟通。当孩子做了让你失望的事、说了让你伤心的话时，要能坦然地面对自己失望、伤心的感受，并把你的感受告诉孩子：“我看到你所做的事、听了你的话好难过，觉得自己很不受尊重。”而不是指责、批评他：“你怎么可以对我这么不礼貌？”跟孩子沟通时应多用正面的话，少用负面的话，更不要使用恶言恶语。把他做对的与做错的地方都告诉他，并指导他怎样做才能改正错误。

细节52

用爱与孩子沟通，但仅仅有爱是不够的

著名教育研究专家孙云晓指出：“教育的秘诀是真爱。”去爱孩子，并且一定要学会怎样去爱，掌握爱的技巧，用好爱的方式。

著名教育研究专家孙云晓指出：“教育的秘诀是真爱。”爱是与孩子沟通最重要的途径。

由此看来，父母与孩子沟通时最重要的莫过于用心去爱孩子。认真去感受他

的世界，耐心地倾听他的心声，然后加以适当引导，而不是强行更改。

我们强调的是，这里的“爱”是“理解”，而不仅仅是“满足”；意味着“包容”，而绝非“纵容”。

当然，仅仅有爱是不够的，更为重要的是父母应当学习怎样表达爱。

有一位妈妈痛哭流涕地说道：“我真不明白，我给他吃，给他穿，他想要什么就买什么，他却在昨天说恨我！”这位母亲将所有精力都放在孩子身上，哪里想得到会是这样的结果呢?

儿子则愤愤不平地抱怨道：“妈妈总想管着我，不让我去这里，不让我去那里，还动不动就哭着说是为了我好。她用来跟我做比较的孩子足够开出一个长长的单子！”在这个儿子看来，妈妈轻视甚至忽略了他作为一个人的权利。

其实，爱孩子并不是指仅满足孩子的物质需求。对年幼的孩子来说，真正理解父母为抚养他所付出的辛劳还为时过早，他更为敏感的是父母对其心灵的关注程度，对他所享有的权利和自由的尊重。在与孩子沟通的时候，父母有必要让孩子感受到理解和尊重，感受到浓浓的亲情之爱，爱将会化解所有的误会和不愉快。

世上没有父母不爱自己的孩子，可由于缺乏爱的技巧，不懂得如何爱孩子，无数家庭亲子之间形成隔阂，这实在是一件值得反思的事情。

曾有一位父亲写了一封信给孩子，忏悔自己不恰当的爱给孩子造成的伤害——

孩子：

在你睡着的时候，我要和你说一些话。我刚才悄悄地走进你的房间。几分钟前，我在书房看报纸时，一阵懊悔的浪潮淹没了我，使我喘不过气来。带着愧疚的心，我来到你的身旁。

我想到的事太多了。

孩子，我对你太粗暴了。在你穿衣服上学的时候我责骂你，因为你洗脸时只在脸上抹了一把；你没有擦干净你的鞋时我又对你大发脾气；你把东西不小心掉在地上时我又对你大声怒吼。

吃早饭的时候，我又找到了你的错处：你把东西放在地上，你吃东西狼吞虎咽，你把手肘放在桌子上，你在面包上涂的奶油太厚……

在你去上学而我去赶公交车上班时，你深情地向我高呼：“爸爸再见！”我却蹙着眉对你嚷道：“怎么又驼背了，把胸挺起来。”

晚上，一切又重新开始。我在下班路上看到你跪在地上玩弹珠，袜子破了好几个洞，忍不住又大发雷霆：“袜子是花钱买的，你怎么一点也不知道心疼……”并在你的朋友面前押着你回家，使你当众受辱。

孩子，你还记得吗？晚饭后，我在书房看报，你怯怯地走了过来，眼睛里带着委屈的目光。我对你的打扰极不耐烦。你在房门口犹豫着，我终于忍不住地吼了起来：“你又来干什么？”

这时你没有说话，却突然跑了过来，抱着我的颈子吻我，眼眶里含满了泪，我简直不敢相信我如此粗暴也没有消磨你对父亲的爱。接着，你用你的小手臂又紧抱了我一下，就走开了，脚步轻轻地走开了。

孩子，你知道吗？你刚离开书房，报纸就从我手中滑落到地上，一阵强烈的内疚和恐惧涌上心头。习惯真是害我不浅。吹毛求疵和训斥的习惯几乎成了我父爱的象征。孩子，爸爸不是不爱你，而是对你的期望值太高。我是用成人的尺度衡量你，而且拿很多成年人也难以做到的标准来要求你。细想起来，这多么可笑！

而你本性中却有那么多的真善美，你小小的心犹如照亮群山的晨曦——你跑进来吻我的自发性冲动显示了这一切。今晚，一切都显得不重要了。孩子，我在黑暗中来到你床边，跪在这儿，心里充满着愧疚。

这也许是个没有多大效用的赎罪。等你醒来后告诉你这一切，你也不会明白，但是从明天起，我要做一个真正的爸爸——做你最要好的朋友，你受苦难的时候我也受苦难，你欢笑的时候我也欢笑。我定会把不耐烦的话忍住，我会像在一个典礼中不停地、庄严地说：“你只是一个孩子，一个小孩子。”我以前总是把你当作大人来看，但是孩子，我现在看你，蜷缩着熟睡在小床上，仍然是一名婴儿，你在你母亲的怀里，头靠在她的肩上，仿佛只是昨天的事。我以前对你要求得太多太多了！

这封使无数父母再也不愿训斥、指责和抱怨，让人动容和深思的信，同样教我们明白：爱是有技巧的，沟通是讲求双向性的。父母既要将自己的内心世界向孩子剖白，同时也要多倾听孩子的心声，互相理解，互相倾听，这才是真正的沟通。

爱孩子一定要学会怎样去爱，掌握爱的技巧，用好爱的方式。无论何时，父母与孩子间无法泯灭的亲情之爱都是彼此沟通交流的最好的途径，是一座始终存在的桥梁，我们应当小心地通过它，而不要让粗暴、偏见、忽视等东西不经意间阻塞了这座桥梁，也不要让它被骄纵和溺爱毁坏。

学会主动与孩子沟通，是父母不可忽略的一环。要通过平等的对话和交流，来了解孩子内心真实的想法和看法，及时发现孩子的缺点和错误，并帮助孩子正确地认识和改正。

细节53

倾听孩子的心声，走进孩子的世界

父母要肯在倾听孩子说话上花时间，做个有修养的听众，用心倾听孩子的心声，用心走进孩子的世界，积极发现孩子的优点。

会听语言是会说语言的基础。

培养一个孩子学会倾听，要从他一出生就开始。而且，随着孩子逐渐成长，父母不仅要多跟孩子说话，还需要认真倾听孩子说话，这能起到鼓励作用，增强孩子表达的自信心，激励孩子表达的欲望，进而促进其语言能力的发展。下面的例子可以给父母们一些启示。

冬冬是小学一年级的学生，因上课经常说话、乱动，严重影响课堂纪律，被学校开除。妈妈没有告诉冬冬她已被开除，只是说给她换个学校，并带着冬冬来见新学校的校长。

冬冬和妈妈一走进校长室，一位男士立即从椅子上站了起来。冬冬连忙向他鞠了一躬，兴冲冲地问道："您是校长先生，还是电车站的人呀？"那人抢先笑着答道："我是校长呀！"冬冬非常高兴地说："太好了！那就求求您吧，我想上这个学校！"校长让冬冬坐到椅子上，然后转过身对妈妈说："好，现在我来和冬冬谈谈，您可以请回了。"

校长把椅子拖到冬冬跟前，和冬冬面对面坐下来说："好，随便给老师说点什么吧！把你心里想说的话，全都讲出来。""心里想说的话？"冬冬立刻兴致勃勃地讲了起来：来时乘坐电车，曾向电车检票员叔叔要一张车票，但是他没给；家里有一只褐色的名叫洛克的狗，会做出"伸爪"和"对不起"的姿势，吃完饭以后还会做出"吃饱了"的样子；鼻涕流出来的时候，她总爱"嘶啦嘶啦"地抽鼻涕；爸爸在海里游泳游得真棒，还会跳水……校长一会儿笑，一会儿点头。因此，冬冬更高兴了，便一个劲地讲了下去。每当冬冬停下来时，校长就问：“讲完了吗？”于是，冬冬就在脑海里紧张地思索着下一个话题……

最后，冬冬实在想不出还有什么可讲的了，她心里觉得有些难过。这时校长站了起来，用温暖的大手抚摸着冬冬的头说：“好，就这样吧！你就是这个学校的学生啦！”这时，已经到了吃饭时间，就是说，冬冬已经讲了近4个小时。

冬冬感到有生以来第一次碰上了真正可亲的人，因为她长这么大还从来没有人用这么长的时间来听自己讲话，而且一个呵欠也没打，丝毫没有厌倦的迹象。她心里感到踏实、温暖，心情也愉快了。她想：“若是能和这个人永远在一起也不错呀！”而更为难得的是，校长当时也和冬冬一样感到愉快、温暖。

这位校长真的是一个合格的校长。如果我们做父母的也像这位校长一样，认真倾听孩子的心声，该有多好啊。反过来，孩子也会因此而积极倾听他人的谈话。

在孩子的成长过程中，父母们要像故事中的那位校长先生那样，首先认真地倾听孩子讲话。这对于父母来说，是最好的交谈方式，即“无声的交谈”。借助于此，你才能让孩子发泄情绪、表达心情，才能知道孩子到底有什么样的烦恼，并有效地帮助他排解。

有位母亲说：“我刚要出去买菜，孩子就拽住我不放。菜市场人多、乱，我拿的东西也多，就不想领孩子去，可他蛮不讲理，大哭大闹非不让我走，真是让人又气又急！这孩子怎么这么不懂事呢？”孩子哭闹不止，你有没有了解过为什么孩子非要跟着父母走呢？其实这是因为孩子怕你一去不返。虽然这种想法幼稚可笑，但却表现出孩子内心深处的无助与恐惧。

一般的孩子都怕被父母遗弃，这种恐惧感在婴儿时期就产生了，所以很多孩子老爱缠着父母不放。对幼儿而言，被父母遗弃，简直有如被判死刑一般无助。父母为了安抚孩子，总是一而再、再而三地对孩子保证着——

“爸爸妈妈是爱你的，我们出去一下就回来。”

“爸爸和妈妈不是不要你，是有事不能带你一起去。”

这类话，父母一再重复着，直至孩子长大到了青少年时期后，才有了充分的安全感——这世界是安全的，父母随时会支持和保护自己的孩子，不必那么强烈地要抓住眼前的一切。

所以每当孩子哭闹着不让你出门时，不要近乎冷酷地训斥他，要理解他的无助，耐心地解释，让他多一些安全感。

仔细倾听孩子的倾诉并耐心回答孩子的问题，对加深亲子关系大有裨益，这可以增强孩子的自信心和安全感。

听孩子说话时，无论你有多忙，一定要眼睛看着孩子，不要随意插嘴，尽量表现出你听得很有兴致。作为父母，鼓励孩子大胆地发表他的观点，要完整地听孩子所讲的话，如果你在某一重要原则上不同意他的看法，应告诉他你不赞同这个观点，并说出理由。在提出反对意见时不要过于武断，更不应否定一切。即使孩子是在胡说八道，你也要控制你的火气，不妄下定论，直到完全理解清楚。

父母在倾听孩子说话时，理应更加细心，更加富有同情心，应努力地做到尊重孩子，从而营造出愉快、友好的交流氛围。

细节54

准确地认识和评估自己的孩子，不可主观地做判断

父母应通过观察和交流及时了解孩子的好恶与心理变化，找出引导孩子的最佳方式。

每个孩子都是独特的个体。父母在实施教育计划之前和实施教育计划过程中，始终应认真、耐心地观察孩子，了解其擅长和不擅长的、喜欢和不喜欢的，并通过孩子在各种细微之处的表现尽可能地把握他的个性特征，在孩子稍大的时候，更应时时保持与孩子的沟通和交流，以便对孩子遭遇的困惑、所面临的困境以及所表现出的某些良好态势做到心中有数。

我们很多父母只顾忙于照料孩子的生活，一味地娇宠孩子，满足他形形色色、无休无止的要求，还有一些父母则急于把自己那些自以为是的价值观灌输给孩子，不断教导他遵从成人的好恶，试图把孩子变成自己的翻版。这些做法的结果实在是糟糕至极：孩子随着自己似是而非的观念肆意成长，好的方面得不到引导，而种种恶习也不能被有效约束。另一种情形则是看上去与父母的道德观、价值观相一致，但其实因为内心的好恶被压制而导致孩子产生越来越强的逆反心

理，或造成天性的压抑。

许多父母对自己花尽心血却达不到应有的教育效果伤心不已，这只能怪他们自己教育不得法。我们做任何一件事都需要对事情本身有充分客观的分析、认识，并据此确定所应采取的方式。家庭教育当然也不例外，父母必须不断发现孩子的特长和弱点，对孩子在个性和智力上的现实状况有一定程度的客观的评估，然后不断将教育的目标和方向调整得更切合实际；父母还必须通过观察和交流及时了解孩子的好恶与心理变化，这样做的目的绝不是为了更好地迎合和顺从孩子，而是为了找出引导孩子的最佳方式。

如何才能客观、准确地认识孩子，及时发现一些问题，而不陷于主观的判断呢?

在此向大家提供一名美国教育家总结出的有效方法——

首先，拿出一张纸，在纸上写下你最常用来描述孩子的词汇，如“聪明”“漂亮”“可爱”“反应慢”“不听话”等。

其次，将这张纸撕碎丢掉，确信自己能够重新认识和判断孩子。

再次，划定一至两个星期的时间作为你对孩子的调研期，让孩子在这段时间里不受干扰自由地生活。

接着，认真观察并详细记录孩子每日的活动。比如孩子在当天笑了几次，哭了几次，哭和笑的原因是什么；孩子提出了多少次要求，他所要求的是什么；孩子最经常做的事情是什么，做了多少次或者多长时间；孩子是否做了什么让他自己十分满意的事情等。对于较大一些的孩子，你可以有意识地向自己提问，并从孩子那里找到答案。比如：

他善于结交新朋友吗?

他比较热衷于介入陌生环境还是喜欢待在自己熟悉的环境中?

在做计划时，他是否坚持己见?

他是否条理分明?

他对音乐或绘画有热情吗?

他愿意自己解决遭遇到的问题还是习惯于向别人求教?

他是否常常帮助别人?

他是否特别喜欢体育活动?

他在众人面前讲话显得自如吗?

同伴易于跟随他吗?

他是否对搭建东西特别有兴趣?

他在户外显得特别高兴吗？

他对数字敏感吗？

他是否喜欢用形象、生动的辞藻来描述他的所见所闻？

观察和记录当中要特别注意那些容易引起孩子兴奋的事情和使孩子显得积极的独特的行为。为保证结论的准确性，调研可以放在不同的环境和情景下进行，如在餐桌上，在公园中，在商店里，在独处的时候，在和朋友玩的时候，在写家庭作业的时候。

最后，将调研期的所有记录放在一起，研究并重新归纳孩子的个性和行为特点。

如果你发现孩子喜欢到户外，表现出对所有生物的敏锐关怀，对家庭宠物呵护备至，并经常阅读有关动物的书报杂志，创作以动物为题材的诗，就可以断定孩子在动物研究方面拥有热情和特长。

如果孩子喜欢猜谜，十分善于解答数学课中的应用题，在长途旅行时愿意对着地图推断与计划最适宜的交通路线，那么他显然具有分析、解决问题的卓越技能。

如果孩子不爱与陌生人接触，总是将自己的玩具收拾得整整齐齐，喜欢观察生活中的人和事，能说出许多不为人所注意的细节，则可以看出他虽然在交际方面有所欠缺，但却有严谨、细心、观察力敏锐的优点。

当你完成这一整套“科学家式”的观察与思考后，你会惊异地发现，自己在客观判断孩子方面已有了大幅度的进展。

有些孩子会十分坦白地告诉父母“我的阅读能力是全班最棒的”“我的朋友都喜欢和我玩”“我不喜欢运动”“我不爱做手工，我老做不好”等。有些孩子则可能支支吾吾，说不出自己究竟喜欢什么不喜欢什么，究竟擅长哪些不擅长哪些。不用着急，父母完全可以通过耐心的帮助，引导孩子逐步说出自己的想法。孩子对自己的认识未必都正确，但一定能反映出孩子的某种心态和兴趣所在。

父母还应善于从了解孩子的人那里听取意见。大多数父母总是认为自己与孩子相处的时间最长，所以没有人比自己更了解孩子。但事实并非如此，有时候，往往只有他人才能认清孩子身上那些父母根本无法看到的特点。孩子的老师、朋友、姑姑、外婆等都可以作为征询意见的对象。

细节55

不要过多干预孩子的事情

让孩子自己去接触生活，去体会生活，不要让他们与社会隔离开来，不要用我们的愿望去操纵孩子。

每一个人都是在家庭和社会的形形色色的关系中长大，这些形形色色的关系带给孩子不同的影响，在他的人生旅途中起着举足轻重的作用。

作为父母，自然希望孩子在一个理想的社会环境中成长，但究竟什么样的环境才是理想的环境，却各人有各人的看法。我们所要培养的孩子应当能在现实社会中生存，并且能适应所处环境。

下面的例子中，母亲就没有认识到这一点，因而无意中干涉了孩子对自己事务的处理。

海伦虽然才11岁，却已是一家夏令营的辅导员助手。由于她公正、热情、待人细致周到，这是她第三次被聘到夏令营做辅导员助手，照顾年幼的夏令营成员。

妈妈一向相信海伦的自理能力和出色的社交能力，对她几个暑假都在夏令营生活很放心。这天，妈妈忽然接到海伦的电话，妈妈很高兴地问她情况怎么样，海伦的情绪有些不佳。

“亲爱的，有什么不对吗？”

“妈妈，我们原来的辅导员走了，新来的辅导员莉莎小姐很粗鲁，对我们这些工作人员态度很不好。”

“那么她对你态度怎么不好了呢？”

“今天早晨我没有在规定的时间内将我的队员召集到早餐处，她竟当着全队人的面，将我训斥一番，让我在队员面前抬不起头。”

海伦的声音有些沙哑了。妈妈很为女儿难过：“你是义务去帮助他们的，她没有理由这样对待你，我马上给你们的营长打电话，叫她去同你的新辅导员谈谈，好吗？如果不行的话，不如辞了工作回家来，反正假期里应好好休息一下。”

妈妈心疼女儿不无道理，根据母亲对女儿的了解，她是位很让人信得过的辅导员助手，没能按时召集齐队员，一定是有什么原因在里面，辅导员不问青红皂白当众训斥海伦，使她在自己的队员面前失去威信，的确有失考虑。但妈妈在女儿面前这样评论辅导员的行为，会使海伦更加认为自己是委屈的，而不肯检查自己有无责任，辅导员在她心目中的形象会进一步恶化，这对今后她们之间的工作关系不利。妈妈毕竟只是听到女儿的一面之词，并不了解全部过程，急于发表意见是不妥的。更加错误的是妈妈提出要亲自找夏令营的负责人谈这件事，这么做就太不合适了。女儿与自己上级的关系如何要由女儿自己来处理，妈妈在这里不应介入其中，剥夺女儿处理问题的权利。

与社会现实相通的关键就是与各类人和事打交道，父母无疑应给予孩子正确的指导，帮助他们学会处理各种关系，同时取优避劣，但在具体实行上要避免独断专行或越俎代庖，剥夺孩子根据自己的意愿建立人际关系的机会。

细节56

对待孩子宽宏大量，不要过多计较孩子的怨气

对待孩子一样要宽宏大量。无论孩子有多大的怨气，一定先让孩子发泄完，而不宜马上横加指责。

父母应当牢记，孩子在平日的生活中或学习上因遇到挫折而伤心失望的时候，父母常常需要扮演“替罪羊”的角色。比如，孩子会在家中对你抱怨说：“如果你能让我像别的孩子一样，晚上外出转上一转，那么我就能多结交一些朋友，不会再像现在这么孤单了。”在回答孩子诸如此类的抱怨时，应当就事论事，晓之以理，动之以情，而不应该对孩子横加指责。你可以心平气和地对孩子说：“我非常爱你，而且一直为你的安全操心，因此我觉得像你这样年纪的孩子，不应该在外边玩到午夜还不回家。”

宁宁正上小学，因为她非常喜欢小动物，她报名参加了学校的动物兴趣小组。有一天，来看她的小姨给她买了一只雪白的小兔子，她高兴极了，如获至宝地把小兔子养了起来。妈妈开始并不太赞成养小兔子，但是看着宁宁这么喜欢，并且想到养小兔子可以让宁宁观察动物习性，提高她的观察能力，就勉强答应了。从那以后，宁宁像对自己的小弟弟一样对待小兔子，每天放学都会从学校附近的菜市场上捡来一些菜叶子给小兔子吃，经常对小兔子说话，把小兔子当成了家中的一员。

但是，随着小兔子渐渐长大，问题也就来了。宁宁的家住在20层楼，他们家的楼道里是不允许放任何私人物品的，宁宁只好把小兔子放在家里的阳台上。小兔子小的时候，吃得不多，拉得也不多，还可以收拾、忍受，可是小兔子渐渐长成了大兔子，整天把家里弄得乌烟瘴气、臭气熏天。妈妈终于忍不住了："宁宁，我们把小兔子送人吧！"宁宁当然不同意。又过了一段时间，妈妈终于受不了了。一天，她趁宁宁不在家的时候，偷偷地把兔子送了人。这天傍晚，宁宁像往常一样回到家里，拿着捡来的菜叶冲到阳台上要去喂兔子，一看兔子已经不见了，她就急得不得了，去问妈妈。宁宁一听妈妈说已经把兔子送人了，气得大声哭了起来，边哭边说："你是坏妈妈！不讲理的妈妈！我说过小兔子不能送人！你是坏妈妈！你快还我的小兔子！"妈妈一听这样的话立即就火了："你这孩子怎么这么不懂事！就为一只小兔子，竟敢这么和妈妈说话！早知道你会这个样子，当初我就不应该让你留下小兔子！"宁宁根本不听，一个劲儿地说："你是个坏妈妈！你还我的小兔子！"这时，她心里已经恨透了妈妈，决定不再和她说话，还要不吃晚饭，以便好好气气妈妈。爸爸下班回来了，看到这种情形，已经猜出了八九分事情缘由，妈妈小声把事情的经过说了一遍，爸爸就走过来对宁宁说："你很喜欢你的小兔子，舍不得它离开，这证明你是个很重感情的孩子，我理解你。小兔子没有地方放，你妈妈不和你打招呼就把它送了人，也有她的不对。你别生气，我们好好聊聊。"宁宁看到爸爸同情自己，又委屈地哭了起来，但心里的气少了一些。爸爸等她安静下来，让她将自己的委屈说出来，然后就一边安慰她，一边分析了她的错处。和爸爸谈完后，宁宁的心情好多了。

也许你可以容忍同事或朋友的怨气，却不能容忍自己孩子的。请记住，对待孩子一样要宽宏大量。无论孩子有多大的怨气，一定先让孩子发泄完，而不宜马上就横加指责。

仔细倾听，然后耐心引导，这样沟通就会顺畅很多。

细节57

合作中每个人都应负有一定的责任，即使在家中也不例外

> 懂得合作的人，才能适应环境，并发挥积极作用；不懂得合作的人，常会在生活中遇到很多麻烦，并无所适从。

培养孩子的合作精神，首先要给孩子一些思想准备，对家务劳动与家庭生活进行一些讨论是必要的：关于孩子的年龄与做事的能力，关于大家生活在一起应相互帮助，关于每个人应负的责任，随后便是列出家庭生活所包括的所有劳动项目等。这本身就是一种很好的教育，让孩子知道维持一个家庭的正常生活需要进行多少劳动，因而体会到父母的辛苦。这样的讨论会在孩子们心中建立起家庭是一个生活团体的概念，每个人都要各司其职、相互帮助，才能使生活圆满。

培育孩子的合作精神，可以运用结果法，使孩子切身体会到合作中责任心的必要性。

到郊外野餐是美国的孩子们十分喜欢的假日活动之一。劳动节的周末，威尔逊和埃迪的父母要带他们去州里的国家公园爬山和野餐。

临行的前一天，一家四口人商量了该如何进行准备：妈妈负责去超市买食品，爸爸准备烤肉的炉子，9岁的威尔逊负责所有餐具，11岁的埃迪负责准备调料。爸爸提醒他们要列出一个单子，一是防止遗漏，再则若发现家里不够的物品，可及时去买。威尔逊很快就列出了单子，请爸爸过目，随后便开始准备；而埃迪却跑到外面找邻居的孩子玩。爸爸警告他要带齐调料，否则野餐不会好吃。埃迪一边往外跑一边说："放心吧，我会带好的，别担心。"爸爸不大相信他会准备齐全，想自己来做，但转念一想，应当给埃迪一个锻炼机会，不要越俎代庖，于是他便没有再督促埃迪。而埃迪也很开心地玩到很晚才回来，跑到厨房里忙了一会儿，搞出来一袋子瓶瓶罐罐，便上楼回房去睡觉了。

第二天一早出发，爸爸并没有再检查埃迪的准备工作，一家人高高兴兴上路了。走了2个小时的山路，选好了野餐的地点，大家开始准备午餐。等肉烤熟后，每人倒了一杯饮料，整理好盘子，围着野炊点的木制桌椅坐下，开始往烤肉上倒调料。“埃迪，烤肉汁在哪里？”埃迪伸手到袋子里去找，却怎么也找不到。“我记得从冰箱里拿出来的，怎么会没有？”“你有没有列在单子上？”“我没有列单子，我记得我把所有的调料都拿出来了。”埃迪又翻找了一遍，大家都在那里等着。埃迪最终没有找到烤肉汁，惭愧地低下了头。

这样的经验教训是深刻的。埃迪知道自己的疏忽，不但影响了自己，也影响了别人，使这次的野餐活动大为逊色。这时，爸爸并没有说一句责怪埃迪的话，但整个形势本身对他的教育已比任何话语更有效。爸爸和妈妈有没有想到埃迪会忘掉一些东西呢？完全可能，或者说是在他们的意料之中。如果爸爸出面督促埃迪列好清单，再按列的单子准备，情况会怎样呢？一是埃迪会感到爸爸不信任他有能力料理这件事，自尊心会受损；二是爸爸反复督促，会使埃迪感到行动被限制，有为人所驱之感。这两项加起来埃迪难免会产生抵触情绪，极有可能甩手不干，或与爸爸争吵一场，让大家都不愉快，最后所有的事情还是需要妈妈来做。爸爸即使成功地迫使埃迪按照自己的方法去做了准备，野餐因此而毫无缺憾，埃迪却没有学到任何经验与教训，反倒可能加深了他对爸爸强制做法的反感。

埃迪父母选择不参与、不强迫的方式是明智的。尽管这次野餐因埃迪的遗漏受到一些影响，但对埃迪的成长却有深远的影响，教育他懂得作为集体一员应具备的责任心，懂得做事要认真、有程序的道理。

与人合作的能力，已成为当今世界人才的重要素质之一。目前由于孩子中独生子女比例大大增加，任性、脾气大、与人合作能力差，成为大多数孩子个人品质上的弱点。有些父母把孩子视为掌上明珠，对他们百依百顺，使这些孩子只知道自己，很少想到别人，逐渐形成了“以自我为中心”的不良思想。父母应为孩子创造一个良好的家庭气氛。一个整天争吵不休的家庭，很难造就出一个具有和谐人际关系的孩子。父母必须把家庭成员之间的关系处理得恰当、合理，对邻居、对同事、对来客都要热情、平等、谦虚、有礼貌。孩子会以父母为楷模，逐步养成尊重别人、爱护别人的良好品德。要让孩子多参加集体活动，那些“以自我为中心”的孩子，开始在集体活动中很难与同龄伙伴和睦相处，只有碰了几次钉子以后，才会意识到在集体活动中一定要想到他人。

要使孩子所想的不仅仅是自己需要什么，而是整个活动、整个家庭需要什么，训练孩子的合作思维，父母不要无限度地迁就孩子的愿望，尽管有时这种愿望本身是合理的，但是它却意味着父母要做出过多的牺牲。

细节58

教导孩子学会宽容，对别人的错误、过失要谅解

宽容，就是宽恕容忍，严以律己、宽以待人。一个人只要有了宽容的品质，他就能接纳不同的意见，尊重他人的生活方式，允许他人有这样或那样的过失，给他人改正错误的机会。有宽容之心的人一般能与人和睦共处、和谐共事，保持良好的社会关系。

宽容是一种美德。父母要培养孩子宽容的美德，教会孩子对别人的错误、过失给予谅解、宽容，这样才能使关系和谐。而在孩子出现品德过失的时候，父母也应适当地给孩子以谅解、宽容，这往往比一味地批评、处罚孩子，更能让孩子心悦诚服，也会给孩子留下较为深刻的印象。

我国古代许多伟人都很重视宽容的品质。如孔子的弟子曾这样赞誉孔子："夫子温、良、恭、俭、让以得之。"温即宽容、温柔，他把宽容放在五德之首。庄子亦说，圣人应有包容天地、遍及天下的宽阔胸怀。我国近代民族英雄林则徐指出，"海纳百川，有容乃大"，一个人宽容，他的人格才会像大海一样伟大。

今天的社会更具有组织性和开放性，这就更需要人们具有宽容的品质。在一个组织性强、生产社会化程度高的社会里，社会进步与个人事业的成功更需要人们相互合作，而合作要以宽容为基础。宽容是人们交往、合作的"润滑剂"。

作为父母，你能够做到宽容和善于理解他人吗？如果做不到，你就必须尝试着改变自己，因为这样的改变不仅对你来说很有必要，对于你的子女的成长也意义深远。

王林有一天对妈妈说，他有些讨厌学校里看自行车棚的临时工黄大爷。听

王林这么说，妈妈感到十分诧异。小林平常是一个为人和蔼、彬彬有礼的孩子，怎么会指责一个老人？于是问他为什么。他告诉妈妈，这个黄大爷脾气一点也不好，有好几次跟他打招呼，他根本不理睬。“这还不是最主要的，”王林说，“他对工作一点也不负责任。任何人在上班时间都不能擅离职守，可是他却常常把自行车棚的铁门一锁，便连个人影也找不着了。前天，我因为生病请假要提前回家，到处去找他开车棚门，你猜是在哪里把他找到的？在他寝室的被窝里！他竟然跑回去睡懒觉了。我当时气得真想写信把这事反映给校长。妈妈，我能这样做吗？”

看着王林，妈妈心里有一种说不出的滋味。该怎样教育这个孩子呢？“林林，我想告诉你的是，你恐怕不能这么做。你的心情我理解，你是在想，如果一个人不能胜任他的工作，那么就应该离开这个岗位，这对别人也有好处。可是你知道吗？每一个人都会有缺点，都可能有失职的时候。听说，这位黄大爷为你们的学校工作了30年，已经70多岁了。他没有儿女，前年老伴患食道癌过世了，他自己的身体状况也很不好，右边的耳朵已经失聪了。学校之所以还在聘用他，就是考虑到他没有其他生活来源。他现在是老了，体力也不行了，不过，他在年轻的时候是一个非常乐于帮助别人的人。林林，你想想，如果学校把他辞退了，他一个人孤苦伶仃的，以后的日子怎么过呢？”

王林良久没有吭声，他低着头，脸上带着愧疚。最后他对妈妈说：“妈妈，我错了。我对这位黄大爷没有做到应有的宽容，是因为我不了解他的情况，差一点就感情用事。妈妈，我希望你能给我一个机会，让我和我的几个好朋友一道来帮助他。”

“那当然好啊，”妈妈慈爱地抚摸着王林的头说，“你的做法让妈妈感到欣慰。”

王林在妈妈的教导下，学会了理解他人，做到了宽容别人。

家庭成员之间要友爱、宽容，让孩子从小就生活在一个温馨、和谐、友爱、宽容的家庭环境中，使其在潜移默化的影响中逐步形成稳定的宽容忍让的良好品德。

有句谚语：“要想公道，打个颠倒。”即使别人错了，也要试图去了解他、理解他。父母不妨教孩子试一试，把自己放在对方的处境下，问一下自己，要是我在这样一个环境里，我会怎样想，我会怎样行动？有位作家写道：“暂停一分钟！暂停一分钟，把你对自己的事情的深度兴趣，跟你对其他事情的漠不关心，互相做个比较。那么，你就会明白，其他人也正是抱着这种态度。”

让孩子学会从别人的角度考虑问题，并且承认对方有表达自己看法的权利。

那么，孩子不仅可以了解别人、赢得友谊，而且也会与别人有很好的沟通。

细节59

让孩子学会与人交往，多结交朋友

友谊是以共同爱好为基础的，如果你的孩子朋友不多，你可以帮助他培养某些爱好，从而为认识更多的朋友创造条件。

父母要教育孩子学会与人交往，学会关心别人，与朋友友好相处。有些孩子不懂得怎样结交朋友，但只要父母给予他们正确的引导和帮助，这种情况是可以转变的。

最近，芳芳总觉得大家都在故意与自己作对。就先说说老师吧，明明自己的个头矮，视力又不是很好，可老师偏偏把自己的座位调到后四排，这分明是不重视自己。还有朋友小云，她怎么能和其他同学一起去逛街而不叫上自己呢？再有就是班上的男生李强，每天都在盯着自己看，然后就和其他男生在一起讨论什么，难道他们在说自己的坏话吗？

这一切都让芳芳觉得很生气、很伤心。芳芳是一个15岁的女孩，因为她老是觉得同学们都在用“异样”的眼光注视着自己，所以，她干脆和别人划清界限，除了一个叫小云的朋友之外。可是现在，连小云都在疏远自己了，芳芳怎么能不难过呢？

芳芳的学习成绩一直不错，老师挺喜欢她的，还经常当着同学们的面表扬她。可是最近芳芳有一门功课的成绩稍微有点下降了，老师似乎就不太喜欢自己了，这不，把她的座位换到了后面，只有那些调皮捣蛋的学生才会坐在后面的，芳芳就是这么想的。自从坐在后面后，她再也没有专心听过一节课，心里总在自怨自艾。就这样，芳芳学习成绩下降得很快，她心想，这下完了，以后只能永远在后面“坚守岗位”了。

课间，芳芳还是坐在自己的位置上，她可不想和别人一样到教室外面去玩，因为，大家可能也不欢迎她。就在这个时候，讨厌的李强走了过来，问了她一道数学题，芳芳的数学成绩向来不错，她起初不想帮李强解答的，可是李强却在那里不停地请求，芳芳只好答应帮他解答了，许诺放学后把解题过程告诉他。可当芳芳好不容易把这道题解出来的时候，李强却说，自己已经想出结果了，谢谢她的帮忙。芳芳觉得这不是在把自己当猴来耍吗？她越想越气，越气越想，眼泪就像断了线的珠子一般流个不停。

芳芳把自己关在了房间里面，再也不想去上学了，她觉得大家都在和她作对，她告诉妈妈必须帮她转学，要不然就再也不去上学了。这可急坏了妈妈。妈妈急忙把芳芳的情况告诉了老师，这时，老师才明白芳芳最近为什么如此反常。

这天老师带着小云、李强一起来到芳芳家。芳芳看到三人，很惊讶，也很生气，难道他们是来看自己的笑话吗？芳芳拒绝和他们见面、说话。老师无奈，只好给芳芳留下了一封信。信是这样写的：

“芳芳，老师没有注意到你是个敏感的女孩，没有注意到你最近的情绪变化，对不起，这是我的疏忽。老师把你换到后面去坐，主要想让你帮助一下你的同桌，因为你的学习很好。可是我没有明白地告诉你原因，让你误以为老师不喜欢你了。

“你的好朋友小云也没有和你疏远，是你自己不愿意理她的，她总是和大家说，你是个很容易相处的女孩，希望大家都能和你做好朋友。那天她和别人去逛街，那是因为她要为你挑选生日礼物。

“另外，李强那天的确是诚心请教你问题的，可是他自己也解出了那道题，所以就没有等你的答案，他的确不是和你开玩笑的。

“芳芳，其实大家都很喜欢你，请不要在自己的小世界里面待着，走出来吧，我们都在等着你，期待你回到我们当中来。”

原来是自己错怪了大家。芳芳捧着信哭了，她在心里面已经下了决心，明天去学校时，要向大家道歉，并告诉大家：我也要和你们做朋友！

有教育专家曾表示，大人常犯的错误，就是以为孩子会自然地拥有朋友。其实，除非孩子能经常与朋友在一起，否则友谊很难维持，有时候，做父母的也许需要为孩子穿针引线。如果孩子在某一方面擅长，他的信心便可以建立起来，并会利用这种专长结交朋友。友谊是以共同爱好为基础的，如果孩子的朋友不多，父母可帮助他培养某些爱好，从而认识更多的朋友。父母可以为孩子制造机会，帮助他发掘自己的专长。

孩子需要父母指导，但父母也需要让孩子对一些事情有自主权。例如，父母往往会为孩子的打扮或发型操心，但教育专家说，最好是让孩子在合理的范围内自己做决定。在选择朋友方面，也需要给孩子某种程度的自主权。父母都希望自己的孩子多交朋友，但同时也希望他不要误交朋友。作为父母，必须明白孩子的社交需要是因人而异的。比方说，并不是每个孩子都希望有很多朋友，数量和质量是两回事。对有些孩子来说，也许有一两个知己就已经足够。

细节60

“共处”是父母要给孩子上的必修课

学会共处是人生必修课。父母要引导孩子在交往中学会与人共处，发现孩子共处中的问题，让孩子突破自我封闭的“围城”。要用信任、支持的态度积极鼓励孩子的交往行动，让其主动创造交往的机会，同时教给他们自我保护的方法。

从原始社会的群居生活，到“神农之世”的“男耕而食，妇织而衣，刑政不用而治，甲兵不起而王”，再到当代社会的各个国家、各个领域的多方位交流与合作，可以说人类文明的发展史就是人类的合作史。

但近年来，随着学习压力的增加，孩子社会交往受限，不少孩子缺少了与他人广泛接触的环境。应当指出的是，大多数父母往往并不认为与人共处有多么重要，对于爱交往的孩子还会加以阻止，生怕孩子学坏和影响学习；而对于不善于交往的孩子，他们却更加“放心”，因为这样孩子既不会惹是生非，又有利于安心学习。但不善于与人共处的弊病却是不容忽视的。

静是一名初二的学生，长得清纯可爱，学习成绩也不错，是父母的掌上明珠，可她最大的弱点就是不懂得如何与人共处。家里来了客人，总是妈妈告诉她

“叫阿姨，叫叔叔”，每次她头也不抬地小声叫一下，应付了事。父母参加校友聚会带上静一起去，想让她见见世面。可身高与母亲齐肩的静，只是低头喝饮料、嗑瓜子，面对父母的老同学的询问和关爱举动，她无动于衷，爱搭不理的。而当大家一起聚餐时，其他孩子都知道给大人敬酒、与其他人交流，而静只顾自己埋头吃东西。父亲的一位校友在少年宫做电视小主持人培训工作，他本来看静的条件不错，想介绍她去参加培训，可当看到静不愿与人说话，连诸位长辈也不愿主动叫一声，很不高兴，就打消了这个念头。静不懂交往，也使她在班集体中成了一个怪异的人。同学给她打电话时，她常常对人家说：“作业还没做完，有什么可说的？别烦我了！”有的同学邀她周末一起去郊游，她却说：“好不容易休息，还是睡睡懒觉吧，怪累的，我不去！”这样，静在班上没有什么朋友。而父母也常对静说：“好好学习，争取取得好成绩是最重要的。将来你要是有高学历，也就什么都有了，对学习无益的交往少参加！”

心理咨询中发现，在大多数学生中，说自己与同学有矛盾冲突的占40%以上，尤其是住校的学生。如果不善于与人共处，今后又如何应对迅速变化的社会环境和人际关系？孩子尽早学习如何与人共处，就能够学会正确选择朋友和掌握与人共处的分寸。

现代信息社会已经进入了一个对话与合作的时代，与人共处的技能，是每个人可持续发展不可缺少的、适应社会的必备技能。父母要放手让孩子通过课内外的学习和实践来学会与人共处，不断提升与人共处的能力。

培根说，“知识就是力量”，但最有力量的人并不是知识最丰富的人，而是身体健康、有学习技巧、有做事能力，并且懂得与人共处的人。我们要对孩子从小就进行共处能力的培养，这样才能帮助他全面地发展与成长。

细节61

即使有不同意见，也不要轻易否定孩子的看法和想法

每一个孩子都与众不同，而只有父母才最了解自己的孩子，打开孩子心灵的金钥匙也掌握在父母的手中。

茫茫人海，每一个孩子都与众不同，而只有父母才最了解自己的孩子，打开孩子心灵的金钥匙也掌握在父母的手中。

想做孩子的良师益友，父母就要平等地对待孩子，不妨多与孩子沟通，问问他对事物的看法和意见，而不是把自己的意见强加给孩子。一旦孩子觉得父母把自己当朋友看，就会拉近与父母的距离，父母与孩子间的顺畅沟通就水到渠成了。

对于孩子自己的看法和想法，父母不要轻易否定，不要直接驳斥他的意见；另外，对他所看到、听到、想到的要予以相信，不要一概以为不对。

如下面这位母亲的做法就有些欠妥。

米兰跟母亲上街，她看到一件衣服，说："这件衣服挺好看。"

母亲说："才不呢！它既难看又俗气。"

母亲这么直接反驳会伤害到孩子的自尊心，会引起她的反感，她会认为母亲认为她笨、没有鉴赏能力。

如果回答不那么生硬，而是委婉地这么建议："这衣服式样还可以，但我觉得颜色艳了点，要是颜色清淡一点，会很适合你。"这么说就不会使女儿觉得丢了面子，不会引起她的敌意，也不会使她为了维护自己的自尊心而坚持原有看法，她会很容易地接受母亲的观点，重新考虑她的选择。

秦晓莉是某小学五年级学生，在班里担任中队长。秦晓莉的妈妈反映，秦晓莉以前是比较乖巧听话的，学习成绩也一直不错。可是，最近她发现晓莉"越来越不听话"了，"主意多得很"，经常故意似地跟父母"对着干"，而且倔强得

很，不肯认错和服输。

有一天，发生了一件事情，令父母伤心不已。晓莉的一位同学过生日，准备邀请几个同学一起到肯德基庆贺一番。晓莉的爸爸妈妈心里不太愿意女儿跟那几位同学交往，认为那几位同学不求上进，而且，一贯节俭的他们也无法接受小孩子采用这种方式过生日，因此坚决不允许晓莉去参加。晓莉则认为妈妈对同学有偏见，说父母“老土”，坚持要去参加同学的生日聚会。爸爸妈妈见女儿不听劝告也很生气，威胁女儿说：“你可以去，不过，去了就别想再进这个家门。”没想到，女儿竟然马上回答：“我就去，我再也不愿意见到你们。”

尽管晓莉最后没有去参加聚会，但她一直在跟父母怄气。晓莉的妈妈看在眼里，急在心里，实在不明白以前一贯听话的女儿怎么会越来越不听话了。

其实，随着孩子年龄的逐渐增长，知识日趋丰富，自我意识亦随之增强起来。到了青少年时期，大多数孩子有了自己的意愿、观点和看法。此时，孩子的自我意愿若是得不到尊重的话，心中就会感受到压抑，从而产生不服与愤懑。这对于那些性格懦弱、依从惯了的孩子来说，一般不会流露于表面的；而对那些性格倔强、不愿俯首帖耳的孩子来说，他们就会据理力争，非要争出个高低来。而父母呢，大都抱着不予理睬的态度，把孩子的意愿置于一旁。因为在父母眼里，孩子还是个乳臭未干的毛孩子，哪来那么多道理可讲。这样，必将打击孩子的自尊心，你无视他的存在，他便会反抗，与你背道而驰。这就是孩子喜欢与大人“对着干”的心理原因。

对于需要逐渐离开大人的怀抱、学会独立生活的孩子来说，拒绝甚至反抗大人的意愿是常有的事，这是他们为发展自己的“力量感”而进行的斗争，是很正常的。

因此，孩子与父母争辩，父母不要怕丢了面子，不要担心孩子不听话、不尊重你，与你为难。其实孩子也是讲道理的，与孩子争辩时，孩子觉得你公正、讲道理，他会打心眼里更加爱你、依赖你、尊重你。你要求孩子做的事，通过争辩让他弄明白了，他便会心悦诚服地去做。

对孩子来说，与父母争辩是一种自信、自强的表现，是一种心理的宣泄。争辩表明孩子在走自己的路，认真思考问题，次数多了，他会明白父母也并不是样样都不正确。父母与孩子争辩，孩子能从中弄清是非曲直，学到一些知识，学会估量自己、了解自己，养成实事求是、坚持真理、以理服人、平等公正的好品质，形成良好的人格。允许孩子争辩，问清原因并予以理解是能让孩子接受批评的先决条件。父母与孩子争辩，能活跃家庭气氛，在感情交流和思想沟通中，表现出一种亲情和友爱，拌嘴、争辩只是重视对方的一种方式。它能促使孩子体验父母情感的变化，正确对待父母和自己，正确对待所争辩的问题，化解矛盾，获得共识。如果一个孩子从不与人争辩，总是“与世无争”，那么，他的勇气、进取心、正义感等就值得怀疑了。

由此看来，要鼓励孩子发表自己的意见，父母既不要抨击孩子的意见，也不要在意孩子顶嘴，要尊重孩子的意愿。“争取权利”是孩子经常想追求的目标。多数孩子认为，如果他们顺从父母的命令，便是慑于权威而失去了自己的个人价值，这种恐惧心理会激起他们努力去争取权利。当孩子的提议遭到父母的强烈反对时，孩子心里反而激发起一股“倔强劲”，觉得自己长大了，不能全听父母的，觉得父母对他的干涉是不尊重他。因此，父母应该经常保持与孩子的平等对话。

父母要学会转换视角。将孩子的“不听话”“倔强”等行为看作孩子发展自主性、独立性、自信心、意志力、想象力和寻找安全感的必经阶段，是孩子健康成长的积极信号，这样，父母就会找到有效的方法来帮助孩子感受到自己是有力量的，是有价值的。同时，父母若能正确处理这类“力量的较量”，减少亲子之间的斗争，创造合作的关系，便能使孩子和父母双方都产生“力量感”。因此，不管孩子提出什么要求，都不要因自己不喜欢而断然拒绝，要多和他商量沟通，想办法培养他的良好习惯，这才是明智的父母应做的。

细节62

尊重孩子，时时处处注意他的存在

真正地尊重孩子，就是时时处处注意他的存在，把他当作家庭中一员，让他发言，让他参与，从一件件小事做起。

很多父母缺乏尊重孩子的意识，没有把孩子当作一个独立的个体来看待。有的甚至把自己当作孩子的代言人，一厢情愿地认为自己替孩子做主，孩子一定会接受。

有的父母卖力地工作，就是为了给孩子创造优越的生活环境。有的父母为了孩子，牺牲节假日和晚上的时间，甚至放弃了自己的爱好和事业上的追求。但是，其结果如何呢？依然是背上了不尊重孩子的“罪名”。

教训是显而易见的。这些父母没有真正理解尊重的内涵，不懂得尊重是对孩子心理需求的满足，他们只是给孩子提供良好的物质生活。

我感到，真正地尊重孩子，就是时时处处注意他的存在，把他当作家庭中的一员，让他发言，让他参与，从一件件小事做起。

有一位叫劳拉的心理学博士，曾经叙述了自己怎样尊重孩子的：“每次出门或遇到邻居、朋友带着孩子，或者到别人家里去做客，我都会在向大人问候完以后，专门向孩子致意。很多父母忽略了这一点，而这样的细节反映出他们的教育观念。要知道，孩子有种想引人注意的天性，有些孩子甚至通过恶作剧、做令人讨厌的事来达到这个目的。如果我们能在日常生活的各个环节中使孩子感觉到自己备受重视，使他意识到自己是有教养的、受到尊重的孩子，又怎会出现那么多哗众取宠的事情呢？所以，请记住，从主动向别人介绍你的孩子开始做起。”

除此之外，父母需要做的还有很多，比如：乘坐公共交通工具时重视孩子的存在，主动给孩子买票；出去郊游前，与孩子一起讨论要去的地方，怎样到达目的地，怎样安排郊游活动；家庭中发生较大的变动（如搬家、有人患疾病）时与孩子及时、适当地交流；当孩子提问时认真给以解答而绝不敷衍了事；等等。

这些点点滴滴的小事看似复杂而琐碎，但都是父母内心意识的自然流露，当父母真正尊重自己的孩子时，就知道怎样与孩子在一个平等的层面上进行沟通，也就会自然而然地做到这一切。我们需要的不是按部就班地按照专家的指导从形式上做完每一件事，我们需要的是观念，一种科学、严谨的教育观念，一种平等和真诚的态度。

也许，孩子可能未必真的明白什么叫“尊重”，以及知道“尊重”这个词所具备的内涵有多丰富，但他有着比成人敏感的内心，有自己的思维方式和看待事情的角度，他能够体会到父母是怎样看待自己的，是不是真的从内心深处重视和承认自己。

真正的尊重应当是对孩子理性的尊重。父母应让孩子意识到，只要是提出合理的要求，就一定会受到父母的重视，父母当然也会去尊重孩子正当的要求。父母还应使孩子明白，如果他懂事、诚实，懂得体贴和尊重父母，父母也会尊重他，会很乐意与他像朋友一样平等地交流。由于尊重的对象不是孩子的无理要求，而是孩子的理性诉求，所以真正的尊重有时必须以一种严格要求的姿态出现，因为唯其如此才能培养孩子的理性思维，让孩子养成良好的习惯。

老卡尔·威特在谈及此点时曾回忆起一件小事——

“一次，卡尔想吃一块点心。我没有给他，因为我们刚刚吃过晚餐，过多的吃喝会影响他的健康。不到2岁的儿子发起脾气来，他躺在地上，大哭大闹。他的母亲看不过去了，连忙答应了他的要求。她拿着儿子渴望的那块点心说：‘好啦，卡尔，快起来。’卡尔的哭闹取得了胜利，他得到了那块好吃的点心。”

小卡尔通过哭闹向父亲的权威进行挑战，而且获得了胜利，达到了自己的愿望。老卡尔·威特对此颇为担忧，并与妻子进行了沟通：如果父母在孩子的哭闹下让步一次，孩子就会马上意识到能通过哭闹使父母迁就他的不合理愿望，于是就会出现第二次和第三次哭闹。这将会给孩子的教育和未来成长埋下隐患，因为长大以后，他的能力和方式就不仅仅是哭闹了，他会要求别人迁就和服从他的无礼态度，也将不仅仅针对父母，还会针对其他所有人。

老卡尔·威特总结道：“有些父母会以尊重为名义，满足孩子形形色色的愿望，当孩子哭闹时，更因为心疼孩子，唯恐伤害孩子的心灵而迁就于他。这事实上不仅没有尊重孩子，反而使孩子越来越不懂得尊重父母。”

父母要把孩子真正作为家庭中的一员。家中的事情要让孩子积极参与，保证孩子受锻炼的机会。孩子从小在家庭中学到的知识、培养的精神，会渗透到他的性格中去，而在长大后带入社会。一个懂得尊重他人、有合作精神的人会很快适应工作岗位的集体操作，并发挥积极作用；而不懂合作精神的孩子长大后在生活中会遇到许多麻烦，常常有无所适从之感。

要教育孩子在平等的原则上为人处世，告诉孩子不管对谁都应树立平等的观念。要让孩子懂得，在人格上，人与人之间永远是平等的。遇事要无私，要言而有信，只有这样，人与人之间才能互相信赖、和睦相处。特别是要教育孩子严以律己，宽厚待人，尊重他人，不轻易地怀疑、怨恨、敌视他人。

细节63

给孩子来点幽默，让孩子学点幽默

痛苦使人提心吊胆，幽默则能解除危机。父母可以充分利用幽默的魅力，让大事化小，小事化了。

幽默有一种魅力，它不仅蕴含着智慧，也蕴含着美。

痛苦使人提心吊胆，幽默则能解除危机。假如孩子对某些事情感到沮丧，你可以运用幽默来化解。

但是，必须先让孩子知道父母相信他的感觉。可能有人嘲笑他是个笨蛋，让他很伤心。作为父母，应该向他解释有些人常会用自己心里最害怕的事情来指责别人，要让他知道你认为这样做是很卑劣的，你不会责怪他的心情不好。待孩子的情绪平静一些以后，父母可以充分利用幽默的魅力，大事化小，小事化了，让孩子相信自己并不比别人笨，同时使孩子自然地体会到这种嘲笑是多么荒谬。

生活并不容易，孩子的成长更是一件非常不容易的事。有些事我们并不想做，却非做不可；有些事会伤害到我们；还有一些事，会令人倍感痛苦。但是，人其实有着顽强的生命力，幽默常常能给坎坷的生活提供相当大的助益，它能舒缓紧张的情绪，给人带来生命中明亮的一面，增强你应对困难的能力，让痛苦的想法及感觉暂停，即使那只是一个瞬间而已。

能够自嘲的父母都是有勇气的父母。很多时候孩子在学校出了洋相，对成年人来说，可能一笑置之，可对孩子来说，那也许就是世界末日：这脸丢大了，也许该考虑转学了。这时候，父母的安慰不如父母的自嘲起的作用大。父母可以跟孩子回忆自己童年时代出丑的事，告诉他当时自己的心情和别人的评论，让孩子意识到当时看起来这件事好像让人痛不欲生，可是，瞧，这并不是世界末日，现在不是过得好好的吗？父母的自嘲既能让孩子放松心情，也能让孩子对未来抱有希望和信心。

父母在培养孩子的过程中适当采用幽默的方法，不仅可以缓解父母和子女之间发生冲突时的紧张气氛，更可将幽默感渐渐传给孩子，让孩子学会幽默，以轻松的心态面对人生。

苏联著名诗人米哈伊尔·斯维特洛夫就是一位以幽默方法教育孩子的高手。

有一天，诗人刚回到家，就见一家人慌作一团。诗人的母亲正在打电话给医院请求急救！原来诗人的小儿子舒拉喝了半瓶墨水！诗人明白孩子喝下的那种墨水不至于中毒，所以用不着过于惊慌，而这正是教育舒拉的好时机！

于是，他轻松地问舒拉："你真的喝了墨水？"

舒拉得意地坐在那里伸出黑黑的舌头做了个怪相。

诗人一点也不恼火，他从屋里拿出一沓吸墨水的纸来，对小儿子说："现在没有办法，只有请你把这些纸使劲嚼碎吞下去了。"

一场"危机"就这样被诗人一句幽默的话冲淡了，"危机"在家人的嬉笑声中结束。舒拉原想以此让自己成为全家关注的中心，但他未能如愿。

此后，舒拉再没犯过类似的错误。

在日常生活中，要时时注意采用幽默方法教育孩子。如今，许多父母在教育子女问题上存在误区：或溺爱法，一味娇宠，孩子想要天上的星星也想方设法去摘下来，孩子成了家中的"皇帝"；或棍棒法，信奉棍棒之下出孝子，对孩子非打即骂；或忆苦思甜法，拿自己过去的苦难或辉煌经历告诫子女；还有的借助对比法，总认为自家小孩赶不上别家孩子，一无是处，严重打击了孩子的自尊心。采用这些方法其结果由于不是出自小孩本愿，教育效果往往不佳，还会造成孩子反抗，逆反心理重的小孩反抗无效后，会干脆离家出走；有的小孩消极反抗，在积怨声中爆发，以致发生悲剧。

而采用幽默教子则作用比较大。孩子总会有些逆反心理，正面教育效果不佳时，转个弯，从侧面幽默教育，既保护了孩子的自尊心，又达到了教育的效果，自然易于被孩子接受。此外，采用幽默的方法进行教育，还有利于训练孩子的口语能力，开拓其思维，对于提升其想象力也大有益处。

孩子，特别是男孩子，有时会故意打破常规做出异常的举动。通常，他们是想证明自己的勇敢，这样可以引起别人的注意。此时，如果我们采用“硬碰硬”的简单方式，孩子很可能会变得更加蛮不讲理。遇到这种情况，父母最好借助幽默，用讽喻、轻松的口吻指出他们不通情理之处，使他们明白自己的错误所在，从而达到教育孩子的目的。

日常生活中，要经常给孩子讲一些幽默的故事，让孩子在熏陶中逐渐去培养幽默感。给孩子讲幽默的故事是激发孩子大脑中幽默因子的最好方法。孩子都是喜欢听故事的，而且他们往往容易进入故事中的角色，在听的过程中，还会不断地产生问题，进入思考的空间，然后，他们会不知不觉地模仿。

但是，父母要注意，幽默不是粗俗的闹剧，而是一种高雅的艺术。幽默不是使别人感到尴尬、有伤对方感情、有辱对方自尊的嘲笑或讥讽。幽默是一种思想上的“健美操”，需要经过长期的思想锻炼；幽默是一种文化的积淀，需要达到一定的文化水准；幽默是一个人整体素质的组成部分，体现着一个人的精神世界、道德情操、文化修养。

孩子的幽默性格一旦形成，对其一生都将产生重要的影响。具有幽默感的孩子大多开朗活泼，往往更讨老师的喜欢，人际关系也比幽默感差的孩子好得多。幽默还能帮助孩子更好地应对生活和学习中的压力和痛苦，因而幽默的孩子往往比较快乐、聪明，能较轻松地完成学业，拥有乐观、积极的人生观。

F篇

没有规矩，不成方圆

——文明细节的教育

细节64

建立良好的家规，父母一定要与孩子一起遵守

与孩子一起制定家规，让他清楚地知道“什么可以做”“什么必须做”“什么不可以做”。

父母爱孩子是天性，但如何管教孩子则必须学习。若能在爱与管教中寻得平衡，就能帮助孩子建立良好的行为模式。

有一次，我去参加朋友的聚餐，很惊讶地看到孩子们吃完饭后，在餐厅里追逐嬉戏，而服务生端着热菜穿梭其中，真是险象环生，但父母却毫不担心地忙于交谈。有时坐公共汽车，看到年轻的妈妈放纵小孩，让孩子在座位上跳上跳下且大声吵闹，妈妈却不加以劝阻。

虽然餐厅和公共汽车都是公共场所，不是需要特别安静的地方，但作为家长你是否想到孩子的行为会干扰他人呢？而且对于孩子还存在安全隐患。

相信天下父母都深爱孩子，也关心他们，可是仅有“爱”是不够的。两三岁的孩子还不能自我约束、辨别是非，需要父母的管教。每位父母都应尽到管教的责任，有管教才能让孩子有规可循，也才能帮助他们建立正确的行为，发展健全的人格。

寻找爱与管教的平衡点在倡导民主教育的今日，在与昔日长辈权威式管教对比的极端差异中，让现在很多父母对自己的管教方式产生了困惑，并有种逐渐管不住孩子的乏力感。

爱与管教在孩子人格的建立与成长中是并重的，缺一不可，两者需保持平衡。因为如果偏重权威而缺乏爱的管教，会使孩子心中充满畏惧，没有主见，对父母也只是因为害怕而服从。长期如此，父母与孩子之间将出现隔阂，使亲子关系不佳，沟通也就愈发困难。倘若只有爱，却没有适当的管教，孩子会因缺乏行为规范而自制力低下，易以闹情绪的方式控制父母，与同伴的人际关系

也会不佳。

父母要在爱与管教中找到平衡点，确实需要多费心思。首先，父母要用心去了解自己孩子的个性、能力和特质。其次，共同沟通协商，具体讨论在哪方面的管教需加强，孩子哪方面的情绪没有被顾及。最后，再与孩子一起制定家规，让他清楚地知道“什么可以做”“什么必须做”“什么不可以做”。

在说明理由后，应赋予孩子责任。当孩子一定要选择做“不可以做”或不去做“必须做”的事情，他就得为自己的选择和行为负责。父母一定要与孩子一起遵守家规，如此才能帮助孩子从内心产生自律。

每个家庭的管教模式都不一样，你不能将别人成功的管教模式完全套用在你的孩子身上，因为每个孩子都有不同的特质，我们先要了解自己的管教目的及孩子的需要，再决定如何协助孩子。一般常见的家规包括教导孩子料理自己的事，培养良好习惯；孩子自己能做的事，尽量让孩子去做，切勿凡事代劳；禁止不文明的行为；等等。

父母宜从小鼓励孩子料理自己的事，并依孩子的能力要求孩子分担家务。如此，孩子不仅能学习独立，也能从中肯定自己的能力，增强自信心。

所以，父母应依据自家生活习惯及孩子的需求，制定一些能帮助孩子建立良好习惯的常规。比如确定就寝、起床的时间，吃饭时不看电视，饭后帮助收拾碗筷，饭后必须刷牙，等等。此外，应避免设定太多高标准和非必要的规矩，使孩子因做不到而放弃。父母也要依家中不同年龄的孩子的情况修改常规，例如3岁与15岁孩子的就寝时间就不可能相同。

常见许多家庭定了家规，孩子仍学不好规矩，这是执行不当所致。父母的管教方式、态度、用词、语气，甚至自身行为和情绪反应，都会影响到家规执行的成效，所以父母应注意：多用鼓励代替批评，特别在孩子遭受挫折时，更需要鼓励，这样孩子才会感受到来自父母无条件的接纳与肯定，才会迎难而上，争取成功；自身要起到身传言教的表率作用；等等。

细节65

教育孩子待人接物要有礼貌，这样别人才会以礼待他

礼貌对待别人，别人才会礼貌对待自己。

礼貌待人不是智慧，但是，它常常焕发出比智慧更耀眼的光芒。

我们主张礼貌待人，并不是为了别人以礼貌回报。如果动机是以自己的礼貌换回别人的礼貌，那本身就不是真诚的。礼貌待人是一种自觉修为，它不能有任何杂质。只有你去礼貌对待别人，别人才会礼貌对待你。

陈鹤琴一生致力儿童教育研究工作，并在此领域做出了巨大的贡献。他对自己子女的教育也是身体力行。他与俞雅琴女士结婚，共育有7个子女。

陈鹤琴教育孩子们在待人接物上要掌握3把金钥匙——“谢谢”“对不起”“请”，要合群，乐于交往。他风趣地对孩子们说：“嘴巴甜，有人缘。”“喊人不蚀本，舌头打个滚。”他要求孩子们早上见到父母要说“早”。有一天清晨，陈鹤琴的三女儿秀云见了爸爸没说“爸爸早”，陈鹤琴就俯下身来对她说：“小妹妹早！”秀云听了，赶紧打招呼：“爸爸早。”他认为，对孩子进行礼貌教育，父母的一举一动都是教材。陈鹤琴还教育孩子们要好客，并亲自带孩子们招呼客人、接待客人。

培养孩子礼貌待人，是文明细节中的关键。古语说：“正己而后能正人。”作为父母，若要孩子礼貌待人，首先自己要做表率，父母对孩子的影响最直接、最深刻。父母的身教是对孩子最生动、最实际的教育。父母应充分利用家里来客的有利时机提醒孩子，给孩子示范，使孩子在亲身体验和实践中理解文明、礼貌、热情的含义，使孩子在耳濡目染的环境中逐步形成礼貌待人的品德。

认真为孩子讲解待客的“规矩”。父母要给孩子讲解待客的“规矩”，使孩子懂得一定的行为规范。如亲友来访时，听到敲门声要说“请进”；见了亲友按

称谓主动热情问好；拿出茶点，热情地请客人吃，不应显出任何不高兴的神情；当大人谈话时，孩子不应随便插话；有小客人来，应主动拿出玩具与小客人玩；共同进餐的人完全入席前不得动餐具自己先吃；客人离开时要说“再见”，并欢迎客人再来。

家里来客，孩子一般很兴奋。我们不能冷落孩子，要让孩子感到自己是家庭中的一员，是小主人，待客要礼貌、热情。可以让孩子参与一些力所能及的待客活动，通过直接参与，使孩子待客的动作和技巧得到练习并逐步养成良好的行为习惯。

对孩子的表现做出评价。别人的反应通常是刺激孩子学习的最佳催化剂。客人在时，父母对于孩子良好的表现可表扬、鼓励；客人走后，父母也可以对孩子的表现给予评价，肯定做得好的地方，指出不足以及今后要注意的地方。

要帮助孩子掌握必要的文明礼貌常识。这包括两方面的内容——语言和行为。文明礼貌语言要求不说粗俗的话，日常用语包括“您好”“早上好”“见到您非常高兴”“欢迎光临”“晚安”“再见”“欢迎再来”“对不起”“没关系”“谢谢”“请”等。

要使孩子养成对人、对事一些最起码的礼仪。坐有坐姿、站有站姿，这是一种文明礼貌，说话要和气、要轻声，这也是一种文明礼貌。有的父母说话时喜欢大声嚷嚷，孩子也可能学着父母的样子，那么我们要不要让孩子大声说话呢？可以告诉孩子，在人多的场合说话要稍大声一些，让大家都听得见，但平时说话则要轻轻的。

细节66

文明礼仪从小培养，让孩子成为一个有教养的人

“少成若天性，习惯如自然。”文明礼仪要从小培养，形成良好习惯。

有些父母认识片面，对培养孩子的文明礼仪习惯不够重视，他们认为，现代社会讲究个人自由，懂不懂文明礼仪没太大关系，只要学习好、有本事就行了。但是，我们只要留心一下周围，就会发现事业有成的人有几个不懂文明礼仪？现代社会的确尊重个人的选择，自由度大了，然而对人的文明礼仪要求更高，因为文明礼仪是人类社会文明程度的重要标识。现代社会文明程度越来越高，不会有父母愿意孩子成为难登“大雅之堂”的人。

一些父母认为，小孩子天真无邪，想怎样就怎样吧，长大了自然就懂得文明礼仪了，这也是误解。一方面，孩子从小不培养好习惯，就必然养成坏习惯，坏习惯养成了，再改就很难。想一想，现在有些孩子说话没大没小，家里来客人不懂礼貌，饭桌上挑挑拣拣旁若无人……这些孩子如果不教育、不矫正，会在某一天早上突然变个样吗？另一方面，在孩子小时候培养其文明礼仪的习惯，与孩子天真无邪的表现并不矛盾，越是懂礼仪的孩子，越能获得自由发展的广阔天地，因为这样的孩子是受人们欢迎的。

请看一位父亲是怎样做的：

我儿子从上小学到现在读完初三，一直德、智、体全面发展。回顾孩子成长过程，我体会最深的是不能忽视对孩子点滴小事的引导和教育。

儿子还在牙牙学语时，我即教他背诵《悯农》这首古诗。意在让他知道，一粒米、一滴水、一张纸都来之不易，要格外珍惜。儿子吃饭时，碗里剩一粒米，我都让他吃掉；对每一张纸，我也不允许他写几笔即随手扔掉。

有一次，我们全家外出散步，儿子发现路旁有一处地下管道漏水，看样子有段时间没有人管了。回家后，儿子非要打电话给自来水公司不可。第二天，他还专门去看，直到证实有人来维修好了才算完。

儿子刚上小学那阵子，一次扔垃圾时在楼道上撒漏了几片纸屑，没有及时捡起来。我发现后对他说，楼道虽然不是自家的，但它是大家的，大家的事大家都要管。如果每家都撒漏了垃圾不及时清理，楼道会成什么样子？儿子明白了道理后，主动将撒漏的纸片捡起来送到垃圾箱里，从此他再没有发生漏撒了垃圾不管的事。后来，儿子以此事为题材写了一篇名为《一件小事》的作文，得到了老师的好评。

现在儿子已养成良好习惯，偶尔在外吃冰棍，即使需要走较远的路，也非要将冰棍包装袋送到垃圾箱里。

孩子文明礼仪教育的具体内容包括教他学习礼貌用语、文明举止、礼仪规矩等。

我国在儿童中推广学用“十个字”的训练是一个创造性的举措。“请，您好，再见，谢谢，对不起”这十个字虽然简单，却集中了礼貌用语要表达的全部含义，即对他人的尊重、关心、热情、谦让。我们做父母的一定要训练自己的孩子经常、主动地使用这些字，使之成为孩子的语言习惯。要使孩子不仅在他熟悉的家里、幼儿园里，在熟悉的人面前，而且在公园里、街头上、公共汽车上、商店里和电话里，在与他人交谈、寻求帮助时，这些字都能脱口而出。在教孩子礼貌用语时应该简单、实用、上口，词语不要太复杂。

一个人不仅要学会礼貌用语，还要有良好的举止。平常我们总是让孩子要“站有站相，坐有坐相”，实际上就是说，一个人在其举手投足间表现出他的修养。一些人很少说话，但他的举止却能让人感受到他的修养、他的力量。从某个角度看，训练孩子“坐如钟，站如松，行如风，卧如弓”不只是健康教育，同时也是行为教育、形象教育。我们做父母的都希望自己的孩子举止端庄、大方、文雅，在孩子行为发展过程中，对于他在举止上表现出来的种种弊病要随时注意和矫正。例如，一些孩子乱吐口水，当众挖鼻孔；走路左摇右摆、横冲直撞；跟人说话时总四处张望、手脚乱动；等等。这些行为，一开始都只是偶然的，但要是父母没有注意，不引起重视，这些偶然的行为就会积淀下来成为习惯，而孩子本人却不自知，即使觉察了也难以克服。可见，要想孩子有一个良好的形象，教育就必须从大处着眼、小处入手。

教孩子养成文明礼仪行为习惯，必须告诉孩子一些基本的礼仪规矩。

注意公共场所礼仪。公共场所礼仪包括走路、问路、乘车、购物、在影剧院观看演出等方面的礼仪。走路除了注意体态、姿势之外，要遵守交通规则，遇到熟人要打招呼，互致问候，不能视而不见。如遇到熟人需要交谈，应靠边儿或站到角落谈话，不能站在道路当中或人多拥挤的地方。走路时与行人互相礼让，主动给长者让路，注意主动给残疾人让路。向别人问路，先用礼貌语言打招呼和开头，如“对不起，打扰您一下”“请问”等，孩子问路时应选适当称呼，如“老爷爷”“阿姨”“叔叔”等。听完回答之后，一定要说：“谢谢您！”如果被陌生人问路，应认真、仔细回答，自己不清楚，应说：“很抱歉，请再问问别人。”到商店购物时，不可态度蛮横，要用礼貌语言，忌用“喂”“嘿”等字眼，购物之后也应说“谢谢”。在影剧院里，不能大声喧哗，不能乱扔纸屑、果皮等垃圾，尽量提前一点儿到场、入座，如果迟到，入座时走姿要低，速度要快。观看演出时要尊重演员，适时礼貌鼓掌；演员谢幕时，不要提前退场。乘坐公共汽车、火车，人多拥挤时，要懂得照顾老人、小孩和残疾人，要抱着理解、宽容的态度。要让孩子知道保持车上卫生环境，不乱扔东西，上车时不争抢座位。

注意待客与做客时的礼仪。家中来客人，要事先有所准备，把房间收拾整洁。中小学生也要学会以主人身份招待客人。迎接客人进屋，帮助客人放衣物，请客人在合适的位置落座。问客人喝什么饮料，热情主动送上。要双手呈接、递送物品，要主动、大方地与客人交谈。客人要走时应礼貌挽留，说“您再坐一会儿”“再喝杯茶吧”等。要送客人一段距离，并说“再见”“欢迎您再来”。

去亲友家做客要仪表整洁，尽可能带上些小礼品，以表示对主人的尊重。在亲友家，说话不能大声，谈吐要文明。不经主人允许，不可随意动用主人家里的东西，即便是至亲好友也应先打招呼，征得主人同意。如果在主人家用餐，要注意用餐时的礼仪，不能抢先入座，不能先动食物，要请长辈先坐下，长辈动筷后再动筷子，双肘不能放在桌子上。饭后，坐好略陪大家一会儿，或者说：“我吃好了，请慢慢用。”然后离座去别的房间休息。告别时，要说感谢的话，如“今天真高兴”“欢迎到我家去”。

另外，父母要提高自己的礼仪意识，如果自身不重视礼仪，就很难教育培养出文明懂礼的孩子。礼仪就表现在日常生活之中，只要父母重视，以身作则，随时说明并要求孩子坚持训练，发现孩子有不讲文明礼仪的行为时，及时指出并即时改正，这样就能逐步培养孩子的文明礼仪习惯。

G篇

种瓜得瓜，种豆得豆

——责任与担当细节的教育

细节67

对自己行为负责的教育，应该从小开始

告诉孩子，自己所做的每一件事都会带来一个结果，自己要为自己的行为负责。

让孩子对自己的行为负责的教育，应该从小开始，因为“懂事”是一个渐进并强化的过程。

有这样一个家庭，妻子是中国人，丈夫是美国人，妻子从小与孩子说话都用中文，而孩子的父亲都用英文讲话，孩子从会说话开始，在与父母说话时就很自然地分别用不同的语言，毫无困难。可是对于大人来说，学习和灵活运用一门外语就需要费很大的劲儿。这就说明一个道理，一个孩子从小受到的教育和影响就像在一张白纸上写下的字，是根深蒂固的，会作用于他的一生。孩童时期这段时间很宝贵，也很短暂，很快就会过去，父母必须抓紧这个时期，用爱心和明确不变的态度来管教孩子，塑造他良好的道德品质，让他学会对父母尊敬，以及对自己的言行负责。

孩子的早期教育是关系到他一生道德品质和思想观念的大事，如果等到他长大成人再教育他如何做人，就来不及了。假如孩子不小心摔倒了，让他自己爬起来，而且要让他知道摔倒不是因为地面不平，而是他自己不当心；假如孩子不在意，弄丢了心爱的玩具，让他自己伤心一阵子，也许就没有下次了；假如孩子因为侮辱别人挨了打，父母不要立即干预，孩子会从反面吸取“必须尊重他人”的教训……然而，有的父母却“舐犊情深”，生怕自己的孩子受委屈和被人欺负，时刻充当“保护者”的角色，不让孩子为自己的行为负责任，错误地保护孩子，力图免去孩子为自己错误行为负责任的痛苦，对孩子事事迁就、让步。在这种情况下，一些孩子长大了却不成人，身体长大了，却依然要父母替他们承担一切。最普遍的是“吃老”“啃老”现象，似乎老人帮自己成家

立业、提供住房、替自己看孩子、替自己做饭，都是应该的。一些老人虽觉负担沉重，也无可奈何。现在独生子女越来越多，而很多父母往往对孩子学习抓得紧，但却容易忽视对孩子道德人品的教育，常把孩子娇惯成“小皇帝”“小公主”。可是如果一个人仅仅有学问，却没有修养，就会成为灵魂上的“残疾人”，长大后可能会给亲人和社会带来危害。

父母要引导教育孩子确立为自己的行为负责的观念，不要“心太软”，应从小就让孩子明白：他所做的每一件事都会带来结果，他要为自己的行为负责。比如孩子丢了买午饭的钱，那就要饿一顿；孩子偷了别人的东西，不要替他隐瞒，让他自己去承认错误，可能当时感觉很没有面子，却可以避免他长大后犯类似的错误；孩子闹事打架，该负的责任、该接受的惩罚自己承担，父母一味“私了”的结果可能是使孩子觉得有恃无恐，再次打架斗殴。也许父母们会觉得这样做太苛刻太没有人情味了，但确实会有助于孩子在长远的人生旅途中走得更稳更远。

从小就让孩子养成对自己的言行负责、做事“三思而后行”的习惯，在一些小事上尝到因不负责任所带来的苦果，并引以为戒，就会避免以后犯更大的错误。孩子心理健康，父母自然也不会因为太“舐犊情深”而影响其健康成长。

细节68

既要给孩子爱，也要教会孩子承担责任和义务

父母不仅需要给予孩子爱，也要教会孩子承担责任和义务。

有教育专家指出，中国的家庭教育不缺感情投入，缺的是责任和义务的宣导。

美国学生的父母说：“我们不得不通知你，你这个月的零用钱已经超出预算了！去，把车库打扫一下，把游泳池刷一刷或者把花园里的草割了，我们就可以再给你一些零用钱花。”

中国学生的父母则说：“零用钱用完了吗？没钱了就自己到书房的抽屉里去取。”

天下父母无一例外都希望自己的孩子是一个懂事的、负有责任心的、能让自己放心的孩子，但大多数时候，这份期望往往只落实在了口头的说教上，听的次数多了，孩子便左耳进右耳出，过后依然我行我素。对自己的行为负责，是一个人立于社会的最根本的素质之一，而一项品质的形成是需要通过实践来完成的。

富有责任心是孩子健全人格的基础，是能力发展的催化剂。培养一个有责任感的孩子是一个循序渐进的过程，需要日积月累。

孩子责任心的培养，是在潜移默化中形成的。父母可以时常有意识地与孩子谈自己的工作，把自己完成一项任务、克服一个困难后的愉悦感和成就感传达给孩子。这样能使孩子具体地感受到责任在生活中的重要性，从而促使其主动、积极地养成负责任的态度和习惯。父母最主要的是通过日常小事来培养孩子的责任心，而不要过分呵护孩子，否则，就会在无意中剥夺了锻炼孩子独立承担困难与挫折的机会，从而使孩子丧失应有的责任感。家长可以要求孩子每天饭前摆放全家人用的餐具，饭后收拾餐具、倒垃圾、扫地，培养孩子做事的责任心；还可让孩子为邻居老爷爷、老奶奶取牛奶、送报纸等，培养孩子乐于助人的品质。总之，培养孩子的责任心应遵循这样一个规律：从自己到他人，从家庭到学校，从小事到大事，从具体到抽象。

细节69

让孩子自己剥鸡蛋，自己做自己的事情

让孩子在做事中成长，在成长中更好地做事，父母应指导孩子在做事中开智明理，使孩子成长成才。

一位年轻母亲向苏联教育家苏霍姆林斯基请教：“怎样才能教育好我的孩子？”苏霍姆林斯基回答说：“先教会你的孩子剥鸡蛋壳吧！”

这件发生在苏联的教育经典故事，在几十年后的中国找到了原型：北京市某小学一位四年级的孩子，每天上学前母亲总给他一个剥好了的熟鸡蛋，放在书包里的饭盒中，以便在课间加餐充饥。有一天，母亲忘了剥好鸡蛋壳，给孩子带了一个没剥壳的鸡蛋，于是课间时，孩子看到了一个“奇怪的现象”——这鸡蛋怎么有坚硬的外壳呢，而且一点缝都没有？无奈之下，孩子只好将鸡蛋带回家中，交给了母亲。也许这位母亲还在后悔那天怎么会忘记剥掉鸡蛋壳，可她不知道自己不仅剥夺了孩子剥鸡蛋壳的权利，而且剥夺了孩子学习独立生存的权利。

再来看一个报纸上刊登的真实故事：有一位中国母亲，不顾危险突然横穿繁忙的街道，将快要走入校门的孩子手中已吃完上半部分的油条往上移动一下，生怕孩子吃完上半部分油条后不懂得吃下半部分。这让偶然看见这一情景的记者深感惊讶。

其实，苏霍姆林斯基所说的“教会你的孩子剥鸡蛋壳”，实际上是告诉我们一个简单的教育道理：要让孩子自己做自己的事情。

做事，就是让孩子动手解决他生活中自己能解决的事情。这里的做事强调两点：一是日常生活中的孩子自身需要做的事情；二是孩子亲自动手，经过努力才可以做好的事情。强调生活中孩子的自身需要，这是孩子动手解决问题的内在动力；强调让孩子亲自动手，就是让孩子通过自己的付出和行动满足自身的需要。

要让孩子干净利索地做事，首先要让他去尝试。比如小孩子使用筷子和勺子

之前，吃饭都是成年人喂。有一天我们发现，喂饭时，孩子开始伸手抢你手中的筷子或勺子。孩子的动作告诉我们什么呢？“他要自己吃饭”。智慧型的父母应该从孩子的动作中马上觉察到孩子的需要，并为孩子自己吃饭做好准备，如准备好不怕摔坏的碗、适合孩子使用的筷子和勺子、适合孩子坐的椅子。这时父母就可以不喂了，而是让孩子自己拿着勺子或筷子吃饭。尽管孩子的动作显得有点笨拙，但每一个动作都是那样认真。当孩子自己把第一勺饭放到嘴里时，表情是那样的满足，好似有一种从来没有过的快乐体验。

有个初二男生的自行车脚镫子坏了，回到家自己拿工具准备修理。母亲说：“你会修吗？修不好倒麻烦了，送去自行车修理部吧，花不了多少钱。”这个母亲的话首先是怀疑孩子的能力，其次，是想通过花钱代替孩子自己去解决问题。很多孩子的“积极需要”就在父母这样的随意问话中被抑制了。可能将来一旦孩子不会做同一件事情时，父母又会说：“这点小事都不会做，真笨。”如果这样对话的次数多了，给孩子的感觉是“做也不是，不做也不是”，最后什么都不想做了。

要让孩子亲自动手做事，满足自身需要。自身需要是孩子发展的原动力，任何孩子都有内在的需要，都想亲自动手来满足这种需要。智慧型的父母，首先会区分孩子的需要是积极的还是消极的，我们要满足孩子的“积极需要”，克制孩子的“消极需要”。然后，当孩子在“积极需要”驱动下表现出“我要做”时，父母要及时给予鼓励和赞赏，必要时还应创造一定条件使孩子积极地亲自动手做事，满足自身的需要。

我曾经看到这样一个电视画面：一个3岁左右的男孩子在屋子里玩，过了一会儿，他可能有些饿了，看见桌子上放着饼干桶，于是，他站起来伸出手拿饼干桶。桌子高没有够着，孩子站在那里左看右看，看见桌子右边有一个塑料脸盆，孩子把脸盆拿过来放到桌子下，自己站到盆里面伸出手够饼干桶，还是没有够到。他从盆里出来，站在那里想了想，用手把脸盆翻过来，使脸盆的底朝上，自己站上去够饼干桶，这次一伸手够着了。

这个孩子的行为过程留给我们很多思考，假如父母在孩子的身边，他们会做什么呢？很可能是直接把饼干桶递给孩子。父母的这个行为代替了孩子的什么过程呢？代替了孩子自己动脑和自己动手的过程。

无论孩子动手做什么事情，头一次的经历可能不是成功，而是失败。这时有的父母就要斥责孩子：“你怎么这么笨？”“还不如我自己干呢！”而智慧型的父母会鼓励孩子："找找没有成功的原因，再仔细地想一想。"当孩子想做却又不知从何处下手时，父母再给予必要的具体指导。父母需要对孩子做事提出计划性的要求，经常提醒孩子做事前想一想先做什么、后做什么、怎样做最好。比如孩子初学洗手绢，可以让孩子先计划自己的行动程序：准备好水和肥皂—卷起衣袖—将手绢浸湿—擦肥皂—搓手绢—用清水洗净—晒手绢，再按计划程序行动。经常指导孩子有计划地做事就能让其养成做事有计划的好习惯。

细节70

有关孩子的事，与孩子商量后再做决定

有关孩子和家庭的一些事情，要和孩子共同商定，而不是一切自行安排。有关孩子的事，最后仍由孩子自己决定。

几乎没有几个父母是有意识地去损伤孩子的自信心，或损伤他独立解决问题的能力的，但不幸的是这种无意识的伤害普遍存在。因此，我们要有意识地避免过分保护，给孩子机会让他独立决定自己的事情。

在帮助孩子成长的其他方面也是这样，父母应退一步，给孩子空间，用不着过分担惊受怕，也用不着过多地给予呵护，而是要鼓励、尊重，让孩子深感被信任，并随时给予爱的支持，以真正的爱将孩子引向成功之路。

事关孩子前途或家庭经济的要事，不能交给未成熟的孩子做决定。不过，让孩子参与决定一些重要问题，本身即具有重要意义，因此，家庭中若有面临大事需做决定的机会，不妨从此着手。然而，父母必须在准备各种无错误或错误较少的选择后，再让孩子决定。父母要把孩子当作一个独立的人来看，观察并了解他的愿望、兴趣，不要因为孩子小、能力弱，就包办代替。让孩子参与家庭事务，承担一部分家庭责任，对孩子的事情不要包办，这可以从很多小事做起，比如，让孩子自己收拾书包、整理房间等。

“妈妈，老师让我报名参加拼写竞赛。”13岁的杰奎琳一回到家就告诉妈妈。“太好了，你去报名了吗？”“还没有。”“为什么，宝贝？”妈妈问。“我有点害怕，台下会有很多人看。”杰奎琳很激动，她在家是个听妈妈话的孩子，在学校不爱多说话，但学习成绩很好。“我想你还是报名吧，亲爱的，你可以锻炼自己。不过这事情你还得自己决定，我只是告诉你我的看法。”妈妈离开了杰奎琳的屋子。过了两天，学校老师打来电话，让杰奎琳的妈妈说服杰奎琳报名参加拼写竞赛。杰奎琳回家后，爸爸妈妈跟她谈了话。爸爸说：“首先，我们不是强迫你一定报名，这事还是你来做决定，但我们可以谈谈参加竞赛的益处。参加竞赛可以锻炼自己的智力，增强自己的信心。赢得了前几名更好，没有名次也无关紧要，爸爸妈妈不在乎，因为你在爸爸妈妈的心中是有能力的孩子，这点不需要用竞赛的名次来证明。”妈妈说：“老师打电话来说，他是很相信你的能力的。爸爸和妈妈还有你的老师，都不会以比赛结果来重新评价你。我们对你的比赛结果并不太关心，关心的是你是不是用这个机会去锻炼自己。”有这样开明的父母鼓励和支持，最后杰奎琳决定去报名参赛了。

妈妈知道杰奎琳很聪明，只是太胆小，她不敢想象自己在台上对着那么多观众拼写单词会是什么样的感觉。妈妈很想让杰奎琳见见世面，因为一个孩子总要长大，总要离开父母，走向自己的生活的。爸爸也认为这是一个很好的机会。他想杰奎琳也希望通过这个机会来证明自己的能力，锻炼自己的胆量，发现自己的潜力，只是有些发怵，需要父母的加油鼓励。父母对杰奎琳充满信心，但他们并不催促杰奎琳，而是让她自己来做决定。通过这件事，杰奎琳增强了独立性与勇气，而父母很满意他们鼓励了杰奎琳，使她没有失去一个锻炼自己的好机会。

在这种很敏感的情况下，父母必须小心谨慎，给孩子自主权，让他自己做决定。同时我们必须让孩子知道我们对他有信心，相信他的能力。

有关孩子的事，最好还是与孩子商量一下，多听从孩子的意见，尊重孩子的兴趣爱好或者是多站在孩子的立场上思考，或许就会有不同的结果。毕竟无论我们是遵从孩子的兴趣爱好，还是强制性地让孩子听从我们的，最终的结果都是想要孩子变得更出色。

细节71

父母如果做错了，要勇于向孩子道歉

在对孩子做错事后，父母能郑重地向孩子认错、道歉，孩子就会懂得承认错误并不是一件可耻的事，就会提高分辨是非的能力，并学会原谅别人。

有不少父母在家中做错事从不道歉，尤其是不愿向孩子道歉。殊不知，父母学会并勇于向孩子道歉，正是家庭教育中的一个明智之举。

在家庭教育中，父母如果从不向孩子承认自己的缺点、过失，孩子就会产生“父母永远正确而实际上老是出错”的观念，久而久之，对父母正确的教诲，孩子也会置之脑后；而如果在对孩子做错事后，父母能郑重地向孩子认错、道歉，孩子就会懂得承认错误并不是一件可耻的事，就会提高分辨是非的能力，并学会原谅别人。

比如当孩子“闯祸”后，一些父母由于一时的感情冲动，往往会对孩子进行不恰当的批评或惩罚。事后，父母又往往会后悔。这时，如果父母能真诚地向孩子道歉，用自己的行动弥补自己的过失，则能引导孩子更好地走自己的路。

被称为“西班牙王国上空的一颗光辉灿烂的巨星”的圣地亚哥·拉蒙–卡哈尔的成长，就说明了这一点。

卡哈尔小时候很调皮，13岁时他运用所学知识造了门真的大炮，一发射，把邻居家的门毁了，闯了大祸，被罚款和拘留。当他从拘留所出来后，身为外科医生并通过刻苦自修当上萨拉大学应用解剖学教授的父亲，把卡哈尔这个“顽童”着实训斥了一顿，并责令他停止学业，学习修补鞋子。后来，父亲越来越觉得这处罚过于严厉，孩子闯了祸是要管教，但不能做得太过。于是，父亲上补鞋铺接回了卡哈尔，搂着孩子深情地说：“我做得不对，我向你道歉。我不该因为你闯了一次祸而中断你的学业。从现在起，你就在我身边学习吧，你会有出息的！”从此，卡哈尔潜心学习医学，终于成为举世瞩目的神经组织学家，还荣获了诺贝尔奖。

著名诗人、民主战士闻一多，有一次因心烦出手打了还不太懂事的小女儿，恰好被正在外屋的次子看见了，他就挺身出来批评父亲不该打小妹，且说：“你自己是搞民主运动的，天天讲民主，在家里怎么就动手打人呢？”闻一多一愣，静坐沉思一会儿后，走到次子面前，神情十分严肃，认真地说：“我错了，不该打小妹，我小时候父母就是这样管教我的，所以我也用这样的办法来对待你们。希望你们记住，将来不要用这样的方法对待你们自己的孩子。”这样的道歉，无疑会使父亲在孩子们心中的形象更加高大！

有的父母认为“向孩子认错、道歉，会丢面子，会失去权威”，但这种担忧是多余的，父母学会向孩子道歉，对教育子女无疑是大有裨益的。当父母在家庭教育中出现过失、错误时，理当采取明智之举，勇于向孩子道歉，这样，一定会让孩子笑逐颜开！另外，这也是父母在为孩子树立榜样。如果做父母的对孩子犯了错误，能主动向孩子道歉，那么当孩子有错误时，他也会主动承认错误，主动道歉。

细节72

孩子在成长中犯错是难免的，关键是要正确对待孩子的错误

“孩子是伴随着犯错成长的。”如果孩子犯了错误，应让孩子在和谐的气氛中主动认识到自己的错误，让温暖的春风吹去孩子心灵的灰尘，让爱充满孩子的心田，在爱的氛围中使孩子受到教育、感化。

孩子毕竟是孩子，犯错误是难免的，关键是我们如何对待孩子所犯的错误。有哲人曾说过：“孩子是伴随着犯错成长的。”这句话说得很有道理，父

母的责任就是一次次把孩子从错误中拉回来。可是现实中有些父母对孩子犯错的应对方式却不正确，他们要么对孩子的错误听之任之，一味顺从，对孩子百般溺爱，要么就采用粗暴手段，使其顺服，对孩子轻则吹胡子瞪眼，重则拳脚相加。前者会使孩子在错误的道路上越走越远，从小养成许多坏习惯，后者则容易使孩子幼小的心灵受到伤害，形成逆反心理，从而造成心理障碍。

作为称职的父母，既不能因为爱孩子而一味娇惯，也不能以严格要求为名，采用粗暴的方式，伤害孩子幼小的心灵，而要培养孩子知错必改的精神，有了错误并不可怕，可怕的是知错不改。

我们来看一位著名的教育家陶行知教育学生的故事——

有一名叫王交的男生用泥块砸自己班上的男生，校长陶行知发现并制止后，命令王交放学时到校长室去。放学后，陶行知来到校长室，王交早已在等着挨训了。可是陶行知笑着掏出一块糖果送给他，说："这是奖给你的，因为你按时来到这里，而我却迟到了。"王交惊疑地接过糖果。随后陶行知又掏出第二块糖果放到他的手里，说："这也是奖励你的，因为我不让你打人时，你立即住手了，这说明你很尊重我，我应该奖你。"王交更惊疑了。这时陶行知又掏出第三块糖果塞到王交的手里，说："我调查过了，你用泥块砸那些男生，是因为他们不守游戏规则，欺负女生。你砸他们说明你很正直、善良，且有跟坏人作斗争的勇气，应该奖励你啊！"王交感动极了，他流着眼泪后悔地喊道："陶校长，我错了，我砸的不是坏人，而是同学……"

陶行知满意地笑了，他随即掏出第四块糖果，说："为你正确地认识自己的错误，我再奖给你一块糖果……"

读完这则故事，我们都会为陶老高超的教育艺术而鼓掌。担负着教育孩子成长重担的父母，都希望自己的孩子有出息，那么就应该学习陶老的教育艺术，从正确对待孩子的错误开始，父母须明白，由于孩子年龄小，犯错误是经常的，也是不可避免的。

我们做父母的都应该像陶老那样，能实事求是、一分为二地看待孩子的错误。孩子有缺点、错误，父母对其及时进行批评教育，这是理所当然的。但有些父母教育孩子时常常大喊大叫，用高声调，似乎不这样做就不足以产生威慑效果。其实，高声调的叫喊很多时候只会引起孩子的反感，加剧亲子间的紧张关系，却得不到好的教育效果。最好的办法就是像陶老那样做，和蔼、低声调地批评教育孩子，这样往往可取得较好的效果。

H篇

塑造高尚的灵魂
——品行细节的教育

细节73

培养孩子的良好习惯，是教子细节的关键

每一个孩子都有不同的习惯，养成好习惯将使孩子终身受益。因为，习惯支配人生，习惯影响命运。一旦养成不良习惯，再改变起来就比较困难，而且可能影响孩子的未来发展。

所谓习惯，即不假思索就经常反复的自觉行为模式。比如，我们每天要洗手、刷牙、洗脸，这些最平常的事到底给了我们什么呢？它们给了我们生活中最重要的东西——秩序。譬如走路，便是一种习惯的行为。在走路的时候，是不必思索的，假使要加以思索的话，恐怕连路也走不好了。又如我们下楼梯，也是一种不必思索的行为，假使需要思索的话，就会妨碍下楼梯。具有良好习惯的人办事很有条理，不会手忙脚乱，这实际上就节省了时间，提高了效率。节省了时间也就相当于延长了生命，这能让人利用有限的时间做更多的事情，思考更多的问题，享受快乐的人生。

每一个孩子都有不同的习惯，养成好习惯使孩子终身受益。因为，习惯支配人生，习惯影响命运。而一旦养成不良习惯，再改变就比较困难，而且会影响孩子的未来发展。

家庭是最好的教育教室，父母是孩子最重要的老师。父母的第一责任是教育孩子，而教育孩子的第一要点就是培养孩子的好习惯。

事实表明，习惯可左右成败，习惯可改变人的一生。一句话，成也习惯，败也习惯。

一个人如果养成了一种良好习惯，他将得到很多好处，一生受用不尽。假使一个人习惯不好的话，那么，可能使他一生蒙受损害。

举例来说，一个3岁的小孩子，偷拿人家的东西，他的父母不直接地加以纠正，这对小孩子来说是纵容，无异于一种间接的鼓励，慢慢地，就会让孩子养

成一种偷的习惯。又比如有些地方的人说话很不客气，总是开口骂人、闭口骂人，大人是这样，小孩子也是这样，好像不“出口成脏”就说不出话来，这就是因为那地方的人普遍地养成一种骂人的习惯了。但是也有些地方的人养成了一种好的习惯，他们经常使用“对不起”“请”“谢谢”这些词语。譬如一个人不小心碰了另一个人，连忙说声“对不起”，那个人也会说“不用客气”或“没有关系”，大家都谦和礼让，不会引起冲突。

习惯有生理上的习惯与心理上的习惯两种。有的人会随地乱吐痰或乱扔果壳，这便是其自小没有养成一种生理上的好习惯。

至于心理上的习惯，那就比较复杂了。拿对待生活的态度来讲，有些人养成了乐观的态度，遇事都很积极、乐观，很有兴头去干，像前面有一个希望似的；有些人养成了悲观的态度，遇事消极，提不起劲，还没有做就觉得好像会失败。

总之，习惯与人生有很重要的关系。父母必须培养孩子良好的习惯，尤其是心理上的习惯，而且不但要“慎之于始”，还要“慎之于终”，持续下去，不要间断，同时注意营造有利于养成良好习惯的教育环境。

著名教育家曼恩曾说：“习惯就仿佛是一条缆绳，我们每日给它缠上一股新索，不要多久它就会变得牢不可破。”其实，习惯既可以养成，也可以打破，只是绝非一蹴而就，而是需要长期的培养。

多一个好习惯，就多一份自信；多一个好习惯，就多一点成功的机会；多一个好习惯，就多一种享受生活的能力。

孩子好习惯的养成，父母是负有很大责任的。像父母的言行、暗示，对于孩子的习惯形成有极大的影响，因为父母与孩子在一起的时间长，一举一动都很容易被孩子模仿，另外，其他经常在孩子身边的人，也会影响到其习惯的养成。所以，教育环境跟习惯的养成是有密切关系的。孩子又特别具有模仿力，父母怎么做，他就怎么学，所以做父母的是怎样一种人，孩子大概也会是同类人，父母的影响比任何影响都大。父母是孩子最信赖和最爱的人，所以孩子也最容易按照父母的要求去做。父母如何来塑造好自己的形象，对孩子进行良好教育是一个关键。父母要努力提升自身的素质。

父母提出的要求要让孩子坚持做到，如果不坚持就形成不了习惯。父母对孩子提出的要求要适度，要让孩子能够明白、能够接受、能够做得到。要求要提得明确，一旦提出就不要收回。父母在孩子面前不要表现出居高临下的态度，不要以命令式或绝对权威的架势出现，提要求时要注意说话的语气，一般以信任的态度和商量的口气为好。

想养成好习惯，就要多练。习惯的养成不能仅仅停留在口头要求上，而是要根据孩子的年龄特点、思维特点，父母亲身示范操作、具体教学，才能使孩子形成习惯。比如，如果孩子生活没有秩序，不会管理自己，父母可以用严格训练法，告诉他放东西放固定位置，告诉他睡前整理好自己的书包，指导他把房间收拾得整洁，等等，用这些具体的办法让孩子坚持做一段时间，好习惯就养成了；如果孩子爱马虎，常常粗心大意，父母可以让孩子准备一个错题本，把因马虎而出错的题都抄下来，从而使其接受教训；如果孩子做事磨蹭，父母可以给他规定每天完成作业的时间并严格监督执行，慢慢地，孩子磨蹭的毛病也就消失了。总之，父母要分析孩子的具体情况，再找出最适合自己家庭的实施办法。

我们常说，万事开头难。一个新习惯的诞生，必然会冲击相应的旧习惯，而旧习惯并不会轻易退出，它还要顽抗，要垂死挣扎。另外，我们的身体、心灵也需要从一种状态过渡到另外一种状态，需要一个适应过程。从记忆的角度来讲，人也需要不断复习才可建立好习惯，并需要时时强化它。所以，头几天要准备吃点苦，要特别认真，过了这一关，坦途就在眼前。根据科学家的研究，一个好习惯的养成至少需要21天。

一些父母总是爱对孩子说："如果你这次考了100分，我就带你去旅游。"可是，由于各种原因，有的父母又经常说话不算数。于是，孩子慢慢也学会了父母的做法，对父母承诺了却做不到，对父母的一些要求也毫不在意，因为"反正父母也是经常说了不算的"。所以，当父母想许诺或者警告孩子的某种行为时，一定要考虑自己说出去的话能否做到。如果觉得无法实现，就不要随意讲出口，否则，你的话将失去可信度，孩子渐渐会对你的话充耳不闻。

培养孩子养成好习惯不是一朝一夕的事情，改掉一个坏习惯也不是三下五除二就能解决的事情，必须付出长期的努力。父母要有韧性，不能试验了一段时间后，发现没什么明显的效果就不了了之，那样，今后再进行培养良好习惯的教育就会更加困难。

细节74

父母千万不要严于教子而宽于律己

父母要在生活中处处以身作则，在孩子面前树立良好的榜样。家庭教育对父母来说，首先是自我教育。

严于律己，宽以待人，这是中华民族的传统美德。但现在，有许多父母恰恰是反其道而行之——严于教子而宽于律己。他们把自己所有的希望与梦想都转嫁到孩子的身上，指望孩子考高分、上名校、出国留学，还要学会一大堆的特长；而却以年龄大了等种种理由放松对自己的要求，甚至不读书、不看报、不热心工作、不钻研业务、做事马马虎虎、不思进取。这样又怎能为孩子树立一个积极向上的榜样?

记得曾经做过关于中日两国中学生崇拜对象的一个民意测验，测验的结果是这样的：70%以上的日本孩子的崇拜对象是自己的父亲和母亲，而中国孩子崇拜自己父母的仅有1%。相差何其悬殊!

《北京晚报》曾刊载的一个女孩的日记，恰恰生动地印证了这一点。在此摘录一段——

“爸妈都在出版文化公司上班，可吵嚷起来和街上那些小商小贩差不多。而且他们都是两面派，在家一抹脸皮就吵，出门了就换上另一张脸谱，可指责我的时候却一点也不惭愧，两面派！有一天，我说晚上要出去看场电影，爸爸竟然喋喋不休地说什么夜晚不安全，女孩子出事就完了……我受不了他自我感觉良好的炫耀神态，不就是一个文化公司的副经理吗？出来进去装‘大款’，可他开的汽车是国家的，不让开了照样一身臭汗去挤公共汽车。那么大岁数的人连这点事都想不明白，还没有我这个小孩活得明白，可悲。”

这就是这位父亲在自己孩子心目中的形象！这样的父母自己不能为孩子树立良好的榜样，却又强烈地指望孩子光宗耀祖、出人头地，结果就只好凭借父母的身份对孩子施之以苛求、威压甚至棍棒。这便是当下我们某些父母的可悲之处。

在德国，过马路时，人们绝对是按人行横道上红绿灯的指示。因此，有一天傍晚，当一位中国留学生在德国发现两个当地的年轻人违章过马路时，竟“如获至宝”地说给陪同的德国朋友裴海丽小姐听。他甚至有点幸灾乐祸地对裴海丽说：“你看，德国也有行人过马路不守规矩的。”然而，她的回答是：“其实，我有时候也会这样做的，如果当时马路上一辆车也没有的话。不过，在一种情况下我是绝对不会违章过马路的，不管当时有没有车，那就是当我的身边站着孩子的时候。”

裴海丽的意思是自己绝对不给孩子们做一个坏的榜样，因为孩子们有可能会模仿成年人的行为，进而养成一种不文明的习惯。其实，这个道理对于我们中国人来说也是老生常谈了，譬如“言教不如身教”“不能误人子弟”“注意为人师表”等，我们在这方面的律条也有许多，只不过在现实生活中常常会犯“健忘症”。

有研究表明，认为自己只靠口头的教育而不以身作则就能教育孩子养成良好习惯的父母都是在自欺欺人。

爱荷华州立大学教授维克勒马领导的一个研究小组发现，经常受到父母不良饮食习惯、吸烟和酗酒等不健康行为影响的青少年，往往会效仿父母的行为。大多数青少年不仅在总体上效仿他们父母的生活方式，还往往继承了与父母相同的一些有害或有益的行为，如吸烟或锻炼等。

维克勒马在一份报告中指出：“男孩的生活方式常常与父亲的生活方式更为相似，而女孩则更可能效仿母亲的行为。”

一位培养了4个博士孩子的母亲李振霞教授在谈家庭教育时说——

“没有教育不了的孩子，只有不会教育的父母。我并不刻意教育我的孩子一个个都成博士，我只是让孩子们从小就明白要做一个对社会有用的人。”

李振霞教授的3个儿子，一个是美国麻省理工学院的博士，一个是英国剑桥大学的博士，一个是中国航空研究院的博士，而大女儿金萤则是美国约翰斯·霍普金斯大学的博士后。

“老实说，我们并没有刻意要把孩子培养得成名成家，我们只是用爱心、信心、恒心、苦心织了一张网，谁料到它竟给我‘网’回了4个博士。”说到这儿，李教授找出了一张手绘仕女图递给记者，已经泛黄的纸页上记着这幅作品的诞生时间——1971年10月5日。“怎么样？我女儿金萤画的。”她言语间流露着慈祥、爱意和骄傲。

身教重于言教。李教授非常喜欢列宁夫人克鲁普斯卡娅的一句话："家庭教育对父母来说，首先是自我教育。"在李教授的孩子眼里，父母嗜书如命、忘情工作，给他们留下了深刻印象。

细节75

必须接受孩子的要求时，最起码要等到一个星期以后再满足他

当父母必须接受孩子要求时，最起码要隔上一个星期再满足他。这样可以帮助孩子养成克己之心及爱惜东西的好习惯。

朝思暮想得到的东西，一旦拥有就会让人格外珍惜；相反，很容易得到的东西，就很难让人珍惜。

记得小时候，如果父母买一个我心爱的玩具送给我，我一定把它当成宝贝，很小心地收藏着。反观现在的小孩就不同了，刚拿到玩具时，往往因新奇而爱不释手，但大部分孩子很快便厌倦而抛开不管。如此，父母自然会觉得十分可惜。追究原因，其中之一就是父母常常即刻满足了孩子的欲求。

根据心理学的说法，某一欲求的满足度与等待实现的心理程度成正比。好不容易得来的喜悦和即刻到手的喜悦，可以说有天壤之别。买玩具给孩子时道理亦同。若是孩子一要求买火车头或布娃娃就马上买下，孩子获得的满足感会大大降低，也很难产生珍惜的心理。同时，也无法培养出"忍耐"这种对孩子将来大有用处的"资产"。

我们小时候请求母亲买玩具，都需等到生日或特殊节日，从请求到拿到玩具，最起码有一两个月的时间。

某著名大学教授曾以《母亲的礼物》为题在杂志上发表文章，回忆幼年时光。他的父亲也在文坛享有盛名，家里每天都有文人墨客进出，而他的母亲则为

待客煞费苦心。他记得向母亲要求购买玩具时，母亲总是说：“圣诞节再买。”而他母亲从不食言，到了圣诞节前夕，一定会用线把礼物绑在圣诞树上。到了他上小学后，母亲不再把礼物绑在树上，而是放在他的枕头旁。

那种获得礼物的喜悦，他在长大成人后仍无法忘怀。同时，他对母亲的苦心培养和教导他克己之心也表示深深的感谢。

日本棒球领域风云人物王贞治，也有类似的经历，即使在年收入达到上亿日元的现今，他仍不忘小时候想要电动火车头的往事。他回忆说，一开始无论怎样请求母亲，答复都令人失望。可是一星期后他的生日那天，母亲把电动火车头作为礼物交到他手上时的温柔和关怀以及带给他的喜悦，至今仍难以忘怀。

对孩子的合理要求，要适当地满足，但绝不能无限制地满足；否则，会增加孩子的欲望，一旦父母无法满足，他就会无休止地闹下去。

细节76

教育孩子做出承诺之前要考虑清楚，一旦承诺就要信守诺言

教育孩子对别人要讲信用、负责任、信守承诺，答应别人的事要兑现；如果经过再三努力仍没有做到，应诚恳地说明原因，表示歉意。当孩子诚实守信时，父母要及时给予鼓励。要让孩子明白，一个言而无信的人，是没有人愿意和他合作的。

孩子们常会不经过认真考虑就做出承诺，随后他们会后悔，或者取消承诺，或者“忘掉”它们。就算他们实现了承诺，也会对自己或使其做出承诺的人充满怨恨。

有一个美国男孩，父亲早逝。他的父亲去世时留下一堆债务。若按常规，欠

债人已去世，把他的所有品拍卖分掉，债务差不多也就算了。但是这个男孩一一拜访债主，希望他们宽限还债期限，并保证父亲留下的债务会分文不少地还掉。后来这个男孩用了20年把父亲留下的债务连本带息分文不落地全还了。周围的人都非常感动，觉得他是一个可靠之人，也就非常愿意和他做生意。结果这个男孩不但赢得了与别人合作的机会，也赢得了他人的尊敬。

要教育孩子在答应别人之前，慎重考虑自己有没有能力和把握做到，对不能做到的，就不要轻易答应；对比较有把握做到的，也应留有余地，不要大包大揽。

宋庆龄的母亲叫倪桂珍，浙江余姚人，早年毕业于上海裨文女中（今上海市黄浦学校），后在一教会学校教书。她是一位贤淑而且有教养的女性，爱好文学和钢琴，还接受过西方文化的熏陶。

倪桂珍可算得上教育孩子的行家里手。她没有重男轻女的思想，她与丈夫宋耀如都认为，不论男孩或女孩都应受到良好的教育，他们先后把三个女儿送往美国学习。

倪桂珍和宋耀如一样，很会讲故事，小庆龄也最爱听妈妈讲故事。

一次，妈妈给小庆龄讲了“自食其言”的故事。

春秋时期，鲁哀公的身边有一个重臣叫孟武伯，他有一个最大的毛病，就是说话不算数。因此，鲁哀公对他很不满。一天，鲁哀公举行宴会招待群臣，孟武伯和鲁哀公的宠臣郑重也参加了这次宴会。孟武伯向来不喜欢郑重，在宴会上借机想让郑重出洋相，便问道：“郑先生怎么长得越来越胖了？”鲁哀公听到后，便插嘴道：“一个人常常吃掉自己的诺言，当然会长肥呀！”在座的大臣一听就知道鲁哀公并不是批评郑重，而是在暗中指责孟武伯说话不算数。

妈妈的故事是教育她说话要算数，要谨守诺言。对此小庆龄铭记心间。

一个星期天，宋耀如准备带着全家去朋友家做客，孩子们大都穿好了礼服准备出发了，只有宋庆龄仍在钢琴前弹奏着动听的旋律。

倪桂珍喊道：“孩子们快走吧，伯伯正等着我们呢！”

听到妈妈的喊声，宋庆龄立即合上琴盖，跑出房间，拉着妈妈的手就走，刚迈出大门，突然又停住了脚步。

“怎么了？”一旁的宋耀如看到宋庆龄停住了脚步，不解地问道。

“今天我不能去伯伯家了！”宋庆龄有些着急地说。

“为什么不能去，孩子？”倪桂珍望着女儿说。

“妈妈，爸爸，我昨天答应小珍，今天她来我家，我教她叠花。”宋庆龄说。

“我原以为有什么非常重要的事情呢，这好办，以后再教她吧！”宋耀如说完，便拉着宋庆龄的手就走。

“不行！不行！小珍来了会扑空的，那多不好呀！”宋庆龄边说边把手从爸爸的大手里抽回来。

“那也不要紧呀！回来后你就到小珍家去解释一下，并表示歉意。明天再教她叠花不也可以吗？”倪桂珍说。

“不！妈妈，您不是常说要信守诺言，我答应了别人的事，怎么可以随意改变呢？”宋庆龄不停地摇着头说。

“我明白了，我们的罗莎蒙黛（宋庆龄的英文名）是一个守信用的孩子，不能自食其言是吗？”倪桂珍望着小庆龄笑了笑，接着说：“好吧，那就让我们的罗莎蒙黛留下吧！”

宋耀如夫妇放心不下家中的小庆龄，在朋友家吃过中午饭，就匆匆地回到家中。一进门，宋耀如高声喊道：“亲爱的罗莎蒙黛，你的朋友小珍呢？”

宋庆龄回答说：“小珍没有来，可能是她临时有什么急事吧！”

“没有来，那我的罗莎蒙黛一个人在家该多寂寞呀！”倪桂珍心疼地对女儿说。

“不，小珍没有来，家中虽然只有我一个人，但是我仍然很快活，因为我信守了诺言。”宋庆龄辩解道。

听了小庆龄的话，宋耀如夫妇满意地点了点头。

给孩子做一个榜样，你不想做的事情就不要轻易答应去做。许多时候，父母总觉得他们是不得已要答应孩子，答应是答应了，但是如果你满腹怨言，就会产生相反的结果。要想向孩子表明如何避免被迫做出承诺，首先你自己不能强迫他做出承诺。

教育孩子遇事要多考虑是否应当答应，凡不应做或做不到的事就不要答应，要让孩子知道感情用事、讲“义气”同讲信用不是一回事。守时和守信，在很多场合是互相联系的，父母要善于把它们融会贯通，一起训练、培养，使孩子养成良好的守时、守信习惯。当你想让孩子同意做某一件事时，千万不要用内疚感或权威去强迫他。如果孩子对于做这件事不愿意做出承诺，建议做一个让步。如果他不能确定是否应做出承诺，就给其多一点时间好好考虑清楚。父母要让孩子明白，决定权控制在他自己手里，并给予鼓励和引导，让他一切都想清楚后再做决定。

细节77

告诉孩子一切成果都要靠自己努力争取

所有的成果都需要通过辛勤劳动才能获得。只有让孩子通过自身的劳动，克服困难，付出辛劳，才能使其体会到劳动成果来之不易，进而懂得尊重别人的劳动。

父母一定要告诉孩子：不要占任何人的便宜，一切要靠自己争取。

李嘉诚信奉儒家“穷则独善其身，达则兼济天下”的处世哲学，一贯勤俭诚信。在教育子女方面，他要求儿子生活上克勤克俭，不求奢华；事业上注重名誉，信守承诺。他特别教导儿子要多考虑对方的利益，不要占任何人的便宜，要努力工作。

李嘉诚深知“人生的黄昏取决于黎明”的道理，他对两个儿子的教导甚为严格。常言道“富不过三代”，富家子弟，最容易染上因富而生的一些坏习惯。因此，李嘉诚有针对性地培养儿子们谦虚、勤奋、节俭的品质，在生活方面从不向他们提供用于挥霍的金钱。次子李泽楷谈到父母对自己的严格教育时说：“父母从不放纵我们兄弟二人，经常给我们灌输做人的道理。”在谈到在美国斯坦福大学勤工俭学的经历时，他说：“我和其他同学一样，零用钱得靠课余兼职去赚，做杂工，做侍应生。每逢假日就到高尔夫球场做球童，背着装满高尔夫球杆的大皮袋，在广阔的球场上满头大汗地跑上跑下，如此足足做了3年多呢！”

李嘉诚的勤奋给儿子们以深刻的影响。长子李泽钜工作非常努力，经常每天工作10多个小时。他说：“压力来自自己。我喜欢接受挑战，我永远不会让自己停下来！”

为了让两兄弟继承和发展自己创立的事业，李嘉诚在安排儿子“承继衣钵”的事情上，可谓用心良苦。长子李泽钜24岁时就被安排在长江实业集团的办公室上班，跟随父亲学习经营之道，并负责处理加拿大温哥华世界博览会旧址的物业发展，同时，李嘉诚精心安排前董事总经理周年茂、副董事总经理甘庆林等资深元老辅佐其熟悉业务。李嘉诚常有意把在公开场合接受传媒采访的机会让给儿子，说他对这方面比较熟悉，回答更合适。

次子李泽楷在24岁时从国外回到香港，父亲安排他在和黄集团内工作，跟随李嘉诚的爱将马世民学艺。1991年3月，香港卫视正式成立，时年25岁的李泽楷被委任执行副主席，李嘉诚出任主席。李嘉诚找来具有多年电视台管理经验的陈庆祥出任公司行政总裁，辅佐李泽楷经营。

李嘉诚对儿子的悉心栽培，没有令他失望。如今，李氏兄弟在香港商界秉承其父风范，做事稳健，同时又表现出新一代人的特点。他们喜欢从事有创意、富有挑战性的工作，遇到困难时则显出潇洒自如、知难而进的从容风度。

李嘉诚对儿子的培养已结出硕果。李泽钜1993年就升任长江实业集团的副董事长、总经理。李泽楷在电视广播事业取得成功后，以4亿美元为本自立门户，投资高科技项目，自创了另一番事业。

中国有句老话，“由俭入奢易，由奢入俭难”。一个人如果没有艰苦朴素的好习惯，就很难战胜日后所遇到的困难，也很难具有拼搏精神，这样的人自然就难成大器。

父母可以通过带孩子观察大人劳动的过程来培养孩子爱惜劳动成果的习惯。如去工厂看一件产品要经过多少道复杂的工序才能制成；还可以看看装修工人是怎样粉刷墙壁的，使孩子了解每件劳动成果都是来之不易的。父母要让孩子明白，一个人具有艰苦朴素、勇于克服困难的品质是多么重要，一切成果都要靠自己的努力拼搏来争取。

细节78

让孩子明白诚实是一个人一生的财富

诚实是人世间最珍贵的一件宝物。就算是因诚实承认自己的错误而受到严厉惩罚，你也应该这样去做，因为做人理应如此。行事为人奸诈之徒，无疑是鼠目寸光之人；唯有诚实勇敢者，才会无往而不胜。

诚实是一个人应具有的最基本的美德。虽然现在一些“说老实话，办老实事，做老实人”的人常被人称为“傻瓜”，但是我们仍然要坚守“诚实”二字，因为诚实永远也不会过时。

诚实是为人处世的绝妙法宝。虽然对人诚实，可能会让你付出一定代价，但日后你得到的，将远远比付出的多得多。从来没有一个诚实的人，会后悔自己曾经有过的诚实的行为。

有时候孩子做了错事，许多父母认为严厉的惩罚可以遏制孩子说谎，其实恰恰相反，严厉的惩罚大大增强了孩子的恐惧感，只会迫使孩子产生防卫心理，进而编造谎言。所以当你发现你的孩子说谎时，千万不要着急、气恼，甚至不分青红皂白地训斥孩子。尤其是当孩子主动承认错误之后，父母要予以鼓励，肯定他说实话是好的表现，然后指出错误的危害性，让孩子在鼓励中知错就改。

如果父母发现孩子有说谎的毛病，不要仅就说谎而批评他：“这么小的孩子你就说谎，长大了那还了得？”这样的训斥对孩子没有丝毫的帮助。更多需要父母做的是对孩子的行为进行观察，必要时对孩子的言行做些调查、核实，这样可以堵上孩子说谎的漏洞，或者使孩子的谎言不攻自破，千万不可让孩子尝到说谎的“甜头”。

教孩子做一个诚实、正直的人，我们做父母的提高认识、以身作则是十分重要的。父母要把孩子培养成一个诚实的人，首先自己要做一个诚实的人。

《狼来了》的故事是许多人都知道的。它曾在相当长一个时期里，年复一年地被收在小学语文课本里，至今仍然频繁出现在各种少儿读物中，作为向少儿进行诚实教育的生动教材。其实，这个故事并没有从做人的道理上谴责说谎行为，指出说谎会损害他人乃至集体、国家的利益，而仅仅暗示说谎可能会给自己带来不利的后果。

成长的历程就是不断地尝试，孩子因为能力还不足，所以“肇事率”特别高。但我们不妨设身处地为孩子想想，别在犯错的后果之外又加给孩子额外的伤害。要指导孩子怎么做才是正确的，如何面对危险，让其明白诚实的重要性，真实的教训往往是最好的教育机会。只要父母肯多花点心思，帮助孩子面对问题，就能取得良好的教育效果。

要防止孩子说谎，教育孩子诚实，光讲道理还不行，要有行为规范的具体要求，让孩子从小就按诚实的标准来严格要求自己，自觉养成良好的习惯。因此，父母要针对孩子的实际情况，提出“几不要”的具体要求，比如不拿人家的东西，不讲假话，不编瞎话，不说大话，不谎报成绩，等等，以便随时督促孩子执行。

细节79

处罚孩子的过失，一定要掌握好分寸

对孩子进行惩罚，是教育方式中最复杂、最困难的教育手段，它要求大人既掌握好分寸，又要非常耐心、谨慎。

孩子做了错事之后，惩罚是必要的，这是对不良思想或行为给予否定的方式。作为不同的教育手段，如果说赞扬是从正面强化良好的品德行为，使其在赞扬的刺激下增加再现频率的话，那么惩罚就是一种反向的强化刺激，目的是降低错误品德或错误行为再现的频率，或者阻止它的发生。

一个孩子在学校测验时打了“小抄”，被老师发现了，老师把其父亲“请”到了学校。父亲非常生气，但他想让孩子自己讲出这件事。回家后他抑制住自己的情绪，对孩子不加理睬，也取消了晚饭后和孩子一起出去散步的计划。孩子看到父亲神态的变化，自己心里就打起了小鼓，估计父亲已经知道了在学校发生的事，他等待着父亲的批评，也想好了充分的自我开脱的理由，可是父亲始终没有说话。快到睡觉时间了，孩子实在忍不住了，主动站到了父亲面前。父亲平静地问孩子：“有什么事吗？”孩子羞愧地讲述了白天发生的事，并承认了自己的错误，全然忘记了那些事先想好的为自己开脱的理由。父亲和蔼地对孩子说：“你能认识错误非常好，我想你也会知道今后应当怎么做。”父亲因势利导，没有着急发火，没有长篇的说教，其做法却给孩子留下了深刻的印象。

父亲改变态度的做法可以说是“此时无声胜有声”。把承认、分析错误的机会留给了孩子，有利于孩子建立自尊，并培养孩子独立分析问题的能力。这样做也使孩子对父亲不会产生反感，提高了父亲在孩子心目中的威信，比简单地打骂孩子一顿的效果要好多了。

对孩子来说，在犯了错误之后，以取消曾经对他的许诺作为惩罚手段，会使孩子很敏感，越是非常想做的事情却不能去做，越能加深孩子对所犯错误的印象，进而使其自觉避免类似的错误再次发生。

期末考试结束的第二天，小桐趁妈妈不注意，偷偷从家里的抽屉里拿了20元去和同学玩游戏机。晚上时被妈妈发现了，在追问之下，小桐不得不承认了。妈妈严肃地指出了私自拿钱和去游戏厅这两个问题的严重性，并且提出了两个惩罚办法：第一，3天内不准看电视；第二，原定的周日到公园划船的计划取消。

妈妈知道，看电视是小桐生活中必不可少的内容，每天除了少儿节目，还有体育节目，他都非常感兴趣。而划船呢，是在小桐的要求下，考试前一个月全家就商定好的，他还特意在日历上做下了记号。实际上对小桐来说这两项活动比玩游戏机更重要。可是自己犯了错误，不得不接受这样的惩罚。

难耐的3天过去了，周日也过去了。妈妈严格按照惩罚办法做了，即使爸爸、奶奶的求情也没有让妈妈改变主意。这些天小桐非常痛苦，不时地反省自己的错误。他对妈妈说："以后我再也不会做那样的傻事了！"妈妈看到孩子的诚恳态度，感到很欣慰，于是恢复了小桐看电视的活动，并且提出下个周末全家去划船，作为对小桐能够很好地承认错误的奖励。小桐别提有多高兴了，他对妈妈充满了敬重和感激之情。

采用这种惩罚办法的关键，是父母要有清醒的头脑和坚定不移的态度。罚要罚到点子上，不能让孩子觉得无关痛痒；既然采取了这种惩罚方法，就要坚持到底，不可半途而废，否则会让孩子认为父母好对付，降低父母在孩子心中的威信。更重要的是，这不利于孩子认识自己的错误。

"用自然后果惩罚"，通俗地说，就是"自作自受"。这种惩罚方式是18世纪法国教育家卢梭最先提出来的。他主张孩子犯了错误，不给予人为的惩罚，而是让孩子在错误所造成的直接后果中自己去体验不快或痛苦，从而迫使其改正错误。他举例说："孩子打破了他所用的东西，不要急于添补，要让他自己感受到需要它们。比如他打破了自己房间里的玻璃，那就让风日夜吹向他，不要怕他因此而伤风感冒，即使是导致伤风感冒也比漫不经心要好些。"

19世纪英国教育家斯宾塞也有同样的主张。他认为当孩子犯了错误，运用自然后果惩罚至少有4个方面的好处：第一，这种方法可以让孩子从本人不好的体验中获得错误行为的合理认知；第二，孩子所受到的痛苦，仅仅是他的错误行为的自然后果，所以他必然会清楚地认识到这种惩罚是公正的；第三，孩子既然认识到这种惩罚是公正的，接受这种惩罚是自己的错误造成的，而不是借用别人之手，他就可以减少情绪的波动，保持比较安静的态度，而做父亲（母亲）的只需要比较平和地履行他（她）的职责，让孩子体验到这种自然的惩罚即可；第四，这种方法使父子（母子）之间避免了对立情绪，有助于建立一种更愉快和更能相互影响的关系。

我们采用这种教育方法，在让孩子从不良的自然后果中受到惩罚的同时，也要辅以适当的说服教育，帮助孩子深刻认识错误的危害性。

如果一定要对孩子的错误行为进行惩罚，就要考虑好时间、条件和具体情况是否合适，如何把这种教育方法和其他教育方法有机地配合起来，考虑如何才能有助于纠正孩子的不良行为，以及是否可以做到今后不再犯类似的错误，等等。如果由于我们惩罚孩子的错误，而使他身体上受到痛苦，心理上产生恐惧，思想上受到压抑，那这样的惩罚就是失败的。也就是说，将打骂作为惩罚孩子的方式是要尽量避免的。有的孩子特别珍惜大人对自己的喜爱之情，当这样的孩子犯了错误，我们可以把平时对孩子的热情、喜爱的态度改为比较冷淡的态度，孩子能够敏锐地觉察出大人对自己态度的突然变化，这会给孩子以强烈的刺激，让他自己感觉到这是对他所犯错误的惩罚。

细节80

教育孩子不要用武力解决矛盾

父母的行为时时刻刻地影响着孩子们的表现。他们模仿着成人，在成人的行为中选择着自己的行为方式。

很多父母经常意识不到自己对孩子的影响。因此，当孩子表现出一些行为问题时，父母有必要首先对自己做一番检讨。

一天，当玛丽进到幼儿园接儿子杰克时，老师说："杰克今天又抓人了，把罗斯的脸都抓出了痕迹。我们告诉他不能这样，他似乎明白了。不过杰克有点控制不了自己，他在家里也这样吗？"

这件事使玛丽很困扰。杰克总是表现得比较有进攻性，稍有不合意的地方就付诸武力。这种行为方式使玛丽很紧张，每当杰克与其他孩子一起玩时，都密切地注视着，生怕有什么意外发生。后来玛丽同一位很懂育儿之道的妈妈聊起这件事，听她提到，父母处理困惑的态度与方法，会对孩子产生很大的影响。玛丽细致检查了自己，发现在处理杰克与他人起冲突的事时，她往往不能控制自己，常常怒火中烧，忍不住要对杰克大声训斥，表现得十分急躁，有时还会狠狠地拍杰克几下。这一切会不会是造成杰克进攻性行为的原因呢?

父母的行为时时刻刻地影响着孩子们的表现。他们模仿着成人，在成人的行为中选择着自己的行为方式。在杰克看来，对于冲突、不合意的反应方式似乎就是大发脾气甚至打人，他在母亲那里承受的怒气与狂暴转变成了自己行为的激发点，对成人他还不具备反抗或发泄的能力，但对同龄的甚至比他还小的孩子，却可以随意加以施展。

要培养一个身心健康的孩子，父母首先应有一个好的心理状态。上面的例子中，在生活中玛丽应当给自己适当的放松时间，当杰克一再用无理要求来打扰自己，而自己感到正在失去耐心的时刻，玛丽应当向杰克声明："对不起，我现在很生气，你最好到别的房间待一会儿，我们过一会儿再谈这件事，否则我会发脾气的。"

另外一种方法便是用其他的事情暂时转移孩子的注意力，从正在讨论的问题中跳出来，仿佛之前的话题根本就不存在一样，比如当玛丽受到杰克的打扰时，可以这样对杰克说："喂，你想不想周末邀吉米来玩，是周六还是周日，要不要一起去动物园？"这件事几乎是每周的例行活动，也许现在只是周一，时间上还远得很，根本没有必要提起来。但此时，这个杰克非常感兴趣的话题，可以起到转移视线的效果。

当然，孩子表现得很粗暴可能还有其他原因。有些孩子语言发展能力较缓慢，与语言表达能力好的孩子在一起，可能会感到恼火，通常需要争辩的事情，被嘴巧的小朋友抢了先，就可能会引起他很激烈的举动，尤其碰到别人说他："你会不会讲道理，讲出来啊！"而孩子张口结舌一时不知如何辩解，性急上来便不管不顾了。

对于这样的孩子，父母需要有加倍的耐心，首先应当反复向孩子解释打人不好，会伤害别人，是错误的行为；再者，当看到自己的孩子不顾一切地扑打其他小孩时，不能高声呵斥或反过来打孩子，这样只会使孩子得到错误的印象，认为只能用武力对付武力。每次发生矛盾后，要教给孩子用简单的语言表达自己，如果不能解决问题，就暂时冷却一下情绪再解决。

I篇

造就一个身心健康的孩子
——身心健康细节的教育

细节81

不要偷看孩子的日记，即使看也应征得孩子的同意

保护个人隐私是适应社会生活的一个重要方面，保护隐私就是保护自己。

一位心理学家曾经讲道：“在儿童心理学里，关于自己的叙述不具有太重要的意义，儿童不必自我反省。但是，随着青春期的到来，这一点就改变了。这时，自我世界开始出现，所以这个时期的日记，就成为心理方面的重要记录。”

陈燕是初中二年级学生，她有每天写日记的习惯，每天发生的趣事或有意义的事，她都把它们写进去。可这个爱好，给她带来了麻烦：自己笔下流露的秘密不断地被父母偷看。陈燕感到很烦恼。

写日记是青少年在某种程度上自我意识的表露。许多升入中学的孩子都会开始写日记，尤其是感情更为丰富、细腻的女同学。发现了自我世界的青少年学生，虽然被自己的家庭成员和朋友紧紧围绕着，但仍不免有时感到孤独。他们认为，除了与周围的人有共同话题之外，对自己来说，最本质的问题就是谁也不理解自己。而日记就如同一位亲密的朋友，它是青少年倾吐心声的对象，一位听了自己的话绝对不向任何人多言的理想听众。向它倾诉能使人得到安慰，无论怎样为自己辩护，也不会受到它的非难与责备。

保护个人隐私是适应社会生活的一个重要方面，保护隐私就是保护自己。当孩子的隐私意识逐渐增强时，父母应该高兴才对。

有一位父亲说：“我的女儿在小学五年级时就十分明确地有了自己的小秘密。发现了她的变化，我和妻子都很高兴，因为这是她开始走向成熟的标志。一个毫无保留地在父母和他人面前诉说自己内心感受的傻丫头是不会成为一个成熟的人的。当时，她用的是我的写字台，我主动将写字台抽屉的钥匙交给

她，让她学会保守自己的秘密。后来，女儿上了初中、高中，她收到一些同学的来信，当然也包括男生的信。我们在教育她如何与同学搞好关系、与异性交往中应注意的问题时，还嘱咐她一定要妥善收好这些信件，不要遗失在外面，免得给自己和同学带来不必要的麻烦。我们认为尊重孩子的隐私，是父母教育孩子的过程中的一项重要内容。”

但是，尊重孩子的隐私与以保护个人隐私为借口拒绝父母管教、帮助的行为是两回事，父母在很长一段时间里都有教育孩子的权利、义务和责任。

孩子心中有秘密存在是一件很正常和普遍的事，没有什么值得大惊小怪的。父母应以从容不迫的态度，认真、仔细地对待这个问题。作为父母，切勿乱翻孩子的东西，不要偷看孩子的日记等私密物件。不要一有风吹草动，就草木皆兵、如临大敌，要客观地分析这些秘密。有的秘密或许只能孩子自己一个人知道，那就让这一份秘密埋藏在孩子的心中吧。如果什么都想知道，其结果可能就是什么都不知道。

可为什么总有父母要偷看自己孩子的日记呢？那是因为父母都希望自己的孩子健康成长，希望孩子听话，如大人所愿；父母怕孩子走弯路、犯错误，总想知道孩子到底在想什么、在干什么。因此，一些父母偷看自己孩子日记的事就屡屡发生，其实，做父母的也明知这样不好，可他们一看到子女的日记本就按捺不住“想了解了解”的欲望。

其实，父母要了解孩子的心思，大可不必通过偷看孩子的日记这一途径。孩子大了，该有自己的隐私权了，该有属于自己的一方秘密心灵空间了。父母偷看孩子的日记，是对孩子的隐私权的侵犯，是不尊重孩子的表现，这样做的结果只会适得其反。因为孩子一旦发现自己的日记被父母偷看，就会对父母产生怨恨、戒备等不满情绪，就会采取措施来保护自己的日记和隐私，更不要说把自己的心事跟父母谈谈了。父母与孩子的心灵距离由此拉得越来越远。

父母要想了解子女的心思，完全可以采用别的方式，比如跟孩子谈心，对孩子讲一些自己耳闻目睹的青春期少男少女的事情，让孩子谈谈自己的看法，可以借某个话题巧妙地、不动声色地“旁敲侧击”等。总之，父母要有一个原则，那就是不要轻易伤害孩子的自尊心。

父母应根据孩子的兴趣、爱好及才能，允许其自由选择而不必多加干涉，并努力创造一些条件，发掘和发展孩子的内心世界，培养其独立意识与创造精神。

给孩子适当的引导。孩子有小秘密，父母要给予引导，告诉孩子哪些是隐私，哪些是需要让父母知道的。父母平时应多与孩子谈心，这种谈心不是父母和子女间遮遮掩掩的交流，而应是热诚的平等交流，只有这样才能谈得深入，从而了解到孩子心中的秘密，并尽量帮助孩子减少心中不必要的秘密，以减轻其心理上的负担。

细节82

每天至少夸奖孩子一次，天才是被“夸”出来的

教育孩子的全部秘密在于相信孩子和解放孩子。而要做到相信孩子、解放孩子，首先就要学会夸奖孩子。没有夸奖就没有教育。

日本一位儿童教育学家的一项研究表明，经常受到父母夸奖的孩子和很少受到父母夸奖的孩子，其成才率前者比后者高5倍。其实，中国伟大的教育学家陶行知先生早在半个世纪前就曾深刻指出：“教育孩子的全部秘密在于相信孩子和解放孩子。”而要做到相信孩子、解放孩子，首先就要学会夸奖孩子。没有夸奖就没有教育。家庭教育专家周弘先生对女儿周婷婷的教育就是赏识教育，即夸奖教育。

一般传统的观念认为，努力导致成功，而其实往往是成功诱发向上的动力。周弘教育周婷婷的办法就是让她从小尝到成功的甜头，而不是失败的苦头。

周弘认为，对孩子幼小的心灵来说，往往看到成功的希望，才有努力的力量，积累小的成功才能化为大的胜利。怎么让孩子尝到成功的甜头呢?

婷婷7岁刚接触应用题时，有一次，10道题只做对了1道。如果是其他父母，可能早气坏了。错1道题还情有可原，错9道题那真是不可饶恕的笨蛋。

周弘脑海里涌现出美国电影《师生情》里的镜头：

那位优秀的白人教师在给一名长期受到种族歧视的黑人孩子上课时，耐心地对他说：“孩子，老师相信你是天下最好的孩子，是一个顶天立地的男子汉！你不要紧张，仔细数数老师这只手究竟有几个手指？”

那个黑人孩子缓缓地抬起头，涨红了脸，盯着老师的5个手指，数了半天，终于鼓起勇气，开口说："3个。"

"太好了，你简直太了不起了！一共就少数2个。"老师高兴地欢呼起来。

他的鼓励像久旱的土地上的甘霖，让孩子的眼睛一下子放光了。那个孩子从此成为一个爱学习的孩子。

这个片段给了婷婷的爸爸周弘莫大的启示。婷婷做对了1道题，周弘想到的是鼓励，想到的是她小时候蹒跚学步，自己欢欣鼓舞的情景；想到的是她第一次喊爸爸，自己泪流满面的情景。面对那9道做错的应用题，周弘没有打叉，而是对那一道做对的题打了一个大大的勾。

周弘满怀深情地对婷婷说："简直不可思议，这么小的年龄做这么难的题。第一次居然就做对了一道。"婷婷脸上露出了喜悦的表情："爸爸，你小时候，会不会做？"

"我肯定不敢做，像你这个年龄，这么难的应用题，爸爸连碰都不敢碰。"

婷婷听了这话，自豪得不得了，越来越爱做题，一次比一次对得多了。她仿佛插上了飞翔的翅膀，自由地翱翔在数学知识的天空里。她仅用3年时间就学完了小学6年的数学课程。升初中的时候，她的数学考了99分。

孩子学写作文的时候，很多父母都让孩子读范文，拿孩子的作文和范文比，结果越比孩子越没信心。那些范文，别说孩子了，做父母的有几个写得出来?

孩子的作文再差总会有一个句子写得好吧？爸爸周弘就用红笔把作文中写得好的句子画出来，吃饭的时候，让婷婷当着全家人的面朗读，爸爸妈妈一起为她欢呼，给她鼓励。

慢慢地，好句子由一句变成两句，两句变成三句，婷婷越来越爱写，这样下来还能写不出好作文吗?

在这种充满激励的环境中，婷婷的学习兴趣越来越浓厚，各方面都有了飞速的发展。

对孩子来说，大人的鼓励和肯定具有特别重要的意义。它不仅能培养孩子的自信心，还能激发孩子对生活、学习的热爱。婷婷的爸爸就是通过不停地鼓励自己的女儿，让她感受到生活的快乐。

婷婷的爸爸大拇指的肌肉很发达。婷婷从小到大，只要在爸爸身边，爸爸的大拇指总要在她眼前晃来晃去。

手指不同的姿势动作有不同的含义。有的父母在教育孩子时，总是用手指指着孩子的脑袋："你这个小傻瓜，咋这么笨啊？"

婷婷的爸爸对婷婷使用最多的手势就是竖大拇指，在婷婷的心中，大拇指就是"你真棒""你真行"的意思，这就像是一道射进孩子心灵的金色的阳光。

给孩子找感觉、尝甜头，孩子在顺境时需要，在逆境时更需要。当孩子认为自己不行的时候，父母要想方设法让孩子找到自己一定行的感觉。

我的孩子天天从上幼儿园起，我就在她的身上做"试验"：如果今天夸她见人有礼貌，明天她会更注重礼貌；如果今天夸她会自己穿衣服，明天她就会接着自己穿衣服；如果今天夸她小手帕洗得干净，明天她的小手帕会洗得更加干净；如果今天夸她的儿歌唱得好，明天她唱儿歌时会更加起劲……

学会夸奖孩子并不难，关键是你有没有这种意识，能不能认识到夸奖的重要性。夸奖是一种激励。激励比批评和强迫的效果要好得多。但夸奖孩子并不是一件很容易的事，首先要夸得准。如果夸得不准，孩子就会感觉受到了欺骗，认为大人在故意夸他，也就起不到激励作用。特别要注意的是，不能夸错了，否则孩子会把错的当对的，以后想改过来都很难，因为他心目中的是非标准因为你的错夸而混淆了。

作为父母，要时刻关注孩子的每一点细微的进步，对于每一个小小的闪光点，都要对其及时地夸奖和鼓励，让孩子产生成就感和自豪感，促使孩子不断进步。试着每天对孩子说"你真行""你真棒"，这样可以使孩子增强信心，知道自己的进步。父母不要吝啬赞美之词，当孩子取得进步时，要表示真诚的祝贺。赞美和鼓励有时也不一定非用语言不可，父母一个会心的微笑、一个喜悦的眼神就够了。

夸奖孩子是激励孩子不断进步、增强孩子上进心和强化家庭教育的一种重要手段。但在夸奖中，父母对孩子的赞语一定要适度，尤其是当着外人的面，更不能言过其实地唱赞歌。如何恰当地鼓励孩子呢？首先要出于真心诚意，确实是发现了孩子的优点；其次要注重事情的过程而非结果；最后，要设法了解孩子当时的心理状态、内心的想法与期待。

细节83

让孩子在自信中走向成功

世界上有无数的失败者，失败都是因为他们没有坚定的自信心，因为他们所接触的都是心神不定、犹豫怯懦之辈，因为他们自己三心二意，对事情缺乏果断的决策能力。

领袖人物的研究专家丹尼斯对全世界的领袖人物进行研究，发现在他们的身上都有一个显著的特征，就是每个人都极其自信，无不相信自己的力量，无不对人类的未来充满信心。而那些没有什么业绩的人，显著的特征就是缺乏自信心。

自信心能极大地激发一个人所有的潜能，勇气则是人的生命力所表现出的一股极大的力量，我们的信心越足、勇气越大，距离享受生命奋斗的荣誉、掌握自己命运的日子就越近。

有一位心理学家，在他的小女儿第一天上学之前，他根据多年的研究总结，教给了女儿一个足以令她在今后学习、生活中无往不利的诀窍。

他把女儿送到学校门口，在女儿进学校之前，告诉她在学校里要多举手，尤其是想上厕所的时候，更是十分重要。小女孩真的按照父亲的叮咛，不只在上厕所时记得举手，老师发问时，她也总是第一位举手的学生。

日子一天天过去，老师对这个不断举手的小女孩自然印象极为深刻。不论是同学们举手发问时，还是让同学们回答问题时，老师总是让她优先发言。因为积累了许多这种不为人所注意的锻炼机会，小女孩在学习的进步和自我肯定的表现上，乃至是其他许多方面的成长上，都大大超过其他同学。

我常常想：有什么比孩子的自信更能驱使他走向成功的呢？在孩子的成长过程中我感到，孩子的自信源于父母的信任。王威正是在父母的信任中，树立自信，一步步走向成功。

王威的妈妈说，在王威的成长过程中，作为父母，他们似乎并没有给予王威多少特殊的照顾。王威的父母是将对王威的教育渗透在平凡的日常生活之中，这种教育是自然的，但又是极具持久性的，也是最有效的。

他们在王威心智发展的最初时期，很注意对他的引导教育，使孩子早早地形成了良好的接受各种知识的好习惯。在孩子接受正规的社会教育后，他们从不用在孩子爱不爱学习、学习成绩好坏上操心，并可以在孩子上小学甚至上中学学习知识的关键期离开孩子出国工作。在父母的眼里，王威只是家庭中普通的成员。父母在王威很小的时候就十分注意平等地对待他。孩子与父母的交流建立在平等自愿的基础上，父母几乎没有对孩子发号施令过。在父母面前王威没有什么不敢讲的，只要他愿意说，父母就会像同事间探讨问题那样听他从头至尾地把事情说完。小的时候听完王威对某件事情的陈述后，父母还会告诉他像这样的事情有更清楚、更简练的表达方式，王威稍大一点后父母只是就事论事地谈出自己的观点。他们从没有否认过孩子对某问题的认识与观点，在琐碎的生活中，父母对王威所施加的影响是自身对工作的兢兢业业、对生活的严谨态度和努力探究的求知精神，他们很少直接过问王威的学习。

王威虽然是个独生子，但他并没有享受到特殊的生活待遇，也没有从父母那里得到什么特别的东西。更多的时候是父母同时出国或轮流出国工作，留下他独自地生活。这样的家庭背景，无形中给王威提供了一个要靠自己去实现心中的目标的生活环境。长期的学习和生活的独立，使王威在心理上比同龄的孩子显得成熟，他对事物的分析能力也强于班里的其他同学。

王威上小学五年级的时候，他所在班级的老师接到中学招收少儿实验班的简章后，就向学校的领导极力地推荐王威，希望学校给王威一次报考的机会，并主动写好推荐信，向中学介绍王威的情况。首届少儿实验班招生时必须有原小学的推荐信，以确保考生的学习水平和能力。王威得知这一消息时并不理解少儿实验班的具体含义，只知道要通过考试才能被录取。很巧的是，王威的母亲那一段时间正好回国，便带着王威来到了少儿实验班的报名处。细心的母亲虽然对孩子的学习水平还了解得不具体，但是她在看到孩子平时读的图书后就已明白了孩子在学习上的努力。她不仅给孩子报了名，还详细地询问了少儿实验班的办班原则、教学安排等事宜。

王威考上了少儿实验班后，母亲又要出国工作了。刚入学时，由于王威不够住校的条件，所以住校的申请没有被批准。在父母都出国工作的情况下，他只能每天自己料理生活，自己管理自己的学习。后来老师了解到他的家庭的特殊情况，才解决了他的住校问题。

住校后，王威的学习时间更充裕了，与同学之间的交往也更多了。在小学时他学习的能力和学习水平在班上是没人能比的，但到了少儿实验班后，他的学习能力和水平就显得一般了。在第一次摸底考试卷子发下来的时候，王威都不敢相信拿在手里的卷子是自己答的，他从来没有得过这样差的成绩。当老师给大家解释考试的目的是要了解每一位同学的学习情况，并要依据考试中反映出的问题有针对性地组织教学后，他才踏实下来。

他对自己充满信心，只要努力，相信自己在班里的情况是不会差的。父母在出国时给他留下的嘱咐是：你有现在的成绩是你自己努力换来的，你要想达到新的目标就还要继续努力。王威看到身边的同学一个个不仅聪明好学，而且都很努力，他就更不敢怠慢了。他除了认真掌握老师课堂上讲授的知识外，还尽可能地抽出时间提前学习一些知识，做好预习。在自学中他不断地与同学交流，在与同学相互学习借鉴中他的学习水平提升到了一个较高的层次。

美国约翰斯·霍普金斯大学委托某科研单位在北京进行少年数学天才的测试，经多方的努力，少儿实验班的同学得到了这次难得的测试机会。学校在组织学生参加这次测试时，为了使学生能在没有任何心理负担的情况下参加测试，在测试前没有着意强调测试的性质和测试的意义，只是要求同学们认真地参加测试。王威以为这是没有多大意义的一般性测试，所以就没有参加，直到测试的结果公布后，当班里有相当多的同学得到了美国颁发的“数学天才少年”称号的证书时他才恍然大悟，他后悔了，因为像这样的测试是很难找机会弥补的。他深知自己未必不是数学天才，只是没有抓住证实自己是天才的时机。从此，他对任何事情不再是简单地判断了，而是十分注意征求老师和同学的意见，注意吸取他人有益的意见来弥补自己认识上的不足。

少儿实验班4年的学习时间不算长，但王威学到了同龄人要学习7年的知识。少儿实验班即将毕业，王威开始了对人生的又一次选择。这次母亲有机会参加了他的家长会，会后她很不好意思地对老师讲：“王威考大学的事请老师多操心。没有办法，我又要出国工作了。过一段时间，王威的父亲就要从国外回来，遗憾的是我和他的父亲碰不上面，一切由老师做主。”面对报考志愿这样重大的问题，王威参考老师的意见后自己做主报考了中国科学技术大学，这一年他刚好14岁。接到中国科学技术大学的复试通知时他的父亲正好回国，父亲陪他一起到合肥参加了中国科学技术大学少年班的复试，结果他如愿地考上了中国科学技术大学少年班。

王威上大学后，父母依然各自在国外忙自己的工作，对孩子在人生道路的选择上只是提一些参考意见。王威在大学毕业的同时通过了托福考试和GRE（美国研究生入学考试），并获得了赴美国读研究生的深造机会。读研究生期间，他在两年的时间里就获得了硕士学位，并开始在一家著名的公司工作，充分展示了自己极强的工作能力。不过，王威只想在工作期间积累一些工作经验，他的心里还有继续攻读博士学位的梦想。

读了王威的学习成长经历，我们看到了培养孩子独立、自信是多么重要。作为父母，要培养孩子的自信，先要引导孩子克服自卑的心理，我生固我在，我的命运由我来改变。告诉孩子不要去埋怨自己的出身、长相等一切外在因素。如果参加聚会或者大型活动，就教育孩子别光坐在墙角，等待好事来找你，要勇敢一些，主动一些，去寻求交际，抓住展示自己才华的机会。另外，引导孩子在参加活动或者会议时坐在前面，这也会锻炼孩子的胆量。谈话时，正视对方的眼睛，表达感谢时，也正视对方的眼睛。讨论时，积极思考，主动发言。遇到困难时，保持乐观和自信，朝积极方面去想。每天上课前都精神饱满，对自己说：我一定能弄懂整堂课的内容。敢于尝试新的事物，不限制自己的思想范围。

告诉孩子，把自信当成一种习惯，是人生必需的课程，也是引导生命之路的明灯。

细节84

注重孩子心理健康

为了使孩子保持心理健康，父母应努力营造良好的家庭氛围，为孩子提供一个安定和睦、融洽温暖、公正民主、相互尊重的成长环境。

心理健康是指一个人在生活中能保持稳定的情绪、愉快的心境、正常的智能，有适应周围环境的能力。孩子的心理健康具体表现在：热爱学习，积极思考，勇于战胜困难，努力争取优异成绩；乐于与同学交往，能和他人建立正常的友谊；能了解自己的优点和缺点，尽力发挥自己的优点，对自己无法弥补的缺陷不怨天尤人；能适应环境的变化，采取积极态度去处理各种问题；等等。

2019年夏天，湖北某中学初三学生李某在得知自己期中考试有两门课不及格，且没有拿到县高中招生报名表的情况下，从三楼教室的窗口跳下，摔在楼下的花坛中，造成腰椎体轻度变形及压缩性骨折。

我们看到孩子们稚气的面孔上流露出烦恼和无奈，听到孩子们绝望无助的呼喊，孩子们或因沉重压力轻生自弃；或视家如牢狱，不惜一切代价离家出走；或经不住诱惑走上犯罪之路；或人格畸变，无法正常地学习、生活……所有这些，大都可以归咎于成长过程中的心理障碍！

“不是我不明白，这世界变化太快。”急剧发展的社会令许多成年人也搞不懂自己的方向，更别说未成熟的孩子了。逐渐长大的孩子一方面亲历世界的变化，另一方面自己（生理与心理）也在快速地发育。在这化茧为蝶的历程中，心理的波动、情绪的起伏都是正常的。但如果孩子的心灵成长没能得到正确的指导，则孩子可能形成对成长极为不利的心理障碍。

因而，为了保证孩子的心理健康，父母要为孩子的茁壮成长、全面发展点亮一盏“心灯”，为孩子提供安定和睦、融洽温暖、公正民主、相互尊重的成长环境。经常采取心理疏导、情绪感染的家教方法，对培养孩子正确的认知、健康的情感、坚强的意志，防止发生心理疾病，保证其健康茁壮成长有着重要的意义。

事实证明，如果父母教育方法不当，没有因人而异地教育，往往适得其反，既达不到教育效果，又伤害了孩子的自尊心，容易引起其心理紊乱而影响到孩子的心理健康。最常见的违反心理规律的教育方法是强制、恐吓、训斥、谩骂和体罚，这会造成孩子的逆反心理，使其脾气越来越犟。良好的教育方法是引导孩子自觉，使其内心醒悟。当然，不同孩子的个性各异，教育不能千篇一律，必须是一把钥匙开一把锁。对自卑、自暴自弃的学生，要多采用暗示、表扬的方法，使其看到自己的优点和能力，增强自信心；对个性强的学生，批评要顾及情面、留有余地，要使其发现自己的缺点和错误；对吃硬不吃软的学生，就不能过于迁就和温和，应强硬对待其所犯错误。

为孩子营造安逸的生活环境，让他们“万事如意”，免受一切挫折，这似乎成为许多父母，尤其是家境比较优裕的孩子的父母的共同追求。但爱是一门艺术，是一种能力。现在大多数孩子不同程度上存在着任性、脆弱、依赖的弱点，这与父母对子女的溺爱、娇惯是分不开的。父母的目光总是盯着孩子，唯恐发生什么意外，孩子就像离不开父母双翼的雏鸡，不会从自己周围发现危险的迹象，无法获得抵御危险的能力和战胜挫折的经验。人的一生中免不了有“山穷水尽疑无路”之时，如果孩子从小就能不断经历一些小逆境，长大后即使身陷大困顿也会有较强的心理承受力，能不屈不挠、披荆斩棘，最终走出困顿。

细节85

教孩子学会缓解心理压力

作为父母，一定要经常帮助自己的孩子缓解压力，尽量为其创造轻松、和谐的成长环境，绝不能让过重的压力压垮了孩子。

在这个充满竞争、快速发展的社会，我们每一个人，包括我们的孩子，都会遇到各种压力。

人有压力并非坏事。压力能让人的头脑保持清醒和敏捷，保持体内循环系统正常运转；压力也可以激励孩子们取得好的学业成绩，去创造美丽的人生。但是，当压力过重时，压力就会变成苦恼，人在生理反应上会出现腹泻、皮肤发痒、做噩梦等情况，行为表现上则会出现做事畏畏缩缩、沉默寡言、异常挑衅等情况。还有研究表明，孩子在成长过程中有过重的压力与其成年以后患上高血压、心脏病以及癌症等疾病有密切联系。

所以，父母一定要经常帮助孩子缓解压力，尽量为其创造轻松、和谐的成长环境，绝不能让过重的压力压垮了孩子。

有一位高中三年级的学生，临近高考时死活不想进考场。他大声地说："我的脑子全乱了，什么也想不起来。考也没有用。"他的父母一听，都急疯了，赶紧去找老师。

老师说："孩子的压力太大了！"于是，老师给他的父母出了一招。

父母回家后对孩子说："这样吧，只要你进考场把题答完，什么结果我们都接受，就是考零分也无所谓，怎么样？"

孩子一听，说："真的？"

父母真诚、和蔼地说："真的，说话算话！"

孩子如释重负，轻松进了考场。结果考试成绩还很不错，他顺利上了大学。

许多孩子对压力的反应是独自面对，把它藏起来。如果你的孩子以前话挺多，突然变得深沉起来，那一定是遇到了什么问题，作为家长，你应该设法帮助他，多与孩子谈话交流、真诚沟通，让孩子说出感到紧张、不安、苦恼及产生压力的原因，这有利于孩子化解压力。

有的人认为持续过强的压力对孩子是一种沉重的精神负担，容易引起孩子的心理障碍。有的人则认为，就应该有些压力，因为“人没有压力轻飘飘，井没有压力不出油”。越是学习成绩不好的孩子，就越应该给他压力。考试、排名次都是为了刺激孩子的上进心，学习压力迫使他树立远大抱负，向高目标努力。可实际情况是怎样呢？根据调查和测试表明，学习成绩的好坏与压力的大小在一定范围内呈负相关。有些时候，给孩子太多的压力反而会事与愿违。

之所以出现这种现象，原因是若压力大，成绩反而差，成绩差又会导致压力增加，结果使成绩更差，从而形成恶性循环。正因为如此，当压力大到一定程度时，那些成绩较差的孩子会选择逃避，他们会以看电视、玩电子游戏等方式来逃避学习。而成绩好的孩子要是承受外来压力过大，如父母提出一些不切实际的要求，同样会妨碍孩子的学习，致使其成绩下滑，并可能形成恶性循环。一位教育研究者说过，80%的学习困难与压力有关。解除压力，孩子就能解决那些困难。

父母不要给孩子制定不切实际的奋斗目标，不要对孩子的行为给予太多的约束。如果不顾孩子自身实际，只知道让孩子这个拿第一，那个要优秀，就会给孩子增添巨大的压力。还有的父母只顾让孩子学习，这也不让干，那也不让干，这也会让孩子感到压力。要让孩子有足够的休息和娱乐时间。孩子如果不能得到足够的睡眠，或休息不好，就会感到身心疲劳，无法集中精力学习，进而容易感到紧张，产生压力。娱乐是化解孩子压力的较好途径，父母与孩子一起做游戏或参加一些文娱活动，可使孩子沉浸在快乐之中，压力也会被大大缓解。还可以带上你的孩子走进大自然，共度悠闲时光，接受大自然的陶冶，在大自然宽大、温暖的怀抱中，烦恼、紧张、压力都将被置之脑后，随风飘散。

如果在事前有思想准备，当压力到来时，就会得到良好的缓冲。承受压力的思想准备越充分，承受压力的能力就越大，相对来说，压力本身就等于减小了。压力是我们生活中的一部分，人不可能一点压力都没有，生活中一点小小的压力或坎坷，只不过是错综复杂、变化多端的生活中的一个小小插曲。区区小事，何足挂齿呢？有了这种心态，有了面对压力的气魄，那压力自然就小了。

人们对待压力的态度，还取决于个人意志力的强弱。中国无产阶级革命家恽代英说过：“世界上没有一帆风顺的革命，挫折是不可避免的，经得起挫折、不怕失败的人，才是能取得胜利的人。”人如果有了这种坚强的毅力，就会百折不挠，顶住任何压力向前进。意志力是一种精神力量，精神压力只有靠这种精神力量才能战胜。

父母要从关心孩子出发，有爱心、有耐心地与孩子多谈心，做孩子的知心朋友。只有这样，才能使孩子的郁闷情绪得到舒缓，使孩子每天都保持一个好心情。因此，父母一定要善于观察孩子，当孩子情绪不好时，要注意帮助他调整。孩子有话，该说就让他说；孩子委屈，想哭就让他哭；孩子郁闷，该喊就让他喊……让孩子畅所欲言、一吐为快，才能帮助他解除心理压力。

细节86

对孩子进行正确的性教育

父母可以从生活中大大小小的事情出发来和孩子谈性，不一定需要刻意安排。

社会的快速发展，使得现代青少年的性观念、性态度已不同于上一代人的传统想法。然而，即使是社会高速发展的今天，许多父母仍然谈“性”色变，对孩子进行着一种“鸵鸟般的性教育方式”，父母从小教孩子过马路小心汽车，不要随便跟着陌生人走，好好读书考好学校，等等，却从不和孩子讨论性方面的问题。

事实上，对性的学习是延续整个生命的过程，在孩子出生的刹那，就已展开。性教育不只是狭隘的性生理教育，还应该包括认识身体发育、两性差异，以及与异性相处之道，既是情感教育和亲密人际关系的教育，也是人格教育与生活教育。了解性，不但能帮助孩子坦然接受自己成长过程中生理、心理的变化，而且能让其比较懂得如何处理自己的感情，保护自己免于受到侵害，也更能让其学会为自己的人生和爱情关系负责。

父母是孩子最天然的老师。可以说，父母是否具备健康的性观念，能否把必需的性观念与性知识准确、及时地传授给正处于青春发育期的子女，能否针对子女在这一阶段出现的种种“异常”恰到好处地加以引导，能否以达观、宽容的心态面对子女在性方面的种种误解并与其进行民主的对话、交流，这些都对孩子正确的性观念的形成具有至关重要的影响。

在北京市某重点中学进行的一次“对异性朋友的友情问题”的问卷调查中，只有4.3%的父母赞成自己的孩子交异性朋友，反对自己的孩子与异性朋友交往的父母竟高达95.7%。

这一调查结果是令人痛心的。因为面对同一问题，可爱的子女们则有近50%的人赞同与异性朋友交往。这些杞人忧天的父母认为青春期的异性友谊必然会导致早恋。一提起异性友谊就想到早恋，一想起早恋，便想起性过错和性犯罪，于是就战战兢兢，谈“恋”色变，恨不得把男女同学们分别隔离起来，老死不相往来。一位重点中学高二的女生对此一针见血地指出：“大人们总是对这个话题如此敏感，我真怀疑他们就是早恋过来的。”

父母应该对孩子进行必要的性常识教育。针对不同年龄段孩子的特点，告诉他们一些必要的性常识，让他们始终对性有一个科学、持续的了解，以健康、正常的心态接受性的方方面面。

现在的孩子发育快，心智也更早熟，孩子平常在电视、电影中也早就看过许多异性亲热的镜头，因此父母已不能指望等到时机成熟，才和子女来一次促膝长谈，以期解决所有的大问题，而是应该随时把握机会，从孩子开始问“我是从哪里来的”或“为什么爸爸站着尿尿，妈妈却是坐着”，就开始和孩子谈性。

性教育专家指出，父母可以从生活中大大小小的事情来与孩子谈性，不一定需要刻意安排。例如，孩子小时候，父母可以利用与孩子共浴的时间，自然地和孩子谈起性器官发育及如何清洁的问题；也可以趁着观察植物、动物的机会，为孩子解释生物如何由传递花粉及交配来繁衍生命，告诉他们，这是生物的本能，是很自然的事情。此外，父母还可在新闻报道有关两性相处、青少年怀孕等事件时，听一听孩子的看法，甚至可以和孩子一起观看讨论两性关系的节目。

家庭教育专家卢勤指出，对儿童期的女孩，一定要告诉她“八个不要”：①不要贪小便宜，不要随便接受别人的东西。②不要跟陌生人走，自己的下身和乳房是绝对不准异性触摸的。③不要把家里的钥匙挂在脖子上，应把钥匙藏好，不让别人看到。④放学回家时不要走偏僻的地方，最好与同学结伴而行。⑤路上发生任何事情（如受到威胁、侵害……）都要及时告诉父母，不要隐瞒。⑥独自一人在家里要锁好门，有陌生人叫门时不要开。⑦遇到坏人拦截要大声喊“救命”，不要怕。⑧如果有人在半路追你，要往人多的地方跑，不要慌。

对于青春期的女孩，要教她“四个学会”：①学会防卫。防备他人对自己身体的侵害。②学会拒绝。对不良的性诱惑，自己需要学会理智地拒绝。③学会辨别。对不良的性误导，自己需要懂得如何辨别。④学会抑制。对自我的性冲动，必须懂得抑制。

另外，父母不要怕回答问题，也不必硬充专家。父母碰到自己答不出的问题，不要说“这种问题，不要来问我”或“等你长大，自己会明白”。可以告诉孩子：“和你讨论这类问题，对我来说，其实也很尴尬。我的爸爸妈妈以前从来没有和我谈这类的问题，但是我希望你在这方面如有任何疑惑，都可以和我讨论。”或者对孩子说：“这个问题很好，虽然我现在答不出来，我会想办法找到答案。”应该让孩子知道，父母也不是无所不知，碰到不懂的问题，可以一起查资料，一起讨论。

和孩子谈性时准备充分，问题就不成问题。如果你不敢和孩子谈性，是因为自己性知识不足，那么最好从现在开始多阅读一些这方面的书籍。尤其是针对一些青少年常问的问题，预先做准备，例如：“青春期的男孩和女孩在生理和心理上会起什么变化？”“我可以交异性朋友吗？”“性病是怎么回事？”父母在思考如何回答这类问题之前，最好预先想好怎么表达自己的观点。如果有某些问题模糊地带过，也想想下一步该怎么和孩子讨论。要切记，对于孩子来说，青春期会有“成长的烦恼”，应对他们宽容一点，不要说教，更不要语带威胁，要以疏导代替压制。

父母在两性关系方面要洁身自好，尤其不要在孩子面前出现过于亲密的行为。和孩子一起聊天、游玩的时候，要尽量避免夫妻之间的那套“秘密用语”。另外，对孩子在青春期提出的各种涉及性方面的问题要用端正、平和的态度予以对待。要知道，此时正是父母与孩子进行“性对话”的最佳时候。伴随着和颜悦色、浅显生动的讲解，孩子渐渐会对自己迷惑不解的性问题释然开怀，以轻松、愉快的心情投入新的生活。

细节87

不要让孩子卷入父母的冲突，更不可让孩子来当裁判

父母的言行举止，影响着孩子最敏感、最细腻的精神世界。

家庭的三部曲一般是恋爱—结婚—生孩子。孩子在父母的共同教养下，会体会到父母的喜怒哀乐，也能感受到因父母的冲突引起的紧张气氛。

也就是说，父母的言行举止，时刻影响着孩子最敏感、最细腻的精神世界。

或许因为父母知道与孩子之间关系的珍贵，因此，当父母发生冲突的时候，愤怒之下有时会“利用”这层关系来伤害对方。尤其是离婚的夫妻，可能尝试限制另一人探访孩子的权利。

其实，无论是父亲还是母亲，将孩子有意地与另一方隔离，是冲突中的父母对孩子做的最有害的事情。对于深爱自己的父母并想要对两者忠诚，同时又觉得有必要保护被抨击一方的孩子来说，这种行为会为他们制造一种慢性的痛苦。持续地让孩子卷入父母间的争执会令他们感到好像自己要担当家庭不和及修复关系的责任。很明显地，要维系父母的婚姻，孩子并没有什么可以做或应该做的事。因此，这样的行为只会让孩子感到无助、混乱与沮丧。

孩子需要父母双方的爱与支持，特别是当他们尝试应付父母不和所引起的混乱时。当父母在冲突中将孩子像足球般“踢来踢去”以达到伤害对方的目的时，真正的输家却是孩子。

关系不睦的父母应注意避免以批评或责备的方式来与孩子讨论另一方，因为这可能破坏孩子和另一方的关系，或者会使孩子觉得自己不忠心、内疚以及平添更多的压力。假如你可以真诚地做到化解冲突，接下来，就将注意力放在冲突中有建设性的观点上。在适当时机，告诉孩子爸爸和妈妈吵架是为了帮助彼此理出不同的观点，并找出解决问题的办法。

身处强烈冲突婚姻里的孩子，尝试成为父母之间的一个调停者的例子并不罕见。这是孩子企图的一部分，他们想调整自己父母的情绪并对家庭中的混乱感到恐惧，很绝望地想对此做点事情。但维系一个家庭的责任，对任何孩子而言都太过吃力，而且常常会弄巧成拙。

有一篇饱含悲苦的作文，便是孩子在父母离异后连锁反应的写照，现节录如下——

中秋节，本是一家人团圆之日，而我却傻傻地站在阳台上……那难忘的一幕又浮现在我的眼前……

那天放学回家，我刚迈进家门，仔细看看，一片狼藉。我甩掉书包跑到妈妈身旁问："妈妈，出了什么事？"妈妈慢慢地抬起头来。天哪！那是怎样的一双眼哪！突然，爸爸那无情的话打破了屋里的沉寂："离！没有什么好说的了！"妈妈的泪终于流了出来，又是一阵难忍的沉默。只见妈妈霍地站了起来。我叫了起来："妈妈，你别走！别走！"妈妈探下身来抚摸着我的头说："虹虹，一定要好好学习，不要辜负了妈妈的期望！"说着，她背起妹妹离开了家门。天已经暗了下来，风轻声地呜咽着，好像在诉说一个悲惨的故事。

从此，屋前的青草地上再也看不到妹妹为我跳舞的身影，再也听不到妈妈对我关心的话语，随之而来的只有爸爸的沉默和奶奶的叹息。迎接我的只有孤独和寂寞。爸爸，我恨你，你为什么不留住妈妈？

一阵凉风吹过，我的泪又偷偷从眼里流出来，好像只有那永不干涸的眼泪才能洗去我心中的伤痛，好像也只有它才能抚平我心中的伤口。现在，我懂得了生离比死别更痛苦。在这里，我向天下所有的父母呼吁：为了孩子，相亲相爱；为了家庭，白头偕老！

无论是父亲还是母亲，为了孩子着想，都必须将战火降级。如果你有年龄不大的小孩，要让他了解照料父母不是他的责任。告诉孩子大人会自己寻找解决问题的办法，大家也都不会有事的。对于较年长的孩子，谈话可以比较深入一些，但传达的是相同的信息：解决父母之间的争吵不是你的责任。

让孩子明白他不是父母之间的问题源头。研究发现，年龄大一点的能够明白父母吵架内容的孩子，如果事关自己，在父母发生冲突时，他很可能有羞耻感和自责感，害怕自己被卷入争执中。在这种情况下，作为父母你或许可以说："爸爸和妈妈对于要如何处理这件事有不同的主张，而我们争吵并不是你的错。"

夫妻双方都要无条件地为配偶和孩子的健康、幸福做出努力和牺牲。要充分认识到夫妻的恩爱和睦不仅仅涉及夫妻两人，还会在孩子身上发生连锁反应。父母既要为孩子树立良好的榜样，又要为孩子健康成长营造美好、温馨的环境。这既是一种巨大的教育力量，又具有“润物细无声”的潜移默化的作用。

霖霖10岁时，他的爸爸和妈妈在沟通上经常出现问题。表现在双方一旦有不同意见，爸爸就避而不谈、一声不吭，妈妈因得不到回应非常气愤，脾气上来会一股脑把情绪都往爸爸身上发泄。妈妈知道这样会影响霖霖的心理成长，也会影响父母在孩子心目中的形象，但她仍然无法控制自己的脾气和不良情绪。

很显然，在这里孩子成了父母的工具：父母之间有冲突无法解决，孩子就变为承受者。长期这样，孩子就变成了父母的样子。爸爸的回避是一种冷暴力，一声不吭本身就是对问题的一种回避，想避免冲突，却让妈妈情绪更加激动。爸爸可能内心对妈妈也有很多的不满，但仍需要换一种方式去对待彼此之间的冲突。有效的沟通是最好的方法，可以先认同对方的情绪，即使不认同对方的观点，也要先关注对方的情绪。如果一个人的情绪被对方关注了，不良的情绪也就得到了很好的缓解。如果说两个人能够保持这个原则的话，沟通起来就会顺利；如果两个人已经形成敌对关系了，就要找一下原因，因为一旦敌对，任何的沟通都是徒劳的。

父母之间不同程度的冲突，必然产生伤害孩子的连锁反应。父母应该从爱护孩子、关心孩子健康成长出发，履行父母的职责，尽快地、最大限度地减少冲突对孩子造成的伤害。冲突发生后父母可以及时采取补救的措施，如共同带孩子进行健康、愉悦的家庭活动，在活动中表现父母间亲切的感情，表现父母对孩子的爱，表现家庭生活的甜蜜幸福，做这些会使孩子感到父母之间有点矛盾是正常的，不会影响到家庭和睦和他们对自己的爱，孩子会尽快遗忘或消除因父母冲突而产生的痛楚，从连锁反应的阴影中解脱出来。

俗话说，“家家都有本难念的经”“舌头和牙齿再好也难免有舌头被牙齿咬到的时候”，家庭生活中有分歧和冲突是难免的。父母发生冲突时，不要请孩子来评理、当裁判，孩子无法“胜任”这一角色。作为父母，应该多为孩子想一想，要意识到父母的冲突将会在孩子心灵上产生十分有害的连锁反应，要尽可能地避免在孩子面前的冲突。夫妻间的矛盾，要避免在孩子面前表现出来，可以两个人关在房间里交换意见。

细节88

带孩子了解体育，并引导其热爱体育运动

身体健康是事业成功的基础，也是人生幸福的首要保证。

古希腊有一句格言：“拥有健康的身体，才能拥有健康的思想。”事实上，健康的身体是人的一切感受力的基础，一个健康状况不佳的人，其感受力往往被病痛所歪曲，因而也很难拥有健全的人格和健康的思想。古诗这样写道：“如幻如泡世，多愁多病身。”事实上，对人生的虚无感，正是由“多愁多病身”带来的。因此，让你的孩子拥有一个强健的体魄至关重要。

镭的发现者、杰出的女科学家居里夫人，一生曾两次获得诺贝尔奖，她不仅是一位杰出的科学家，也是一位游泳爱好者。居里夫人一生献身科学，她没有给儿女们留下万贯家产，却自豪地说：“我给他们留下的最大财富就是健康的身体。”

健康的身体，可助你研究学问精力集中，可助你提高心理健康水平，父母在让孩子学习文化本领的同时，一定要其注重体育锻炼、增强体质，以促进其全面发展。

每一位父母都希望自己的孩子能够健康成长，但是对于怎样才能使孩子拥有一个强健的体魄，却存在许多误区。不少父母不惜高价给孩子买各种滋补食品，以为这样就能使孩子营养丰富、身体健康。其实，我们每天的饮食可提供足够的营养保证孩子的健康，只要孩子饮食正常，不挑食、不偏食，除非在特别情况下，并不需要专门给孩子吃什么滋补品、滋补药。乱吃滋补品有时反而会造成孩子身体素质的下降。还有的父母溺爱孩子，什么都不让孩子动手做，也不给孩子提供参加体育运动的机会，致使孩子免疫力下降，孩子动不动就感冒，而一感冒就一味打针吃药。这些都不利于孩子的健康成长。

多让孩子参加一些体育活动，培养孩子对于体育的爱好，将使孩子终身受

益。一个人在童年时期形成的行为习惯，将会影响他的一生。一个从小很少参加体育活动的人，长大以后也很难成为体育的爱好者。而如果在童年时期就培养孩子对于某些体育项目的爱好，那么这种爱好将会让他保持终身。因此，让孩子从小养成每天运动的习惯，是父母的一项任务，也是父母给孩子的一份终身受用的礼物。这远比给孩子买保险、买补药划算。

参加什么样的体育活动，要考虑孩子的身体特点，也要因地制宜。城市的孩子因为活动场地的限制，有些体育活动很难开展。过去人们一直把散步、跑步视为投入最少、受场地限制少、随时可以开展的体育活动，但是由于一些城市的空气污染严重，选择跑步已变得不合时宜了，经常在污染的空气中剧烈地运动，有损身体健康。篮球、足球等运动由于受场地限制，而且参加人数较多，也不适于家庭开展。羽毛球、乒乓球等小型球类运动对场地要求相对较低，且便于在家庭成员间进行，不失为较好的选择。游泳能够锻炼身体的各个系统，使身体各部分得到均衡发展，在许多城市里已成为时尚。父母要创造条件，鼓励、支持孩子参加各种体育锻炼，提高孩子身体各部位的机能和适应环境的能力，增强孩子的体质。在培养孩子锻炼身体的习惯方面，3~12岁是一个人形成良好习惯的关键期，此时孩子在生理上处于生长发育和素质发展的敏感期，可塑性强，最容易接受成人的引导与训练，正是孩子养成每日自觉锻炼身体习惯的好时机。如果错过了，随着年龄的增长，由于受旧习惯的干扰，新习惯的养成就比较困难。

为训练孩子的运动能力准备的场地必须确保安全。父母不要整天将孩子关在家中，比如孩子放学后希望在外面玩一会，这时父母就应支持和鼓励孩子做些户外活动，可以在居住地的周围找一块空地让孩子活动。有些住宅区道路上时时有过往的车辆，需要特别注意安全。但孩子为运动而运动常会感到枯燥，父母可为孩子配置些必要用具，增加活动的兴趣性，像篮球、足球、跳绳、橡皮筋等都是不错的选择。另外，为了方便孩子运动，应该让他穿运动服和运动鞋。由于许多孩子缺少玩伴，父母就不可避免要充当这一角色——孩子的玩伴，需要与孩子一起拍球、传球、单腿跳等。因为5~10岁的孩子慢慢会有竞争意识增加，他们重视行动后的结果，所以父母与此年龄段孩子一起运动时可加入一些比赛，这样可以提高孩子对于运动的兴趣。

对于那些不爱运动或运动不自觉的孩子，父母应多给他们鼓励、引导，以促使他们运动习惯的养成和运动能力的提高。

J篇

餐桌上也有教育
——就餐细节的教育

细节89

把餐桌当作课堂，控制进餐时间，保持良好的礼仪

父母要把餐桌当课堂，从孩子上餐桌就餐第一天起，就要对他进行有形或无形的进餐礼仪教育。

让孩子养成良好的饮食习惯，不仅能促进孩子的身体健康，而且对其心理健康也大有益处。

我们发现，许多孩子一顿饭要吃一个小时，眼看着上课的时间就要到了，面前的饭还没吃掉一半，孩子是不急，可大人不能不急。于是围绕着饭桌，父母和孩子之间产生了矛盾。

有的孩子上小学了，还需要大人喂饭。这样的事情并不少见，尤其是在动作磨蹭、学习有困难的孩子群体里，这样的孩子占据着很大的比例。

为什么不限制一下孩子的吃饭时间，分步减少？比如从40分钟开始，时间到了就把饭撤掉。

撤掉的话他还饿着肚子该怎么办？就是要让他饿肚子，人为什么有吃饭的欲望？因为饥饿。

父母想想有道理，回家去试了。但是，几乎有60%的试验没有成效，原因有两个，一个是家庭成员众多，这边妈妈把住了饭桌的关，那边爷爷奶奶的零食提供着，前功尽弃。还有一种，零食的关卡倒是管住了，可是父母心太软，孩子饿了两天，就“举手投降”了。

为了让孩子养成好的进餐习惯，父母要注意吃饭前、吃饭时和吃饭后的一些细节。

吃饭前的细节：要求孩子饭前不做剧烈运动，静静地休息一会儿，为吃饭做好准备。特别要让孩子养成饭前洗手的好习惯，把好“病从口入”这一关。饭前不

给孩子吃任何零食。此外，还可以要求孩子帮助搞好餐桌和餐具的卫生，为家人分发餐具。父母要在孩子不爱吃的食物上多换花样，当孩子吃了以前不爱吃的食物，要及时表示赞赏、鼓励。记住，一定要规定进餐时间，以15~20分钟为宜。

吃饭时的细节：孩子吃饭时，营造一种温馨的家庭进餐氛围，可一起谈论美味的食物。对于年幼的孩子，要求他们学会正确使用筷子或汤匙，不用他人喂，也不用手抓食物。对于年长的孩子，要求他们不撒饭、不剩饭，不偏食、不厌食。对于任何年龄段的孩子，都应该要求他们做到进食要细细咀嚼而不狼吞虎咽，而且要做到专心吃饭，不说笑打闹。还应该要求孩子在固定的地方就餐，吃饭时不到处乱跑。最后，定时定量、不暴饮暴食，也是良好的饮食习惯所必需的。

要教孩子在吃饭时保持良好的礼仪。吃饭时，如果礼仪规范、举止优雅，对他人也是一种尊重。

那么，餐桌上有哪些礼仪呢？吃中餐的礼仪我们相对熟悉，下面以吃西餐的礼仪为例加以说明——

永远不要把胳膊肘放在餐桌上。

用一只手吃饭，除非你正在切东西。永远不要一只手拿叉子，另一只手握杯子。

不要舔手指头，给你餐巾的目的就是让你擦手。

别吧唧嘴，嚼东西时不要出声。

别张着嘴嚼东西。

嘴巴里塞满了食物时别说话。有时人们会用手遮着嘴说话，但别这么做，你把嘴里的东西都咽下去之后再说话。

假如你的牙缝里塞进了东西，不要马上去拨弄，要等到了卫生间时，再把它剔出来。

别把食物拿在手上把玩。

在外就餐时，如果不小心将叉子、餐巾或者其他什么餐具掉到了地上，不必马上去捡起来，将掉到地上的东西再放回桌子上是很粗俗和不卫生的行为。如果你把掉到地上的东西捡了起来，就直接递给服务员，并说声“很抱歉”，然后站起来去洗手，回来后再继续用餐。在这种情况下，最好的办法是叫服务员帮你换一下餐具。

在餐厅就餐，你的食物端上来之后，不要马上就开始吃，要等到每个人的食物都上齐之后再开始吃。

如果出现食物不好吃或者需要等待的情况，千万别抱怨。你不想成为一个破坏欢乐气氛的人吧？

吃完饭，别把餐具从你面前推开，把它留在原处。吃西餐时，如果你想表示自己吃完了，应该把刀和叉并排放在盘子上。放叉子的时候要尖头朝下，放刀的时候刀刃的一面冲着自己，其中叉子离你更近。

吃完饭以后，不要将你没用过的餐具放在盘子上或托盘里，应把它留在原地。

当你向服务员点菜、询问或说“谢谢”的时候，眼睛要一直注视着对方。

当服务员向你作自我介绍的时候，要尽量记住他的名字。在整个就餐过程中，当你需要和他沟通的时候，要尽可能地称呼他的名字。

当服务员为你上甜点或问你诸如“你的沙拉用什么调味汁”的问题时，你最好反问“有哪些选择”，如此一来，你就可以避免你所点的东西餐厅没有的尴尬了。

跟服务员讲话，不要像对待仆人一样，要充满尊敬和善意。记住，他们是为你关注食物的准备情况并给你端上来的人。你不会想站在他们的对立面上吧？

吃饭后的良好习惯：进餐后，应该要求孩子静静地休息一会儿，不要让孩子吃过饭就立即看书或者跑来跑去做比较剧烈的运动。此外，对于年幼的孩子，应该要求他们少吃零食和甜食。对于年长的孩子，则要求他们除了正餐之外，做到不吃零食。

细节90

餐桌上，最好是父母做主，不要由孩子说了算

孩子吃什么菜式，你应该心中有数，该给什么就让他吃什么，用不着每次都征求孩子的意见。

你与孩子同桌吃饭，在餐桌上谁做主？不少父母的回答并不出人意料：孩子说了算数。

如今孩子偏食、挑食的现象已成普遍性问题，除了父母存在饮食误区外，更多的原因是让孩子“主宰”餐桌，最后花了大工夫却养出个体弱多病的孩子。

吃饭原本是一种享受，可对许多孩子来说，吃饭就像一场灾难降临。

许多父母为孩子不爱吃饭而头痛，甚至好些家庭常常为孩子吃饭问题而失和。

如果孩子摆弄他面前的食物，一会儿站起，一会儿又坐下，一股劲地叫嚷，或许还会爬上桌子，或站在椅子上以吸引你的注意力，那么你可得明白，他现在想做的可不是要吃饭，而是在测试你对他限制的程度，并试图把自己的吃饭时间也变得饶有趣味。这让不少父母伤透脑筋。

汤先生是一名知识分子，可就是面对4岁的儿子“俯首称臣”，平时饮食全由孩子“开食谱”。汤先生说，儿子平时从不一本正经吃饭，喜欢把奶油蛋糕、冰激凌、巧克力等当作主食，所以导致食欲下降，影响了其他食物的摄取和营养的吸收。

住在沪南地区的朱先生的女儿从小由祖母带养，老人视孙女如掌上明珠，“小公主”爱吃什么菜就吃什么菜。朱先生说：“看到女儿这样任性，我想制止，但孩子的奶奶一味护着她，我也只好听之任之。”

在许多大城市，儿童营养不良的情况已经十分严重，但是这些儿童营养不良并不是由于家庭经济欠佳，相反，是生活水平的提高而造成的。

孩子不想吃饭，总是有原因的，或是病了，或是吃多了零食，或心里有什么不愉快的事情而影响食欲。假使他一时不想吃，你就不要苦苦强求，否则，等于给他机会进行要挟。对耍赖不吃饭的孩子，饿他一餐两餐，他自然就会体验到饿肚子的滋味，对身体也不会有什么太大的影响。当然，事后要给孩子讲清道理。

对孩子说“不要再吵了”或者“不要再磨蹭了”的话，不宜超过两次。如果他还不能控制自己，你就得让他离开餐桌直到他愿意试着好好吃饭为止。

等上大约5分钟，然后问他（无论他在房间里还是在别的地方）：“是否想好好吃饭？”如果他说：“是的。”你才能允许他回到餐桌旁。有时，他可能会故技重演，在这种情况下，你应该告诉他：“我想你还是不能管住自己，那么，你现在必须离开餐厅直到我们吃完饭。”

孩子也许并不在乎离开餐厅，他会在房子的某个地方自得其乐，可能还会发出尖叫声，叫你吃不好这顿饭——无论他在不在餐桌旁，经过观察你该知道哪种方法对你孩子最为有效。

一些父母千方百计去满足孩子的欲望，以达到让孩子吃饭的目的，却忽视了对孩子的正确教育。有的孩子掌握了父母溺爱的心理，就会把“不吃饭”当作“武器”，向父母进行“敲诈勒索”。当孩子闹得太过分时，你可通过下面这个方法使孩子安静下来。

有些孩子吃饭时坐不住，满屋走，主要原因是有别的事情吸引着他。这时，切忌强迫他老老实实坐下吃饭，而应用“转移视线”的方法，把他的兴趣点吸引到饭桌上来。最好能给孩子讲解一些科学常识，比如：“人为什么要吃饭？”“吃下的东西都跑到哪里去了？”一方面使他增长知识，另一方面使他对饮食产生兴趣而增强食欲。

吃什么不要征求孩子的意见。“你喜欢吃这个吗？”有些父母用餐时，会不自觉地让孩子挑选饭菜，这样反倒助长了他的挑食个性。一些孩子拣饮择食，往往是父母的娇惯造成的。当上述的事情发生后，你要孩子好好想想，并非常肯定地对孩子说（不要表现出气愤）：“我确实希望你能记住我们所制定的这些规则，这样我就不必把你从餐桌旁赶走，或者你会得到一些你意想不到的奖品。我相信你一定能学会遵守这些规则的。”

细节91

莫要把餐桌当“法庭”教训孩子

父母平时需要抽出时间来关心孩子的生活和学习，假如孩子犯了错，必须避开就餐的时候批评他，不要不分场合地“开庭”教训孩子。

生活中这样的现象极为普遍：父母总是把餐桌当作“法庭”，在餐桌上批评、教育孩子。

我认为，并不是不能批评、教育孩子，而是要选准时机，把握一个度。

有一位叫杜明的医生讲述了这样一件事——

皮皮6岁，刚上小学一年级，他的性格正像他的名字一样，顽皮、好动。最近，他得了一种怪病，一到吃饭时间坐到餐桌旁就肚子痛，饭也不能好好地吃。

一个月下来，面黄肌瘦，学习成绩也直线下降。到医院看病，看了几个医生，验大便，查B超，甚至还做了胃镜，都没发现有什么问题。这下可把他的爸爸妈妈愁坏了。这天，这个“疑难”病例落到了我的手上。

我一边给皮皮体检，一边了解病情，检查确实没有问题，在梳理病史时，我发现皮皮肚子痛与吃饭有密切的关系，于是，我就围绕他家的餐桌进行了追踪了解。

皮皮家共有三口人，爸爸是位民警，妈妈是位营业员。皮皮小的时候，大部分时间是在他的奶奶家过的，一直到上小学时才随爸爸妈妈住在家里。皮皮在奶奶家时，爷爷奶奶什么事都依着他，从不让他受委屈，所以，他就显得特别淘气。回到自己家里就不同了，爸爸妈妈望子成龙心切，决心改掉他的坏毛病，就对他严加管教。但是他们平时忙于各自的工作，没有太多时间顾及皮皮的事，只有吃饭时一家三口才能聚在一起，于是，他们就把吃饭的时间当成了教训孩子的好时机，餐桌成了“法庭”，爸爸“开庭”，妈妈“审判”。

比如，皮皮和邻居家的孩子闹了纠纷，妈妈在餐桌上就会把他骂一通；皮皮考试成绩不好，爸爸会用筷子指着他大发雷霆；家长会上老师点了皮皮的名，爸爸或妈妈觉得丢了面子，皮皮又逃不掉这场餐桌“审判”……如此这般，使皮皮一坐到餐桌旁就紧张，食欲全无，久而久之，他心理上形成了压力，惧怕上餐桌吃饭，进而导致厌食、腹痛，造成营养不良。

找到了皮皮肚子痛的病根，就应从根源上进行治疗。首先需要“吃药”的当然是皮皮的爸爸和妈妈了。

从生理角度看，吃饭时专心致志，注意力集中到饮食上，既可品尝食物的美味，又可增进食欲，利于胃、胆等器官分泌消化液，有助于食物的消化吸收。但如果父母一味地在进餐时对孩子絮叨、责备，就会使孩子“心不在食”、食不知味、食欲不振，这样难免会诱发孩子生理上的疾病。再则，父母在餐桌前的经常性指责也使得孩子对吃饭产生了一种习惯性的惧怵，让孩子在餐桌前便如坐针毡、备感压抑，长此以往，也容易导致孩子产生心理障碍。

在吃饭时，父母应很轻松地用三言两语了解一下孩子在学校里的情况，讲点有益的文化知识和鼓励孩子向上的好人好事等，创造一个良好的餐桌文化氛围，这样才能让孩子既吃得舒心，又受到教育。

细节92

如果不是太忙，尽量全家在一起吃晚饭

只要时间允许，父母应尽可能地与孩子一起吃晚饭。餐桌上可以讨论一些有趣的话题，或者当天的所见所闻。尽量让孩子多说一说，听听他的看法。

不管是哪一个家庭，全家一起吃晚饭时都是一家相处最愉快的时间。此时，为了使孩子也能多参与，可常常以孩子为话题中心。如果为了孩子智力发育着想，把当天的新闻或某些社会问题作为话题，效果更佳。或许孩子对话题还不太了解，父母却可以用问答方式征求孩子的意见，如此有益于训练孩子的表达能力。

践行这点最彻底的是曾任美国总统的肯尼迪的家庭。肯尼迪的母亲罗丝夫人有9个孩子，她常常利用晚餐时间给孩子们做智力训练。她在餐厅门口挂了一个告示牌，把当天剪下来的新闻贴在上面，孩子们看完告示牌上面的消息后才坐下来吃饭。进餐时，彼此发表对当天新闻的意见，话题广泛。

这对尚年幼的弟弟妹妹或较困难，但在哥哥发表意见的过程中，肯尼迪也逐渐学会了如何表达自己的想法。

一项研究表明，能经常与成人一起吃晚饭的孩子在大学入学考试中考分更高。因此，要想办法使晚饭时间变成快乐时刻，全家人在一起互相讨论一天的工作、学习情况。这不是批评或约束的时刻，可多问一些开放式的问题。

例如，可以问：“今天你在学校最开心的事是什么？”而不要这样问：“今天在学校高兴吗？”问一下别的孩子在学校的表现，看看你的孩子对他们的表现有什么看法。不要只顾讲你想起来的事，要让孩子告诉你更多一些。

可以利用晚饭时间讨论国际和国内大事。一项研究表明，经常在家里谈论时事的孩子在学校能取得更高的成就，他们知道如何搜集信息，如何在心里组织好语言并表达出来。但注意，要让讨论保持积极向上的氛围，这时不宜讨论恐怖和悲痛的新闻。

细节93

教孩子使用筷子吃饭，告诉其不要对饭菜挑挑拣拣

教给孩子使用筷子的要点，让其正确地拿筷子吃饭。和许多人一块儿就餐时，要告诉孩子等到菜转到自己面前时再动筷。

在日常生活中，我们注意到许多孩子吃饭总是用勺子，即使有的孩子已经长大了，仍然用勺子吃饭，还不会使用筷子。

我的邻居家有一位女孩，从小就没用过筷子，她的父母也从来没有教过她如何使用筷子。等她上大学后，还在使用勺子。以至于有一次她到别人家做客，主人没有给她准备勺子，她拿筷子总也夹不起菜。

可能是人们的饮食习惯愈发西化的关系，不会使用筷子的孩子越来越多，不仅在家里，在学校也用刀叉、汤匙，而从孩子智力发育的角度来看，这并不是个好现象。

其实，人类身体机能发展的原则是从头到脚、从中枢神经到末梢神经。所谓“手是第二个头脑”，这表示手的发展等于头脑的发展，手灵活的孩子，大脑也灵活，即对手的刺激，就是对脑的刺激。所以，“使用筷子”就是在日常生活中可以做到的“头脑体操”。

学会用筷子吃饭后，就要注意用筷子吃饭的文明礼仪。餐桌上，最常见的就是孩子旁若无人地拿着筷子在盘子里挑挑拣拣，举着筷子在桌上的菜盘里来回寻找，不知从哪儿下筷。调查发现，吃饭时对身边的人熟视无睹，用一双筷子对满桌饭菜挑来拣去的现象在许多孩子身上都存在，低年级的学生比高年级的学生表现得更为突出。

有一次，一所中学几个班的学生一起参加活动，活动结束后吃晚餐，大家高高兴兴地边吃边聊。有一个学生不吃肥肉，就在一盘冬笋炒肉里面挑来拣去，把肥肉全都挑到一边，只吃瘦肉和冬笋。一位细心的班长看到了，星期一的班会就以“吃

饭该注意些什么问题”为题，发动同学一起讨论餐桌上的不文明现象。

其实用筷子吃饭时的不文明行为不止这一点，然而很多学生都忽略了，甚至根本没有这个意识。比如，用餐时喜欢拿着筷子敲饭碗，用餐时把筷子含在嘴里，用餐时用一根筷子去插菜盘里的菜，用餐时用筷子把菜盘里不爱吃的食物挑到一边，离自己想吃的菜太远时直接站起来夹，帮别人夹菜不用公筷，等等，这些都是餐桌上用筷子吃饭时的不文明行为。

有关专家介绍了用筷子吃饭时应当注意的问题，如夹菜时，要等到菜转到自己面前时再动筷，不应抢在邻座前面。夹菜一次不宜过多，不要刚夹一样菜放于自己的碗中，紧跟着又急急忙忙去夹另一道菜。夹菜时偶尔掉下一些在桌上，切忌将其夹回菜盘内。遇到邻座的人夹菜要懂得避让，谨防筷子“打架”。一道菜端上桌后，最好等主人或长辈先动筷后再去夹。如果有需要使用公筷的菜，应先用公筷将菜肴夹到自己的碗中，然后再用自己的筷子慢慢食用。

细节94

餐桌上，要节约每一粒粮食

> 勤俭节约，要从节约每一粒粮食开始做起。这不仅是中华民族的传统美德，也是对辛勤劳动者的尊重。

要让孩子懂得，勤俭节约既是对创造财富的劳动者的尊重，也是对辛勤养育自己的父母的尊敬。勤俭节约不仅可使家里的各种东西充分发挥作用，而且有利于提高孩子的独立生活能力。

勤俭节约，要从节约每一粒粮食开始做起。

董必武这位饱经风霜的革命老人，在过上了和平日子之后，仍不忘那食不果腹的艰苦日子，他经常教育子女：生活好了，不能忘记过去。

一次，董必武大病初愈，家里人为他准备了一桌可口的饭菜。全家人团团围着桌子，正要举筷时，却见董老神情严肃地扫视了一下在座的儿女们。然后，他拿起筷子缓缓地拨动碗中的米饭，口中吟诵起唐代诗人李绅那首著名的《悯农》：“锄禾日当午，汗滴禾下土……”尤其吟到“粒粒皆辛苦”一句时，那语调抑扬顿挫，珍惜每一粒粮食的情感更是发自肺腑。

董老吟完全诗，冲着孩子们说：“‘粒粒皆辛苦’，你们懂不懂？从耕到种，除草、施肥、灌溉，如果风调雨顺，没有虫害，春种才能秋收！”董老看见孩子们会意地点着头，又以平和的口气对小女儿楚青说：“这首诗只有4句，很好背，我教你好不好？”他生怕没有引起女儿的重视，又加重语气说：“吃了饭就到书房来，我教你！”从这以后，董老在饭桌上当着孩子们的面，多次提起这首诗，这几乎成了他的“传统节目”。

有一天，董老的一个孩子吃完最后一口饭，丢下饭碗刚要离开饭桌时，突然被董老叫住了：“你看，你看！”等这个孩子回过头来，董老面带笑容，语调不无严肃地说：“碗里、桌子上有多少饭粒？粒粒皆辛苦，粒粒不能丢啊！”直到这个孩子把剩下来的饭粒都一粒粒地吃干净了，董老才满意地点了点头。

现在孩子们花钱大手大脚的情况相当严重，其中的大部分钱其实是可以节约下来的。孩子手中的钱大多来源于父母，从根本上看，孩子的浪费是父母约束不力造成的。

父母以身作则，坚持勤俭节约、勤俭持家，是教子成功的关键，要教会孩子量入为出。父母要经常给孩子讲勤俭持家的道理，使其懂得每一样东西都是通过辛勤劳动得来的，父母供他衣食住行的所需费用也是辛辛苦苦挣来的。

当下，有的父母讲阔气、图享受，追求超前消费；有的对孩子娇生惯养，对于孩子的物质需求有求必应；有的则对孩子“全包全替”周到服务，使孩子从小缺乏劳动锻炼，导致生活自理能力很差。在这样的所做所为影响下，父母无形中在孩子的心灵里播下了奢侈浪费的种子。许多孩子没有经历过艰难困苦，根本不懂得“节俭”二字，只要求吃好的、穿好的，玩具越多越好，越高级越好，若得不到满足，马上就生气。他们不知道粮食、衣物和玩具等物品的来之不易，有的随便浪费粮食，有的将玩具随意搞坏，浪费严重。

培养孩子勤俭节约的意识，是塑造其良好品德的开端。我们说“有钱难买幼时贫”，并不是让孩子去过“苦行僧”的生活，而是为孩子创造俭朴的家庭环境，让孩子继承中华民族的俭朴美德。“以俭养德”的许多事例告诉我们：要把孩子培养成有志向、有追求、有出息的人，勤俭节约、艰苦朴素的教育是不可或缺的。这是给孩子永久的财富。

让孩子从小事做起，养成节约的习惯。首先在使用学习用品时要告诉其懂得节约，如不要因为写错一两个字就撕掉一大张纸，不要老是更换新笔芯。同时，要其在生活上学会节约，如人走灯灭、节约用水等。

K篇

保持良好的卫生习惯

——卫生细节的教育

细节95

引导孩子爱清洁，并给予孩子足够的照顾和指导

清洁习惯对于保持身体健康是必不可少的。孩子爱清洁，与父母的引导是分不开的。

孩子不爱清洁是令父母头痛的一个问题。游戏过后，一身臭汗，不洗澡就爬上床睡觉；指甲长长了不愿修剪；吃饭前不洗手；睡觉前不漱口、刷牙；等等。看到别的孩子干干净净的，父母心里一定很羡慕。孩子在外玩耍，手脚、衣服沾满泥沙污迹是常有的，父母一定不要指责他。至于要如何使孩子学会爱清洁，倒要花一些心思。

引导孩子从小养成爱清洁的习惯，对孩子未来的生活是大有裨益的。

国内有家工厂，为了能从美国引进一条生产无菌输液软管的先进流水线，曾做了长期的艰苦努力，终于说服了对方。可是，也就是在签字的那一天，在步入签字现场的一刹那，中方厂长突然咳嗽了一声，一口痰涌了上来，他看看四周，一时没能找到可供吐痰的垃圾箱，便随口将痰吐在了墙角，并小心翼翼地用鞋底蹭了蹭，美方的一位负责人看到了这一幕，不由地皱了皱眉。

显然，这个随地吐痰的小小细节引起了他深深的忧虑：输液软管是专供病人输液用的，必须绝对无菌才能符合标准，可西装革履的中方厂长居然会随地吐痰，想必该厂工人素质不会太高，如此生产出的输液软管怎么可能做到绝对无菌！于是美方当即改变主意，断然拒绝在合同上签字。中方工厂将近一年的努力也在转眼间付之东流！

一个随地吐痰的细节砸了一笔生意，这难道不值得我们深思?

有的孩子不爱清洁，可能是父母没有给予他足够的照顾和指导，对于父母的唠叨和指责，孩子只会觉得不耐烦，根本体会不到其中的意义。而且，同一句

话说得太多，就不会再起多大作用了，倒不如先反省一下自己，是否一样不爱清洁，家里环境是否也凌乱、肮脏，如果是的话，就要先改变自己，再要求孩子。有时候，过于严格的要求或反复的唠叨反而会造成孩子对父母的反感。

我的孩子有时故意把自己弄得很脏，来惹我生气。当我逼得紧时，她就把牙刷、毛巾弄湿，当作已经刷牙、洗脸；让她洗澡，她就换上干净的衣服当作已经洗过澡。平时，即使洗脸，她也是随便洗一下，草草了事。

对待孩子的这种情况，我一般采用较温和的手段，订立一些规矩，例如不洗手不可以吃饭，不洗澡不能上床，等等，要求孩子遵守。说的时候，语气要温和，不要带有责备和命令的语气。和孩子说过了就要严格执行，不能一时执行，一时又得过且过。要多向孩子灌输爱清洁的意义，可借用书本图片或一些实例，为她解释不刷牙、不洗澡将会造成的后果，例如牙齿坏了痛起来时，大人也帮不了忙；牙齿烂了要拔掉，没有牙齿就吃不下爱吃的东西。

当孩子开始注意个人卫生时，要及时称赞他做得好，鼓励他坚持这样做，并告诉他父母喜欢他现在这个干净的模样，和他约定，以后也要这样做。要是孩子一时改不过来，可以给予一些适当的惩罚，例如不带他去喜欢的餐厅吃东西，不可以去同学家里玩，等等。

父母本身爱清洁，自小给孩子一个干净、卫生的居住环境至关重要，这样培养出的孩子一方面不喜欢被人称作“邋遢鬼”，另一方面自己也不能忍受脏兮兮的感觉。因此，首先家长自己养成爱清洁的习惯是十分重要的。

父母要做好榜样，让孩子模仿。同时制定一些规则，孩子犯了规，用不着责骂，请他依照规矩的约定而行就可以了。

让孩子注意个人的清洁卫生，可简要归纳为：

“一带”：随身带手绢或纸巾。

“二常”：常剪指甲，常理发。

“三勤”：勤刷牙，勤洗袜，勤洗内衣。

“四自”：毛巾、牙刷、手绢、水杯要有自己固定的一套。

“五洗”：早晚洗脸，睡前洗脚，勤洗澡，勤洗头。

细节96

爱清洁、讲卫生的习惯从饭前便后洗手开始养成

从小养成爱清洁、讲卫生的好习惯，从饭前便后洗手这样的细节开始。

爱清洁的习惯对于保持和增进健康是必不可少的。孩子讲究清洁与父母平时的教育是分不开的。因为爱清洁并不伴随生理的强烈欲望，与吃饭、睡觉有所不同，所以需要父母帮助孩子逐渐养成爱清洁、讲卫生的习惯。

有一个叫苗苗的孩子，特别注意讲卫生。她母亲告诉她，要从小养成爱清洁、讲卫生的好习惯，尤其是饭前便后洗手的习惯。

苗苗问："为什么饭前便后要洗手？"

妈妈告诉她："因为手上摸了脏东西，在吃饭前不洗干净，吃进肚子里就会生病，肚子里就会长出虫子来，有虫子，就要去医院打针吃药了。"等她稍大一点，妈妈进一步告诉她，饭前便后洗手可以预防各种肠道传染病、寄生虫病。

每次苗苗洗手时，妈妈都为她准备好洗手液、擦手毛巾，放在苗苗容易取拿的地方。而且告诉苗苗在洗手时要把袖子挽起，以免把衣服打湿了，并教她手心手背都要洗。妈妈示范一次以后，苗苗就全部掌握了。

于是，苗苗每天早晨起床后，自己洗脸、洗手。尤其是吃饭前，从来都不用大人提醒自觉洗手，洗时口里还念念有词，洗完手，再甩三下，把自己手上的水甩干。有时大人一忙，吃饭前忘记了洗手，她还总是及时提醒大人。

作为父母应该注意，孩子3岁时就应该培养其饭前便后洗手的习惯，到5岁时孩子需要已经养成了这一习惯。父母要帮助孩子不断巩固这一习惯，并为孩子养成这一习惯提供方便。应要求孩子饭前便后自觉洗手，饭前包括吃饼干以及其他任何食物之前。手摸过脏东西以后也应马上洗手。父母要耐心告诉他为什么应该这样做，说服孩子自觉地遵守要求。

孩子可能偶尔会忘记洗手，就去拿东西吃，父母应及时提醒，习惯养成切忌“三天打鱼，两天晒网”。父母如果有时候严格要求，有时候又不要求，孩子就可能存着侥幸心理：这次不洗，也许家长不会发现。所以要想培养孩子的良好习惯，就要一直坚持下去，中途不停顿。

有的孩子洗手时很马虎，把手放在水龙头下冲一冲就完事了，要及时教给其正确的洗手方法：把手浸湿，再抹上肥皂或洗手液搓一搓，然后冲洗干净，最后用毛巾擦干。可以先给孩子做好示范，让他模仿。为了让孩子记住正确方法，父母可故意在洗手时不抹肥皂或洗手液，洗完后问孩子错在哪里或进行“看谁的手洗得干净”的比赛，促使孩子认真洗手。

有的父母包办代替，不让孩子自己洗手，更不用说培养其饭前便后自觉洗手的习惯了。这种做法是错误的，不仅会使孩子缺乏生活自理能力，还不利于培养孩子的独立性，并会滋长其依赖心理。

细节97

注意培养孩子学习中的用眼卫生习惯

学习是一项艰苦的脑力劳动，如果负担过重、时间过长就会引起大脑和有关器官的疲劳，长此以往就会损害身体健康。

这是一份沉重的调查结果：

一个班48名初一学生，居然有40个是近视眼！调查显示，这个班超过1/3的近视学生眼睛度数在200度以上，10%的近视学生的眼睛度数超过400度，有一人甚至已经高达700多度。大多数近视学生是在预备班之后发现眼睛近视，但也有15%的学生早在小学四五年级就已出现近视症状。在知道自己近视后，大多数学生没有接受过任何近视治疗，这类学生占近视总人数的85%。近视学生中超过1/5的人已佩戴过不止一副眼镜。

谈到造成近视的原因，超过60%的近视学生将之归咎于长时间看电视、玩电脑及打游戏机，近40%的近视学生认为睡眠不足、功课过多也是造成近视的一个重要原因。82.5%的近视学生觉得近视对他们的学习造成了影响，50%的近视学生认为近视对生活也造成了影响，17.5%的近视学生认为近视还影响了自己的外表。

一位小学校长认为，现在学生普遍近视，一方面与学生迷恋各种电视节目、电脑游戏有关，另一方面和他们缺乏运动也不无关系：运动量的缺乏不仅导致学生身体素质的全面下降，而且久坐室内，视力功能自然会随之衰退。也有该校老师认为，父母对于孩子的视力问题缺乏应有的重视。一位老师说，现在很多父母拿到孩子的学生成长记录册时只知道看第一页的主课成绩，而根本不关心后面的体育成绩和健康状况。医务室为了防止学生近视想让他们每人购买一种能缓解眼睛疲劳的眼药水，但是要买的学生寥寥无几。更加令人忧心的是，近两年来，近视的初发年龄越来越小。该校一年级的某班中，已有近半的学生存在近视的症状，而往年只有到四五年级时学生才会发生近视。

一位在区教育局从事卫生工作的老师说，现在近视眼已和沙眼、贫血、蛔虫、牙病、肥胖（或营养不良）一起，成为中小学重点防治的“六病”。学校也采取了许多办法，如教室里的日光灯已增加到11盏，而20年前只有4盏。老师们认为，导致近视的主要原因仍是电视、电脑、手机和游戏机接触过多，因为每当暑假过后查视力，学生视力总是下降得很厉害。

孩子眼睛近视，做父母的心情又如何？40多岁的姜女士的话颇有代表性——

自从女儿进了初中，每回她开学，我的心里就多了一桩心事。果然，前两天，正在念初三的女儿又来对我说：“妈妈，我的眼睛又看不清楚了，要换副新眼镜。”我一听，心里便是“咯噔”一下，要知道，我女儿已经换过3副眼镜了，再这么下去，可怎么得了？

为了女儿的眼睛，这些年我真是动足了脑筋，无奈收效甚微。

上了预备班，女儿便吵着要我帮她配眼镜，说是上课时看不清黑板。没办法，我只好带女儿去配了第一副眼镜，150度。打那以后，我对女儿的眼睛“盯”得更紧了：每天看到她做功课做久了，我就会提醒她停下来做眼保健操；外面各种各样抗眼疲劳的眼药水我也给她买了一支又一支，坚持给她用到现在。去年5月，听说附近一家药房用中药配制了一种专治近视的特效药水，185元一小瓶，我毫不犹豫就给女儿买了一瓶。用完之后带女儿去药房复查，似乎比以前略有好转。在药房营业员的怂恿下我又买了一瓶，可最终女儿的视力又恢复了原状。现在，我女儿已经有300度近视及100多度散光了。

可是有时候想想，孩子近视也不奇怪。自从进了中学，女儿的功课一天比一天多，再加上要练习画画，每天不折腾到23:00就别想睡觉，第二天6:30又得准时起床上学。看着她那时常睡眼惺忪的样子和日渐增厚的镜片，我真是又心疼又心急。

学习中的用眼卫生习惯，已逐渐引起许多父母的注意。如何保护眼睛，需要我们每个做父母的在细节上认真把握。

不要长时间连续地看书。看书是非常费眼的，少年儿童神经系统发育不成熟，不能长时间地集中注意力，每次阅读时间以30分钟为宜，最多不要超过40分钟。孩子看一段时间书后应让其起立活动一会儿，或向远方眺望，使紧张的眼球和大脑得到缓和。

眼睛与书本的距离要适当。眼睛离物体越近，要求睫状肌调节晶状体的度数越大，当物体与眼球之间的距离小于25厘米时，晶状体的调节度急剧上升，会使眼睛的屈光状态向近视方向发展。因此，少年儿童读书时眼睛与书本应保持30厘米左右的距离。

阅读时光线要适宜，字迹要清楚。光线太暗，字迹不清，就不得不把书本拿到眼睛前面很近的地方看，这就增加了眼睛的调节负担，易患近视。在太阳光直射下看书，光线太强，会使人感到刺眼炫目、头昏脑涨。

L篇

让孩子远离危险
——安全细节的教育

细节98

让孩子学会自我保护

父母不仅应有自我保护及保护孩子的意识，还应教给孩子一些自我保护的常识。

自我保护教育实际上也是一种素质教育。人从出生起，面临的最低需求就是生存。人们在未受外界自然威胁、犯罪分子侵害，没有面临死亡的威胁时，似乎感受不到生命与保护生命的重要性，而当真正遇到危险时，才会意识到，生命以及保护生命是多么的重要。青少年容易受到伤害，有时看似一种偶然，实际上是一种必然，这是由多种因素造成的，其中一条原因是教孩子自我保护常识时，常常重说教而轻演练。在真实情景下进行实际演练，孩子才可能会感到在无助的情况下，生命是多么脆弱，从而激发他潜在的能力，学到在说教中学不到的东西。再遇到坏人，心里就有底，不再觉得那么无助、那么慌张，就知道怎么对付他们、保护自己。当生命受到威胁时，孩子才知道怎样在关键时刻自救。

在北京一个十分繁华的商场发生了这样一件事。有三个十四五岁的学生放学后到商场里闲逛，遇到了几个品行不端的成年人，其中有一个人上来对走在后面的一个学生进行勒索，并用刀子威胁。走在前面的学生回头看见了就返了回来，周围也围了几个人。勒索者见人多了就说："算了，算了，走吧。"学生也把拿刀子的人放了。勒索者见学生们还不紧不慢地往前走，就又返了回来。两个学生跟他理论，暂时稳住他，另一个学生跑去报了警，警察及时赶到，才未酿成大祸。事后，有人称这几个学生很会自我保护。他们的自我保护意识到底如何呢？

记者问："歹徒威胁你们时，你们是被动的，是受欺负的，你们为什么不呼救？"

学生们答："没想起来。"

记者："歹徒第二次返回来再次威胁你们，你们为什么还不呼救？"

学生们答："周围有那么多人在看着我们都不管，喊也没用。"

学生们的想法错了。只要喊一声“救命”，性质就不一样了。你不喊，人们还以为是流氓在斗殴，于是看热闹。你喊了，人们就会明白，流氓在欺负赤手空拳的孩子，同时也会引起巡逻警察的注意。

在不少学校开有一节自我保护课，就是专门练习遇到危险时呼喊“救命”的。开始时90%的人喊不出来，为什么？怕别人笑话，在虚拟的环境中尚可以这么解释，那么上述三个学生都遇到生命危险了，为什么也喊不出来呢？第一他们根本就没有想起来，第二他们没有受过这种训练。

孩子们或许把犯罪分子的智商估计得太低了，把自己的智商估计得过高，觉得自己就是智多星。平时，道理都明白着呢，但一遇事，就什么都忘了。说起来头头是道，做起来一塌糊涂，不知从何做起，认识和行为形成极大的反差。现实生活毕竟不是文艺作品，犯罪分子正是利用了孩子们的这些弱点，才屡屡得手。

陌生人敲门开不开？

如果你就这么问一问，学生们都会说：“绝不开门！”

在实际生活中，这些学生又是怎样的呢？

一位老师问过学生们这个问题后，第二天随访了三个学生。结果是敲一家，开一家。

对生活热爱，就会真心关注自己的生存环境。现在大家对环境越来越重视了，因为沙尘暴、赤潮等一次次地向我们袭来。安全环境也一样，生活中各种危险也会随时向我们袭来。若有了这种安全意识，就会想很多的办法，采取一定的措施。

生活是美好的，但生活中也处处存在着危险。

据联合国教科文组织统计：20世纪90年代以来，每年有数十万青少年非正常死亡。据《中国教育报》2015年一项报道披露，我国中小学生每年非正常死亡人数都在1.6万以上，平均每天死亡40多人，相当于每天消失一个教学班的孩子，还有更多的学生在学校遭遇各种事故并受到伤害。

父母不仅应有自我保护及保护孩子的意识，还应教给孩子一些自我保护的常识。以下为孩子自护自救的10种方法：

（1）注意获取感觉。

在紧要关头，应该相信直觉。父母不仅要告诫孩子留神从接触的人或事中获取不安的感觉，还要注意倾听，鼓励孩子讲出让他感觉不安的人和事。

（2）学会识别诱骗。

平时，父母应告诉孩子，对于陌生人问路或请求协助寻找丢失的宠物之类的事应保持警惕，这是犯罪分子诱拐儿童的两种普遍的策略。如：有的罪犯装作认识你，叫出你的名字；有的罪犯自称是消防人员，编造你家房子着火的紧急情况等。父母应告诉孩子，任何人甚至是警察和消防员，在未得到孩子监护人允许的情况下，都不能将他带走。

（3）不要只关注陌生人。

父母要经常叮嘱孩子“不要跟陌生人说话”。什么是“陌生人”？孩子并不一定真正懂得，若让孩子画出陌生人的面孔，一般他都会画出一个可怕的面孔。其实，侵犯孩子的人一般都会装出一副和蔼可亲的面孔。

据有关方面调查，对儿童进行性犯罪的嫌疑人中，90%是儿童认识的人。父母应特别提醒孩子不要单独外宿或跟异性到任何地方。

（4）要学会大声呼叫。

小孩子身单力薄，很难打败罪犯，但是孩子却能做许多吸引周围人注意力的事情，比如大声呼喊：“救命！他不是我的爸爸！”骑自行车的儿童可以利用自行车为掩护物，让罪犯难以将你劫持走，同时大声呼救，引起围观者的注意和警惕，争取得到其救助。

（5）要勇敢地说“不”。

每位父母都想培养一个有教养的孩子，但也应让孩子知道，什么时候可以打破常规。比如，有人威逼做危险的事时，孩子要勇于说“不”。

（6）让孩子尽情倾诉。

在日常生活中，父母要与孩子经常交流。如果孩子对某人有所不满，父母不要简单地说不许说某人坏话，而要和孩子一起进行分析，这样孩子才能畅所欲言。一旦孩子遇到不如意的事，或有人骚扰了他，鼓励孩子能够向他信赖的人尽情倾诉。孩子知道有人时刻在关心着他，就能减轻心理压力，减轻心理伤害，并能及时让坏人得到应得的惩治。

（7）明确不可触摸的地方。

孩子到了四五岁，父母就应向孩子说明泳衣遮盖的部位是个人隐私区，任何人都无权接触。即使是医生做检查，也应要求监护人在场监督，这是儿童的正当权利。

（8）告诉孩子能帮自己的人很多。

遇到麻烦找警察，是最基本的常识，但仅此还不够，假如事发时警察不在附近，孩子可能就不会求助任何其他人。还应让孩子知道，公园、商场、电影院等地方的工作人员都可以求助。

（9）无论家里有没有计算机，父母都要告诉孩子注意网络领域的安全事项。

不一定是在自己家，孩子可能在学校图书馆或同学的家里使用网络，因此，要告诉孩子注意保守家庭及个人的一些隐私，不轻易约见网上结识的任何人。

（10）在游戏、演练中增强自护自救本领。

仅跟孩子讲述一些自护自救的方法是远远不够的，说了当时孩子也许是记住了，过后可能就会忘记。能使孩子熟练掌握这些方法的途径之一是开展角色扮演游戏和演练。经过多次演练就能领悟要领。在家庭游戏中父母可设计多种可能发生的环境，向孩子提出问题，测试他的反应能力。同时还要演练父母和孩子之间如何保持通信联络的内容。

在日常生活中，人们不免会遇到一些紧急情况。当遇到侵害时，及时、正确地报警是首要环节，一旦报警出现失误，不仅会使公安机关失去解救时机，还会使受害者受到更大的损失。因此作为父母不但应该熟练掌握常用的报警、急救方法，还应该教会孩子正确使用这些方法。

（1）遇事拨打“110”。

“110”是警方为了更及时地打击犯罪而设立的报警服务热线，全天候接受公民的报警求助。打“110”是最快捷的一种报警方式。

（2）报告主要内容。

打“110”报警时需要报告发现、发生案件的时间、地点，现场的原始状态，有无采取措施，犯罪分子或可疑人员的人数、特点、作案工具、车辆情况（颜色、车型、牌号等）、所携带物品和所逃跑方向，等等。打“110”报警时还要讲清你所在的位置、你的电话号码等。

（3）就近迅速报警。

如果你的身边没有电话，或者遭到侵害时十分危急，要到距自己最近或最方便的公安机关报警，也可以向巡逻民警、交警求助。这样既可以节省时间，也便于警方出击。

（4）灵活机动报警。

万一你遇到歹徒的袭击，无法自己报警，或因行动不便，要及时委托家人或周围的人报警。对一些非现行案件，也可以通过书信形式报警，这种形式报警需要注意书信内容要真实，字迹要清楚。

（5）及时医治身体伤害。

如果你遭受不法侵害导致伤情十分严重，在请他人报警的同时，可以先及时到附近的医院就诊，要注意保存好病历、各种辅助检查（如拍X光片、CT检查等）的结果，及时报告公安机关。

（6）准确说明物品丢失情况。

如有物品丢失或损坏，说明是什么物品、物品的颜色和形状如何及损坏程度如何，陈述得越详细，对破案越有利。

细节99

有效地增加孩子的安全系数

一个人只有一次童年。只有拥有安全、快乐的童年岁月，才能使未来的人生灿烂如花。

孩子是未来的花朵，是父母心中的最爱。但是，孩子也是危险环境中的最大受害者。孩子的安全问题，一直是父母较为头疼的问题。

一个人只有一次童年。只有拥有安全、快乐的童年岁月，才能使以后的人生灿烂如花。

比如交通安全问题。随着都市人潮越来越汹涌，车流越来越大，生活节奏越来越快，交通安全问题也越来越严重。

现代的都市街头，越来越多的持有驾照然而车技差得要命的司机驾车在繁华的街头呼啸往来，对于那些交通安全意识薄弱却已骑着自行车飞奔的孩子来说，死神随时会向他们伸出冷酷的双手。

诸多事实表明，安全问题，是孩子成长过程中需要注意的首要问题。在这方面，刘亦婷的妈妈的做法值得借鉴。她在提起对孩子安全防范意识方面的教育时说——

从婷儿小时候起，我们就教她，待人一定要诚恳。为了强化她的这种意识，我专门写下了这样一句话——“诚为本，术为末。诚则人多自附，术则物终不亲”，贴在“格言栏”里，让她每天都看一遍。

但是，“诚”也是一把双刃剑，有其利也有其弊。一个只知道待人以诚，而不知道如何自我保护的女孩（当然也包括男孩），将会面临很多危险，有时，甚至是灭顶之灾。很多父母教给孩子的自我保护知识，实在是太少了！

因此，多年来我们反复告诉婷儿：“灾祸的概率对没遇上的人是万分之几，对遇上的人却是百分之百。”为了最大限度避免灾祸降临，我们从婷儿很小的时候，就开始采取安全保护措施。

从幼儿园时期开始，我就告诉她：妈妈不会委托任何人以任何理由来接她，所以，谁打着妈妈的幌子来接她，都不能跟着走。为了加深印象，还“演习”识别各种可能的骗局。

婷儿从小学二年级就独自坐公共汽车上学，一天来回4趟，风雨无阻。为了提高她的警惕性，我们经常用报刊上拐卖妇女、儿童的案例做教材，分析骗子常用哪些骗术，被骗的人自身又因哪些弱点而上当受骗。

我把避免出意外的原则归纳为两句话：一、危险的地方不去；二、不贪图任何“好处”。从小到大反复强调，使婷儿学会了抵御利诱，识别居心叵测的花言巧语。曾有一次，正读小学四年级的婷儿和要好的女伴一起到锦江边玩，遇到了一个不怀好意的成年男人，婷儿拉着女伴，机智地摆脱了那人的纠缠。

婷儿上小学时，由于我们忙于工作，中午她常常独自在家。为了防止意外，我们还给她规定了一条：“独自在家时不给任何人开门。”这一条看起来有点过分，其实非常重要，以不变应万变，可以避免把安全问题复杂化。

后来，婷儿上了初中，人越长越高，样子也越来越像大姑娘了。这时，需要她了解的安全常识也更多了。除了防备人贩子，还要防备被男性欺骗和伤害。由于我在婷儿3岁的时候就进行过性知识的教育，婷儿接受这种教育比其他女孩容易得多。

我在婷儿第一次问“孩子是怎么来的”和“非礼是怎么回事”之类的问题时，总是按早教专家的建议给予科学的回答——早教专家认为，越早、越坦率地告诉幼儿这些常识，对孩子的心理冲击越小。

这样做带来了一个重要的好处，那就是婷儿始终有一个了解科学的性知识的渠道，而且也习惯于和妈妈谈论与性沾边的问题，由于最秘密的话题总是留着和妈妈谈，也就不会有谁能在与婷儿交流的深度上超过妈妈了。这就排除了在性知识以及性观念上受他人误导的危险。

我的另一项任务，则是让婷儿了解男性的各种心理特点，用各种案例使婷儿懂得，为了避免不必要的误会和纠葛，需要注意与男性保持适当的距离。

这些做法，都有效地增加了婷儿的安全系数。而安全是一切的前提和基础！

除了在复杂的社会中学会保护自己以外，如何避免各类意外伤害也是孩子安全教育的一项重要内容。

在孩子还不太懂事的时候，可能单独活动的范围基本上是在家里。父母对孩子进行安全教育，既要靠平时有系统地进行教育，又要结合出外旅游、假期休息、集体活动等时候有针对性地进行强化教育。具体来说，需要注意以下8个方面的安全教育。

交通安全教育。乘车乘船，骑车步行，都要遵守交通规则。走路养成靠右边走的习惯，过马路须走人行横道线。不要在马路上追逐、嬉戏，不追赶、攀爬行驶中的车辆。雷雨天，不要在大树及高层建筑物下躲避，以免被雷击伤害。小学生特别要注意骑自行车的安全，低、中年级学生，不要骑自行车上学。千万记住，孩子至少要到9岁或者10岁的时候才能独自通过交通繁忙的人行道。要考虑一下孩子经常经过的地方，特别是从家到学校的路，以及去伙伴家的路，父母可以像探险家一样先和孩子一起走一趟，并确定一条最安全和最容易过马路的路线，然后向他交代清楚，他只能走这条最安全的路线。要查明孩子上学、放学的道路上和学校附近是否有足够多的交通信号灯和交通警察。

用电安全教育。告诉孩子不要随意触摸电器开关、插座、电线等，以免触电。当有人触电时，千万不要用身体去碰他，如果可行的话先找到电闸并拉下电闸。因为潮气同样导电，避免靠近与裸线相连的水或潮湿的器具。对常用电器的操作，父母要演示几遍让孩子观看，强调注意点，然后让孩子在不通电的情况下，模仿演练，待熟练了，再让孩子在父母的监督下实际操作。电线旧了要更换。电线的接头处要用胶布粘牢。不要把电线铺设在地毯下面，也不要让电线从过道中穿过。要在所有的电源插座上安上盖子，以防孩子往电源插座中插东西而受到电击，还要注意不要让电源插座超功率。在孩子能够到的空灯座上安上灯泡，以免孩子用手触摸。

防火安全教育。水火无情，厨房是烧水煮饭的地方，对儿童很不安全，不能成为孩子的活动场所。不要让孩子玩火柴、打火机等，以免发生火灾。不要让孩子燃放烟花、爆竹，以免发生伤害事故。打开的热水器、火炉、壁炉、绝缘不良的烘炉和容易打开的烤箱等都很危险，所以，要把火炉、壁炉等用栅栏或者防护装置围起来。如果闻到烟火味，及时跑出房外。一旦被火困在屋内，要尽量俯下身子，贴地滚动或爬行，防止因吸入过多烟雾而窒息，条件允许情况下，将被单弄湿裹在身上以使烧伤概率降到最低。

饮食安全教育。不要饮用生水，生水里细菌、寄生虫较多，喝了容易得病。水果不经过洗净或去皮，千万不要食用。不要向沿街摊贩购买食品。不要饮用、食用过期变质的饮料和食物，以免患肠胃病。

防盗、防骗的安全教育。对陌生人的言行、建议和要求，要动脑筋想，多长个心眼。不接受陌生人赠予的钱、物，不带陌生人回家或跟陌生人去游玩等。不跟陌生人走。不相信陌生人“你爸爸妈妈让我来接你”“你妈妈遇到麻烦了”等说法。独自在家时不给任何陌生人开门。

活动安全教育。学龄前儿童无论什么时候在户外活动，都必须有人看护。要确保他们不在机动车道和马路上玩耍。不要在建筑工地周围玩耍，以免被砖石等建筑材料伤害。不要在池塘、湖泊或河流的附近玩耍，除非有父母的陪同。也不要在初冬刚刚结冰的湖面上滑冰。学习游泳需要备有救生圈等安全器材，并在父母或游泳教练的指导下进行。要提醒孩子不要在楼道、窗口玩耍，不要跨骑楼梯扶手和跨爬阳台，以免发生意外。

家庭用品中的安全教育。用锁将陈列柜、厨房和浴室的门锁上，防止孩子接触到里面可能存放的有毒有害物品，还可以使用儿童安全锁来防止学步儿童打开那些不易上普通锁具的东西，比如冰箱或者拉门式陈列柜等。在玩具盒的盖子下面装上安全支架以防盖子打开的时候猛然关闭，从而砸伤孩子的手、头部和脖子。如果门通向楼梯口或者通向存放有毒清洁剂和危险工具的地方，就应该使用钩扣铰链将门锁上，防止孩子从门里走出去。千万不要把5岁以内的孩子单独留在浴缸里。使用绳子蜷缩器以防止儿童把长绳子绕在自己的脖子上，在折叠百叶窗的暗线（许多孩子被百叶窗暗线勒着脖子）上尽量安装绳子蜷缩器，还可以在窗框上面安装类似蝶形螺母的百叶窗帘装置，把过长的绳索都缠绕在上面，防止勒着孩子的脖子。确保家中用水的水温不高于49℃。在咖啡桌和工作台面的角上包裹上软布或角垫，因为它们的高度和孩子的面部高度一致，这能大大减轻孩子在2岁以前把前额或者脸碰到桌角上的伤害。碎玻璃和打开的铁罐要放进孩子难以打开的垃圾桶中。如果使用旧刀片开启罐头，就必须选那种盖子上有沟槽的罐头。要把危险的工具和电动工具放在孩子拿不到的地方。检查孩子的玩具，确保它们没有锋利的边缘、不易破碎、无毒、不易被孩子吞咽到肚子里。将下列物品存放在孩子接触不到的地方：清洁剂、洗衣粉、除垢剂、氨、漂白剂、除蜡剂、金属上光剂、硼砂、卫生球、打火机燃料、鞋油以及其他危险物品，另外，要把灭鼠药、打虫药和其他有毒药品清理干净，它们也是非常危险的物品，切忌将其装入旧饮料瓶中。

车厢中的安全教育。车在行驶时，车身常常摇摆不定，这时吃东西容易造成气管异物、刺伤等情况，即使在长途车上需要进食时也必须注意安全。车辆在起步、停车和紧急刹车时都有个速度变化的过程，这时车内乘客由于惯性作用，常常发生身体前倾或后倒，若不抓稳车上的扶手，就非常容易跌倒。儿童人小体弱，如不注意抓稳扶牢，比大人更容易摔跤。如果乘客拥挤还会造成挤伤、压伤的事故。作为大人应该多为孩子着想，防止类似情况发生。教育孩子不要在汽车上吃东西，尤其不能吃带棍的冰棍、雪糕或棒棒糖等；不要吃硬质的干果，如花生、瓜子、炒豆等，以免引起气管异物。不要在车上用牙签剔牙，也不要在车上用耳勺或小木棍掏耳朵。在车上也不要将铅笔、圆珠笔、竹木棍等含在嘴里。在长途车上必须进食时，尽量为孩子准备柔软、无骨刺的食品。进食时注意不要让孩子将塑料或金属刀、叉等放入口中。教育孩子在车上要抓牢扶手，尤其是站立时更要如此，不可只倚在座位的靠背或车内的柱子上。不要在车内奔跑打闹，同伴间要相互扶持。

细节100

过马路时无论有多急，都要告诉孩子不能闯红灯

在带孩子过马路的时候，要给他示范安全通过人行横道的规则，并讲解交通信号灯和人行横道线的作用，以及过马路前为什么要先看左边，后看右边，然后再看左边。

“红灯停，绿灯行，黄灯等一等。”这是最基本的交通规则。但是，许多父母却忽视了这项规则，比如步行过街时常闯红灯，没有给孩子做好示范作用。

据有关部门统计，每年小学生因交通事故而死亡的人数约占非正常死亡总人数的1/5。交通事故已成为危害青少年安全的重要“杀手”。

某中学一女生下午放学离校，在急匆匆闯红灯过马路之际，被一辆疾驶而来的摩托车撞倒在地。当时该女生被突如其来的事故吓蒙了，摩托车司机不仅责怪女孩过马路不看红绿灯，还想溜之大吉。在众路人的批评下，他才送女孩去附近医院就诊。经医院诊断，该女生膝盖骨粉碎性骨折。父母为此向摩托车司机提出赔偿要求，但摩托车司机却认为女孩负有重要责任，因为没有遵守“红灯停，绿灯行”的规则过马路，学生父母只得诉诸法庭。

有一位母亲是从孩子的提醒中知道遵守交通规则的重要性的。她说——

一次，我骑车带着儿子回娘家，经过路口，两边一看刚好没车，我用劲一蹬，自行车很快滑向马路的另一边。“妈妈，快停车！”儿子在后面大声地叫喊。我心里顿时慌起来，以为儿子不小心将脚夹进了车轮，赶紧下车，急切地问：“儿子，什么事？”“妈妈你没看见红灯亮着吗？大人怎么可以不守交通规则呢？”他声音很大，惹得行人向我俩看过来，被一个不满10岁的小孩子当众训斥真是让人挂不住脸面，我只好小声地敷衍道：“儿子，行，行，下次妈妈一定不闯红灯。”“行，妈妈说话算数？”“当然。”事后，我并没有把这事放在心上，照样时不时闯红灯。过了不久，我和儿子一路说笑再次来到路口，我仍然习

惯性地两边看看，脚步不停地朝前走，以为儿子紧跟其后，不曾想当我快走到斑马线中间时，儿子在身后叫了起来："妈妈，快回来。"回头一瞧，儿子竟然还站在马路的另一边，我心里"咯噔"一下，很快明白，他一定又在责怪我闯红灯，几步跑到儿子身边，连声说："对不起！妈妈又违规了，该罚。""算了，请妈妈下次一定注意，好吗？"瞧着儿子满脸的认真劲，我为自己的行为深感惭愧。确实，父母作为孩子的榜样，必须时时处处以身作则，否则一言一行都会影响孩子的健康成长。

从那以后，无论我有多忙，过马路时，都会静静地站在路边，直到绿灯亮起。起初，很不习惯，一个人站在那里，总觉得怪怪的，久而久之，有时竟然也会发现和我一样"怪怪"的人，守着那条"红灯停，绿灯行"的规则。

要把穿行马路的规则一遍又一遍地讲给孩子听。告诉他什么颜色的信号灯对他通行有利，以及什么时候是过人行横道的最佳时机等。然而，最使父母为难的是，他们很难向孩子解释清楚为什么有些司机经常闯红灯，因此，有时人行横道上也不是安全地带。1/3的孩子在交通事故中受伤都是发生在标有斑马线的人行横道上。

细节101

引导孩子文明上网，告诉其注意网络安全

父母要引导孩子文明上网，增强其自我保护意识，让孩子注意网络安全。

现在，电脑、手机已普及，互联网络已成为孩子们学习和交流的重要工具。不过有的孩子沉迷于网络，父母十分着急却又无可奈何。其实，让孩子从小接触电脑和手机，是当今社会父母的必然选择。现在是信息时代，怎能不让孩子学会使用互联网或新媒体呢？

只是，孩子在上网时，需要注意文明上网和网络安全。《全国青少年网络文明公约》上说："要善于网上学习，不浏览不良信息。要诚实友好交流，不侮辱欺诈他人。要增强自护意识，不随意约会网友。要维护网络安全，不破坏网络秩序。要有益身心健康，不沉溺虚拟时空。"可以说，这就是青少年不可缺少的网上路标，也值得每一位父母与教师铭记。

据报道，南京市一女中学生秦某，利用放假的机会，瞒着父母独自一人去广州约见网友，结果一去下落不明。

据秦某的父亲介绍，放暑假后，他女儿开始迷上网上聊天，经常在网吧上网到深更半夜才回家。她抽屉里有20多张卡片，每一张卡片都记满了网友的通信方式。一天晚上，她瞒着父母，一个人从新街口家中跑到江宁东山镇与网友见面，直到凌晨才回家。为此，她挨了父亲一顿打。为了限制女儿外出上网聊天，秦某的父亲上班就将她反锁在家里。可是5月1日6:30左右，秦某寻机从家中溜走。第三天，秦某的母亲接到一个说着带有广东口音普通话的男子打来的电话，说找秦某。当得知秦某不在家时，那男子说了句"你女儿在我身边，要想再见到她……"突然就挂断了电话。据秦某的父亲分析，那男子可能是他女儿的"网友"。

据另一位上高一的16岁少女说，放暑假后她经常上网聊天，认识了不少网友，在网上聊得很开心，常常一聊就是几个小时。有一个星期，她一下约了3位网友，一位是在校大学生，一位是社会青年，还有一位是已婚男人。已婚男人约她去他家见面，她就去了。问她怕不怕，她说开始有点怕，后来还是经不住好奇心的诱惑去了，去了很失望，聊了一会儿她就走了。她说那个网友在网上说自己长得又高又瘦，很英俊潇洒，而且网上聊天时也幽默风趣，可是见了面，却见那人又矮又胖，连说话都不利索。

应该承认，网络给我们带来很多方便，改变了我们的学习和生活方式，充满了魅力。但同时，网络又是"魔鬼"，充满了陷阱。父母要引导孩子文明上网，同时需要告诉孩子注意网络安全。

教育孩子文明、安全上网，要孩子做到以下几点：

在网上交谈或写电子邮件的时候，要保持礼貌与良好的态度；

不要把自己和家人的照片、地址、电话、学校等情况告诉网友；

千万不与从未见过面的网友约会，除非有监护人陪伴，而且见面一定要在公共场合；

收到来历不明的电子邮件不要回信，不要保存，尽快删除；

只要是看到感觉不舒服的站点或邮件内容，马上离开；

当在公共场合上网时，离开后一定要关闭浏览器，以免别人有机会使用你留下的资料。

父母要在孩子上网之初立下规矩。总的原则可按《全国青少年网络文明公约》执行，还可以具体一些，如每天使用电脑不超过1小时，不泄露个人与家庭隐私，学会选择并欣赏健康网站，等等。

不仅仅是总的上网原则，对于微信、微博、抖音等软件的使用，也是必须给孩子立下规矩，给予媒介指导。

其实，从某种意义上说，媒介指导，就是帮助孩子面对大众传媒空前发达、信息爆炸的时代，处理好人与媒介、人与媒介信息的关系，合理地安排时间，提升生命价值的教育。这样的教育，无疑是具有时代特征的素质教育。

当代传媒研究专家认为，大众传媒对人的影响是潜移默化、长期存在的，有些影响要若干年后才会显现！这就告诉我们，媒介指导不能等到出了问题再进行，而应该未雨绸缪，防患于未然。